동아시아의 유학사상

동아시아의 유학사상

조원일 · 최정묵 저

전남대학교출판부

머리말

효용성과 급속한 변화의 논리가 지배하고 있는 현대사회를 살아가고 있는 우리들에게 유학사상은 과연 무슨 의미로 다가올 수 있는 것일까? 또한 우리사회에서 발생하고 있는 여러 종류의 모순들에 대하여 유학사상은 도대체 어떠한 형태의 해결방안을 제시해 줄 수 있는 것일까?

기나긴 시간들 속에서 동아시아 사람들의 생활의 한 패턴으로서 자리 잡아온 유학사상은 과거의 세월 속에서 동아시아 국가들의 통치 이데올로기로서의 역할을 담당하기도 하고 또한 세계와 우주를 이해하는 세계관으로서의 역할을 수행하는 한편 인간 삶의 궁극적인 문제를 탐구하는 인간관으로서 역할도 담당하였다. 그러나 이러한 유학사상은 20세기 초에는 전근대적인 관념체계로 치부되어 동아시아 국가들의 산업화에 장애요소로 인식되었기 때문에 전면적으로 부정되어야 할 대상으로 전락된다. 그 결과 유학사상은 동아시아 사회에서 많은 수난과 박해를 받았다.

첨단과학과 정보화의 담론이 지배하고 있는 오늘날 유학사상은 이러한 사회의 요청에 부응하지 못하는 과거의 낡은 골동품으로 인식되고 있으며 또한 현대사회에는 어울리지 않는 시대착오적 관념체계로서 취급되고 있는 상황이라고 할 수 있다. 이러한 상황 속에서 유학사상은 과연 어떠한 방향을 향하여 나가야만 하는 것인가?

유학사상은 과거 오랜 시간 동안 동아시아 지역 사람들에게 있어서 인간과 우주에 관한 진지한 탐구의 대상으로 자리 매김 해왔으며 또 한편으로는 그들의 생활의 한 부분으로서 일정부분 중대한 역할을 해왔다고 할 수 있다.

유학사상은 현대를 살아가는 우리들이 직면하게 되는 수많은 문제들에 대한 직접적이고 효율적인 해결방법은 제시해 줄 수 없다고 말할 수는 있다. 그러나 과연 현대사회의 어떠한 사상체계 혹은 이데올로기가 현대사회에서 발생하고 있는 수많은 모순들에 대하여 직접적이고 효율적인 해결책을 제시할 수 있는가?

유학사상은 시공을 초월하는 보편적 원칙을 통해서 우리들에게 진정한 사랑의 의미와 정의로움에 대한 각성과 다른 사람과의 관계 속에서 타인을 배려할 줄 아는 마음과 교육의 중요성에 대한 인식을 일깨우고 있다고 할 수 있다. 이러한 것들을 바탕으로 우리는 진정한 인간으로 거듭날 수 있는 것이며, 무엇이 올바른 삶의 길인지를 체득할 수 있는 것이다.

필자들은 지난 십 여 년 동안 강단에서 동아시아의 유학사상에 대하여 강의를 하면서 틈틈이 연구논문을 작성했는데, 그 가운데 중국과 한국의 유학사상에 관한 글들을 모아서 수정작업과 보완을 하여 단행본을 세상에 내놓게 되었다.

본서는 유학사상에 대하여 관심이 있는 일반인들도 유학을 쉽게 이해할 수 있도록 구성하였다. 본문은 모두 열 개의 장으로 구성되어 있는데 다음과 같다.

먼저 제1장은 공자의 천인관계에 대하여 공자 이전의 '천'개념과 천인관계의 변화발전 및 공자의 천인관계를 중심으로 살펴보았다. 이 글은 원래 『중국학논총』 제13집(2002년)에 게재했던 문장을 수정과 보완작업을 하여 수록한 것이다.

제2장은 『중용』의 천인관계론에 대하여 하늘과 인간의 性命的 一貫性과 천인합일의 의미 및 천인합일의 실현을 중심으로 살펴보았다. 이 글은 원래 『동서철학연구』 제50호(2008년)에 게재했던 문장을 수정과 보완작업을 하여 수록한 것이다.

제3장은 맹자의 인성론 문제에 대하여 맹자 인성론 문제의 기본 형태와 맹자와 고자의 인성론 문제의 분기점을 중심으로 살펴보았다. 이 글은 원래 『한중인문학연구』 제18집(2006년)에 게재했던 문장을 수정과 보완작업을 하여 수록한 것이다.

제4장은 순자의 인식론사상에 대하여 대상의 규정과 인식의 주체의 문제 및 이상적 인식과 그 가능 요소를 중심으로 살펴보았다. 이 글은 원래 『대동철학』 제36집(2006년)에 게재했던 문장을 수정과 보완작업을 하여 수록한 것이다.

제5장은 한대 초기의 유학사상에 대하여 『시경』을 중심으로 한대 이전의 시경학과 한대초기 시경학의 위치 및 한대초기 유학과 제자학과의 관계를 집중적으로 살펴보았다. 이 글은 원래 『온지논총』 제24집(2010년)에 게재했던 문장을 수정과 보완작업을 하여 수록한 것이다.

제6장은 왕충의 천도사상에 대하여 왕충에게 있어서의 '천'(天)의 의미와 천도무위자연(天道無爲自然)을 중심으로 왕충에게 있어서의 천인관계는 어떠한 양상으로 나타났는지에 대하여 살펴보았다. 이 글은 원래 『중국학논총』 제21집(2006년)에 게재했던 문장을 수정과 보완작업을 하여 수록한 것이다.

제7장은 위진남북조시기의 영혼과 육체의 관념에 대하여 위진남북

조시기의 형신사상의 사상적 특징과 위진시기의 육체와 영혼의 관계 및 남북조시기의 육체와 영혼의 관계를 중심으로 살펴보았다. 이 글은 원래 『한국철학논집』 제23집(2008년)에 중국어로 게재했던 문장을 국문으로 수정과 보완작업을 하여 수록한 것이다.

제8장은 퇴계 이황의 사상에 있어 '선'(善)의 가능근거와 그 실현의 문제에 대하여 선의 존재론적 근거와 '악'(惡)의 가능성 및 '선' 실현의 방법과 그 의의를 윤리학적 관점에서 살펴보았다. 이 글은 원래 『한국사상과 문화』 제26집(2004년)에 게재했던 문장을 수정과 보완작업을 하여 수록한 것이다.

제9장은 율곡철학에 있어 도덕교육의 방법과 의의에 대하여 도덕교육이 요청되는 이유와 도덕교육의 선결과제와 방법 및 도덕교육의 궁극적 목표를 중심으로 살펴보았다. 이 글은 원래 『철학논총』 제41집(2005년)에 게재했던 문장을 수정과 보완작업을 하여 수록한 것이다.

제10장은 조선시대 유학자 윤증(尹拯) 심론(心論)의 주자학적 성격에 대하여 윤증의 사유체계에 있어서 심(心)의 의미와 그가 주장한 인심(人心)과 도심(道心)의 일원성 및 참된 마음(實心)의 실천을 중심으로 살펴보았다. 이 글은 원래 『대동철학』 제22집(2003년)에 게재했던 문장을 수정과 보완작업을 하여 수록한 것이다.

이상과 같은 내용들로 구성된 본서는 1, 3, 5, 6, 7장을 조원일이 그리고 2, 4, 8, 9, 10장은 최정묵이 집필했다. 조원일과 최정묵은 충남대학교 철학과에서 동문수학한 벗이자 학문적 동료이다. 두 사람은 대학 졸업 후 강산이 한 차례 변화할 세월동안 각기 다른 곳에서 학문연마에 정진하는 과정 속에서 끊임없이 인간과 세계의 문제에 대한 근원적인 탐구에 열정을 불태우며 수많은 날들을 보냈다. 이제 두 사람이 그동안 수없이 많은 밤을 지새우며 고민했던 동아시아 전통 사회의 철학적 문제들에 대한 조그마한 결과물을 세상에 내놓게 되어 매우 기쁘게 생각한다.

2010년 가을

屯德齋에서

조원일, 최정묵

목차

제4장 순자의 인식론

제5장 한대초기 유학 - 시경을 중심으로 -

제6장 왕충의 천도사상

제7장 위진남북조시기의 영혼과 육체의 관념

제1장

공자의 천인관계

1. 시작하는 말

중국역사에서 천인관계(天人關係)에 대한 연구가 수 천 년에 걸쳐 진행되었고 또한 그것은 중국 전통문화의 각 부분에 걸쳐 많은 영향을 주었기 때문에 천인관계론은 중국사상을 규정하는 특징적인 문제라고 할 수 있다. 이러한 천인관계의 문제는 지난 과거의 기억 속에만 존재하는 것이 아니라 현실 속에서 영향을 끼치고 있으며 현대사회에서도 여러 분야에 걸쳐 여전히 살아 있는 것이라고 말할 수 있다.

천인관계의 문제는 특히 중국철학에 있어서 인간과 세계(天)에 대한 궁극적인 물음으로, 중국인들은 일찍부터 이 문제에 대해 집중적인 관심을 기울여 왔다. 중국문화의 특성상 인간과 세계에 대한 이해는 그들의 삶에 필수적이었기 때문에 중국철학에서 '天'은 비록 정도의 차이는 있지만 거의 대부분의 학파와 시대에 가치의 궁극적인 근원 역할을 해왔다. 그러므로 천인관계에 대한 조명은 중국사상의 정신을 이해하는 절대적인 관건이 된다고 할 수 있는 것이다.

천인관계의 형태에 있어서 특히 '천(天)'개념은 매우 중요한 위치를 차지하는데 이러한 '천'개념에 대해 전인들은 다음과 같이 정의했다. 먼저 풍우란(馮友蘭)은 일찍이 중국의 고대문자 속에 있는 '천'을 다섯 가지 다른 형태의 의미를 지닌 것으로 파악한다. 먼저 물질적 의미의 '천'(즉 地와 상대로서의 천)과 주재자적 의미의 '천'(즉 황천 · 상제 등의 인격적천) 그리고 운명의 의미로서의 '천'(인간의 삶 속에서 인간의 능력으로 어찌할 수 없는 불가항력적인 힘으로서의 천) 또한 자연적 의미의 '천'(즉 자연계의 운행 · 법칙으로서의 천) 끝으로 의리(義理)적인 의미의 '천'(우주의 최고 원리로서의 천, 즉 중용에서 언급한 "天命之謂性" 의 천) 등의 형태로 파악한다.[1] 또한 채인후(蔡仁厚)는 '천'을 의리사상의 각도로부터 파악하는데, 그는 '천'개념을 세 가지의 형태로 구분하여 말한다. 즉 '의지천'(意志天)(인격신의 의미 혹은 고대로부터 전해져 내려오는 주재자적인 의미의 천으로 『詩經』 · 『尙書』 · 『春秋左傳』 · 『國語』 등지에서 보인다.) 그리고 '덕화천'(德化天)(즉 天道 · 天理 · 天德으로서의 천) 또한 '기화천'(氣化天)으로 (즉 陰陽 등 자연의 생성변화의 근거로서의 천) 등의 형태로 파악한다.[2]

천인관계의 다양한 형태에 대하여 다음과 같은 시각으로 정리해보도록 하겠다.

첫째로 만일 '천'을 인격신의 대표로 본다면 '천'과 상응하는 존재는 지상의 통치자가 되는데, 이와 같은 천인관계 속에서는 군주가 천명을 받아서 인간 사회의 통치자가 되어 '천'의 인자함과 사랑(仁愛)을 체현해야함과 동시에 덕(德)을 백성들에게 베풀어야 한다. 그래서 『詩經』에서는 "하늘의 명이 아아! 그윽하고 그지없어, 아아! 밝기도

1) 馮友蘭, 『中國哲學史』, 臺北, 藍燈文化事業股份有限公司, 1989년, 55쪽 참조.
2) 蔡仁厚, 『孔孟荀哲學』, 臺北, 學生書局, 1990년, 236~240쪽 참조.

해라 문왕의 크신 덕이여!", 『尙書』 역시 "하늘도 사방 천하의 백성들을 가엾게 여기셨으니, 왕께서는 천명을 보살피시고 힘써 일하도록 하여 삼가 덕행을 빨리 시행하도록 하십시오."라고 말하고 있다. 이러한 의미의 천인관계는 대략 주(周)나라 초기에 출현하여 서한(西漢) 시기에 이르러 동중서(董仲舒)의 천인감응 사상체계 속에서 커다란 발전을 이룬다.[3] 그러나 이 둘 사이의 차이는 서한시기의 천인감응 사상 속에는 이미 음양가의 재이(災異)관념이 혼재되어 있는데, 이러한 관념 속에는 인간의 행위는 반드시 천지간의 상서로운 현상과 재난에 대한 책임을 수반하며 또한 자연계의 비정상적인 현상 역시 모두 인간에게 그 책임이 있다고 생각한다. 그러나 주나라 초기의 천인관계는 주로 통치권의 변화문제에 집중되어 있다.

둘째로 만일 '천'을 도덕가치의 근원으로 본다면 '천'과 상응하는 존재는 성현(聖賢) 및 도덕수양을 통하여 성현의 경지에 도달하는 사람이 된다. 이러한 관념 속에서의 천인관계는 곧 '천'과 사람이 같은 덕을 가지고 있는 존재로 이해되어진다. 이러한 전통은 주로 선진유가에 의해 형성 발전된다. 유가에 의하면 인성(人性)은 천도(天道)에 근본을 두고 있기 때문에 성(性)과 천도는 상호 관통하는 것으로, 인간이 심성의 수양을 통해서 위로 하늘의 덕(天德)에 합치한다고 하여 사람의 덕(人德)과 하늘의 덕(天德)을 동일 선상에서 파악한다. 그래서 공자는 "인의 실천을 통하여 하늘을 안다."고 하였고, 맹자는 "그 마음을 다하는 사람은 그 성을 아니, 그 성을 알면 하늘을 알게 된다. 그 마음을 보존하여 그 성을 기르는 것은 하늘을 섬기는 근거가 된다."[4]라고 한 것이다. 그러므로 이러한 의미 속에서의 천인관계의 형

---

3) 楊慧傑, 『天人關係論』, 臺北, 水牛圖書出版事業有限公司, 1989년, 4쪽 참조.
4) 『孟子』, 「盡心上」.

태는 도덕가치중심의 세계관을 형성하며 중국의 전통문화 형성에 대하여 깊은 영향을 끼쳤다고 할 수 있다.

셋째로 만일 '天'을 자연적인 의미로 본다면 '천'과 상응하는 존재는 '신인(神人)'이나 '진인(眞人)'이 된다. 이러한 관념 속에서의 천인관계는 천인불상승(天人不相勝)으로 이해되어진다. 이런 전통은 주로 도가의 자연주의에 의해 형성발전 되는데, 도가에 있어서의 '신인'이나 '진인'의 경지에 도달할 수 있는 수양방법론은 비록 유가의 성인의 경지에 도달하도록 덕을 수양한다는 수양방법론과 상호보완 되는 점이 있으나, 그 주목적은 덕을 이루는데(成德)에 있지 아니하고 정신적인 초월을 통하여 자연과 합일을 이루는 경지에 도달하는데 있다. 그래서 장자는 "하늘과 사람이 서로 다투는 것으로 보지 않으니, 이런 사람을 '진인'이라 일컫는다."[5]라고 하였다. 그러므로 이러한 의미 속에서의 천인관계의 모습은 천과 사람이 서로 다투지 않고 만물과 내가(物我) 혼연일체가 되는 것을 나타내고 있는데, 이런 형태의 천인관계사상은 중국 문화에 있어서 특히 문학과 예술분야에 깊은 영향을 주었다.

이상과 같이 천인관계의 다양한 유형에 대해 간략하게 고찰 해보았다. 본문에서 주로 언급할 내용은 은주(殷周)시대의 천인관계에서부터 시작하여 공자를 중심으로 한 춘추시대의 천인합일(天人合一)사상에 대하여 분석해 보겠다. 이는 선진유가의 천인관계 문제에 있어서 매우 중요한 관건성의 문제이기 때문이다.

5) 『莊子』, 「大宗師」.

2. 공자이전의 '천'개념 및 천인관계의 변화발전

고대중국에 있어서의 '천'개념은 주나라 초기에는 지고무상(至高無上)의 인격신의 의미로 이해되어지고 있었다. 물론 주나라 이전 즉 은상(殷商)시기에도 '천'개념과 유사한 개념이 있었는데 은나라 사람들은 이것을 '제(帝)'라고 불렀다.

공자는 스스로를 "옛것을 배워 전하기는 하되 창작하지는 않으며, 옛것을 믿고 좋아한다."[6]고 하였다. 육경(六經)은 공자에 있어서 매우 친숙한 문헌이었으며 그 내용을 제자들에게 전수했는데, 이는 중국문화의 역사적인 연원을 삼황오제(三皇五帝)의 시대까지 소급시키는 것이다. 그러므로 공자사상의 연원은 이러한 시대의 문화발전과도 밀접하게 관계된다고 할 수 있다. 공자에게 있어서 이러한 시대의 문화적 배경을 이해하는데 필요한 자료는 사실상 매우 부족했다. 그래서 공자는 "하(夏)나라의 예(禮)를 내가 말할 수는 있으나 기(杞)나라로서는 실증하기에 부족하고, 은나라의 예를 내가 말할 수는 있으나 송(宋)나라로서는 실증하기에 부족하다. 문헌과 현명한 이들이 부족한 탓이니, 이것들이 충분하다면 내가 실증할 수 있을 것이다."[7]라고 말하였던 것이다. 이러한 상황 속에서 공자사상의 연원을 파악하기는 상대적으로 더욱 곤란할 뿐이다. 그러나 다행히도 다량의 갑골문이 출토되어 이러한 시대배경을 이해하는데 중요한 단서를 제공하였으나 갑골문은 은·상(殷·商)시기의 유물로 은·상시기의 문화배경에 관한 단서만을 제공해 주었다. 그러므로 은·상시기 이전의 문화배경은 역사적인 사실로서 일일이 검토 할 수는 없고 다만 전설에 의지해

---

6) 『論語』, 「述而」.

7) 『論語』, 「八佾」.

야 할 뿐이다.[8)]

이것 외에 문헌전적을 통해서 이러한 시기의 문화배경을 파악하는 것 역시 괜찮은 방법인데, 그 대표적인 문헌전적은 『시경』과 『상서』로 이러한 경서가 성립된 시기는 대략 주나라 초기에서 춘추시대 초기에 이르는데 6~7세기의 가로질러 넘고 있다.[9)] 그러므로 이 두 권의 경서는 두시대의 사상배경을 이해하는데 빠져서는 안될 연결고리인 것이다.

갑골문의 자료에 의하면 은민족은 종교의식을 자주 거행하는 민족으로 매년 열여덟 종류의 각기 다른 종교의식을 거행하였으며 이러한 종교의식은 일 년 가운데 110일을 차지했다.[10)] 조상숭배 · 제사 · 주술 등은 은나라 사람들의 일상생활 속에서 매우 중요한 부분으로 자리 잡아갔다.[11)] 은민족은 조상숭배를 특별히 중요시하였는데 그것은 은나라 사람들의 관념 속에 있어서의 조상은 비록 육체는 죽으나 영혼은 영원히 사라지는 존재가 아닌 것으로, 조상의 혼령은 비록 육체가 죽더라도 생전의 지위 · 권위 · 감정 · 욕망 등을 가지고 있으며 또한 조상은 육체가 사멸된 뒤에도 신비한 능력을 갖게 되어 후손들에게 복을 주거나 저주를 내릴 수 있는 존재였다. 그래서 은나라 사람들의 생활 가운데에 있어서 제사를 통한 조상숭배는 철저한 "죽은 사람 섬기기를 살아있는 사람처럼 한다"는 정신의 표현이었다.[12)]

---

8) 秦家懿, 孔漢思, 『中國宗教與西方神學』, 臺北, 聯經出版事業公司, 1993년, 10~11쪽 참조.

9) 傅佩榮, 『儒道天論發微』, 臺北, 學生書局, 1989년, 26쪽 참조.

10) 傅佩榮, 『儒道天論發微』, 臺北, 學生書局, 1989년, 3쪽 참조.

11) 秦家懿, 孔漢思, 『中國宗教與西方神學』, 臺北, 聯經出版事業公司, 1993년, 7쪽 참조.

12) 楊慧傑, 『天人關係論』, 臺北, 水牛圖書事業出版公司, 1989년, 25쪽 참조.

혹자는 심지어 '제(帝)'의 관념이 은나라의 씨족신(氏族神)이 변해서 생긴 것이라고 말한다.[13] 그러나 문헌자료에는 '제'가 독립적이고 초월적인 모습을 보유하고 있는 것으로 나타나 있으며 일반 백성들은 '제'에게 직접적으로 기원하거나 혹은 '제'와 접촉을 할 수가 없었으며 조상을 통해서만 기원과 접촉이 가능했다.[14] 그래서 은나라 사람들에게 있어서의 '제'와 인간의 관계는 다음과 같은 형태를 갖게 된다. 즉 '제'는 모든 것을 주재하며 절대적인 권위를 갖고 또한 하늘의 높은 곳에 거하면서 지상의 인간들에게 복과 재앙을 내려주는 존재였으며, 인간은 '제'에 대하여 경외와 두려움을 가지고 모든 일을 '제'에게 묻고 기원했다. 군주가 국가의 대사를 결정하거나 왕실의 대소사와 관련된 문제를 처리 할 때도 반드시 '제'의 의사를 점복(占卜)을 통해서 묻고 행하였다. 그래서 은나라 시기의 왕은 군주이면서 동시에 태사(太師)・태축(太祝) 혹은 태무(太巫)였다.[15]

은나라가 멸망하고 그 뒤를 이어 주나라가 들어서면서 '제'의 관념도 점차 변화되어 '천' 관념이 그 지리를 대신하게 되는데, 주나라 초기에는 '제'나 '천'관념이 같이 쓰이다가 세월이 흐름에 따라 '천'관념으로 바뀌게 된다.[16]

---

13) 傅佩榮, 『儒道天論發微』, 臺北, 學生書局, 1989년, 4~6쪽 참조.

14) 楊慧傑, 『天人關係論』, 臺北, 水牛圖書事業出版公司, 1989년, 25쪽 참조.

15) 秦家懿, 孔漢思, 『中國宗教與西方神學』, 臺北, 聯經出版事業公司, 1993년, 22쪽 참조.

16) '제'와 '천'의 관계에 대하여 학자들 사이에 다양한 견해가 존재하는데, 서복관(徐復觀)은 주나라의 문화는 처음에는 은제국 문화의 한 갈래였으나 은나라를 멸망시킨 이후에 문화와 제도상의 발전을 이룩한다. 이는 은나라 문화를 계승하여 발전을 지속적으로 한 결과라고 할 수 있다. 그러므로 주나라 초기의 천・제・천명 등의 관념들은 모두 은나라 문화의 전통에 속한다는 것이다. 徐復觀, 『中國人性論史』, 臺北, 臺灣商務印書館, 1990년, 16~20쪽 참조.

은나라시기에 있어서 '제'는 지고무상의 권위를 지닌 주재자로서 인간의 위에 존재하면서 축복과 재앙을 내리는 특색을 가지고 있었으나, 주나라 초기에 이르러는 비록 인간의 위에 존재하면서 복과 재앙을 내려주는 일면도 있지만 백성들을 사랑하는(愛民)의 특색이 현저하게 드러난다. 이를테면 『시경』, 「대아」에 "위대하신 상제께서 위엄있게 세상에 임하시어 세상을 살펴보시고 백성들의 고통을 알아 보셨다." 또 『상서』, 「소고」에 "하늘도 사방 천하의 백성들을 가엾게 여기셨으니 왕께서는 천명을 보살피시고 힘써 일하도록 하며 삼가 덕행을 빨리 시행하도록 하십시오." 그리고 『상서』, 「태서」에 "하늘이 백성을 긍휼히 여기셔서 백성이 하고자하는 바를 하늘이 반드시 따라서 행하니" 라고 한 부분에서 찾아볼 수 있다. 그러므로 이러한 시기의 천인관계는 더 이상 상하의 관계가 아닌 '천인동심(天人同心)'·'천인합덕(天人合德)' 관계의 모습을 나타낸다. 당시의 군주들은 대부분 그들 자신의 왕위를 '천명'으로부터 부여받았다고 믿었으며, 백성들 역시 '천명'은 덕이 있는 군주에게 수여된다고 하는 것을 믿었다. 그래서 하·은왕조의 군주들도 과거에 역시 천명을 부여받았으나 종극에 가서는 천명을 상실하고 멸망당했다는 역사적 경험에 비춰 주나라 시기에는 '천명미상(天命靡常)' 즉 천명이 일정함이 없다는 것을 인식하고 삼가 덕을 닦아서 천명이 영원히 함께 하기를 기원하였는데, 이때 덕을 수양하는 주 대상은 군주였으며 그 목적은 천명을 영원히 보전하는데 있었다.

그렇다면 이러한 시기에는 군주에게 덕이 있는지 없는지를 과연 어떻게 파악하였을까? 이러한 의문에 대하여 『상서』, 「태서」에는 "하늘이 보실 때에는 우리 백성들로부터 통하여 보시고, 하늘이 들으실 때에는 우리 백성들로부터 통하여 들으신 것이오."와 『상서』, 「고요

모」의 “하늘이 듣고 보는 것이 아니라 우리 백성들이 듣고 보는 것을 따르는 것이며, 하늘이 밝히고 위압하심이 아니라 우리 백성들의 밝히고 위압하는데 따르는 법입니다.”에서 보이는 바와 같이 백성들의 뜻이 곧 하늘의 뜻이고, 백성들을 섬기는 것이 곧 하늘을 섬기는 것이라 하여 군주가 덕이 있는가 그렇지 않은가는 백성들의 뜻을 통해서 드러난다고 하였다. 그러므로 당시의 사람들은 하·은왕조의 멸망은 바로 군주가 덕을 잃어서(失德) 생긴 결과로 하늘이 왕조를 바꾸고 새로운 군주를 세운 것으로 생각한 것이다.

군주가 예악(禮樂)을 제정하고 백성들을 교화 시켜감에 따라 백성들이 나날이 선을 추구하게 함으로서 인간의 덕(人德)이 하늘의 덕(天德)과 일치하게 되는 것이다. 예악(일종의 인문문화)이 발흥하면 인간들이 주체적으로 사유하기 시작하여 과거의 인습(즉 모든 일을 신이나 점괘에 의지하던 습관)으로부터 탈피하여 인간 자신이 주체가 되어 모든 일을 결정하거나 해결하였다. 또한 도덕의식 역시 점차 대두되어 도덕법칙에 합치되는 ‘친도(天道)’시상이 천천히 형성되어졌다. 이러한 부분에 대하여 서복관(徐復觀)은 다음과 같이 말했다.

> 주나라 시기 사람들의 공헌은 전통의 종교생활 가운데 자각의 정신을 불어넣은 데 있다. … 주나라가 은나라를 극복했다는 것은 곧 정신적인 자각을 한 통치집단이 정신적인 자각을 하지 못했거나 자각이 부족한 통치집단을 극복했다는 것이다.[17]

그러므로 사람들의 관념 역시 ‘경천(敬天)’에서 ‘경덕(敬德)’으로 전

17) 徐復觀, 『中國人性論史』, 臺北, 臺灣商務印書館, 1990년, 15~16, 19~20쪽 참조.

화되어 간다. 『상서』, 「소고」에 "그들이 그들의 덕행을 삼가 실행하지 않았기 때문에 일찍이 그들 나라의 운명을 상실한 것인지를 모릅니다." 그리고 이때 '덕'의 구체화된 모습은 바로 문왕(文王)이다. 또한 『시경』, 「대아」에 "상제 하시는 일은 소리도 없고 냄새 또한 없어, 문왕을 본받으면 천하가 믿고 따르게 되리라."라는 말과 『시경』, 「주송」에 "하늘의 명이 아아! 그윽하고 그지없어, 아아! 밝기도 해라 문왕의 크신 덕이여!" 라고 한데서 '경천'의 관념이 '경덕'의 관념으로 전화된 것을 알 수 있다.

'경천'의 관념이 '경덕'의 관념으로 전화되었다는 것은 곧 인간의 주체의식이 점차 형성되어 그들이 자신의 능력이나 책임 가치 등을 자각하기 시작하고 긍정했다는 것을 의미한다. 그러므로 '천'의 인격신적 요소는 점차 퇴색되어 도덕적 의미를 갖춘 형이상학적인 '천'이 그 자리를 대신 하는 것이다.

그러나 주나라의 려왕(厲王)과 유왕(幽王)시대에 이르러서는 왕실의 부패와 군주의 부덕한 행위를 자행하고 폭압적인 정치로 백성들을 학대하므로 백성들은 학정의 고통 속에서 신음하면서 하늘에 호소를 하지만 하늘은 묵묵부답으로 일관하고 대지에 호소하나 대지 역시 침묵으로 일관하고, 제후들은 그들대로 서로 정벌전쟁을 자행하는 한편 '천명'을 권력쟁탈을 위한 구실로 이용한다. 그래서 백성들은 더욱 참담한 상황에 빠지게 되고 그 속에서 하늘에 대하여 원망과 원한을 품는 마음을 가지게 된다. 따라서 천인관계 역시 본래의 화합의 상태에서 점차 긴장과 대립의 형태로 변해간다. 이와 같이 시대의 변화는 '천'의 인격신적 요소를 퇴색시키고 도덕적인 의미의 형이상학적인 모습을 점차 희석 시켜 운명이나 자연적인 의미의 '천'으로 전화시킨다.

그러므로 춘추시대에는 천인관계에 있어서 급속한 변화가 발생하는데 통치집단의 부패는 전통의 예악붕괴를 초래하여 군주가 군주답지 못하고, 신하가 신하답지 못하고, 부모는 부모답지 못하고, 자식은 자식답지 못하는 등 윗사람이나 아랫사람이 서로를 해치고 자식 부모를 살해하고 신하가 군주를 시해하는 풍조가 만연하여 사회의 혼란은 끊임없이 지속되어 전통가치는 심각한 시련에 직면한다. 이러한 시대적 상황에 직면한 공자는 과연 어떻게 하늘과 인간사이의 본래적 모습인 화합의 관계와 질서를 회복하고자했나에 대하여 살펴보도록 하겠다.

3. 공자의 천인관계

춘추시대를 회고해보면 이 시기는 예악(禮樂)이 붕괴된 시대로 귀족사회의 부패와 타락으로 인해서 제후들은 방탕무도하고 신하된 자가 군주를 시해하고 자식된 자가 부모를 죽이는 등 봉건제도를 유지하고 있던 주나라의 문화가 형식적으로 변화되면서 타락의 형태로 전화된다. 또한 제후들은 천자의 통치질서로부터 이탈하여 개개인이 각기 독립된 새로운 형태의 국가를 형성하여 봉건제도는 나날이 몰락하여가는 위기에 직면하게 되는데, 이러한 정치와 문화의 이중적인 위기의 상황 속에서 어떻게 하면 이러한 시대의 질서를 바로잡을 수 있을까 하는 문제는 이러한 시대의 많은 사상가들의 주된 관심이었다.

공자는 주나라 문화에 새로운 생명을 부여하는 것으로 이러한 시대상황의 난국을 해결하려 하였다. 과연 공자는 어떤 방식으로 주나라 문화에 새로운 생명력을 불어넣었을까? 공자는 주나라 문화에 대하여 새로운 생명력을 불어넣는 작업을 인간의 자각으로부터 착수해야 한다고 생각하고 퇴폐적이고 향락적인 삶의 태도에서 그러한 것들을 분연히 떨치고 일어나야 한다고 생각했다.

당시의 기타 여러 학파들은(주로 묵·도·법가)[18] 주나라 문화에 대하여 보편적으로 부정적인 태도를 취하는데, 먼저 묵가의 태도를 보면 그들은 공리주의적인 입장과 태도로서 주나라 문화를 파악하여 주나라 문화의 '예(禮)'는 번잡하고 낭비적인 것으로 생각하여 비유(非儒)·비악(非樂)·절장(節葬) 등을 주장하고, 도가는 작위적이고 형식적인 것을 주나라 문화로 파악하여 주나라 문화를 인간의 생명을 속박하는 주요한 요인으로 생각하여 정신세계의 자유를 추구하고, 법가는 정치 경제적인 측면으로부터 착안하여 당시의 정치형태는 봉건제도이고 경제형태는 정전제도라고 파악하여 봉건제도와 정전제도를 폐지하는 한편 귀족들을 억압하여 군주와 국가의 이익을 증대시킬 것을 주장한다. 이렇게 볼 때 당시의 다른 학파들은 일반적으로 주나라 문화에 대하여 소극적인 태도를 취할 뿐만 아니라 심지어는 배척하는 태도를 취하는데 공자만이 주나라 문화에 대해 적극적으로 긍정적인 태도를 취하며 한 걸음 더 나아가 그것을 생명화 하였다.[19] 이는 은·상시대에 있어서는 군주가 백성들로 하여금 귀신을 섬기게 하고 또한 자신도 귀신을 섬기는 등의 천인관계는 경외의 단계에 머물러 있었으나, 주나라의 시대에 와서는 군주가 예악을 통하여 백성들을 교화시킴으로 예악에 의해 교화된 백성들은 끊임없이 선함을

18) 牟宗三의 견해에 의하면, 제자백가라는 것은 주로 儒家·墨家·道家·法家·名家·陰陽家의 六家를 말하는 것이며, 앞의 四家는 주나라 문화의 병폐를 시정하려고 한 데서 발생하였다. 牟宗三, 『中國哲學十九講』, 臺北, 學生書局, 1991년, 57쪽 참조.

19) 牟宗三, 『中國哲學十九講』, 臺北, 學生書局, 1991년, 57~66쪽 참조.

향하여 매진했기 때문이다.[20]

주나라 초기에 있어서의 군주의 덕은 하늘의 덕(天德)의 구체적인 표현으로, 군주는 '천명'을 계승하여 백성들에게 덕을 베풀어야 했다. 그래서 군주는 끊임없이 '경덕'과 자신의 수양을 통해서 '천명'을 영원히 보전해야만 했다. 군주가 예악을 제정하여 백성들을 교화시켜 백성들로 하여금 지속적으로 선함을 향하여 매진케 하여 군주의 덕으로 하늘의 덕(天德)에 도달하고자 하였으니 이러한 이유로 인하여 예악은 그 존재의 필연적 가치가 있는 것이다. 춘추시대에 이르러 예악제도가 점차 형식화 되가는 추세는 예악제도 자체에 문제가 있어서가 아니고, 그것을 운용하는 사람에게 문제가 있었던 것으로 사람들이 예악제도의 근본정신을 망각하였기 때문에 예악제도는 허공에 붕떠버린 형식으로 전락하게 된 것이다. 그래서 예악제도의 근본정신을 다시 중흥시키고자 한다면 인간의 자각으로부터 시작하여 예악에 새로운 생명력을 불어넣는 것이다. 그러므로 공자는 仁을 논의해서 "예다, 예다라고 말하는데 의식만 갖추는 것이 예인가? 음악이 다 음악이다라고 하는데 종치고 북 두드리는 것을 말하는가?"[21] 또 "사람이면서 어질지 못하면 예는 무엇할 것이며, 사람이면서 어질지 못하면 음악은 무엇하겠는가?"[22]는 바로 예악은 반드시 진실한 의미와 가치를 가져야 하고 참 생명을 가지지 않으면 안 된다. 참 생명은 바로 이 '인(仁)'에 있음을 알 수 있다. 그러므로 이러한 '인(仁)'이라는 관념이 제출되어 예악제도를 진실성 있게 만들고 생명력이 있게 하여 객관적 유효성(objective validity)을 가지게 한 것이다.[23]

---

20) 徐復觀, 『中國人性論史』, 臺北, 臺灣商務印書館, 1990년, 63쪽 참조.

21) 『論語』, 「八佾」.

22) 『論語』, 「八佾」.

이것 외에 공자는 '인(仁)' 개념의 제시를 통해서 천인관계에 새로운 형태를 부여한다. 즉 공자는 고대 성왕들의 생명의 지혜를 늘 동경하며 "서술하되 창작하지 않고, 옛것을 좋아하여 믿는다."라고 했는데, 여기에서의 "서술"·"믿음"·"좋아한다"는 것은 모두 고대 성왕들의 생명의 지혜 및 하늘과의 화합을 뜻한다. 그리고 공자 자신 역시 '천명'을 이어받아 문왕의 도통을 계승하였음을 자인한다.

공자는 늘 말하기를 군자에게는 두려워하는 것이 셋 있다고 하였는데 즉 "천명을 두려워해야 하고 위대한 사람을 두려워해야 하고 성인의 말씀을 두려워해야 한다."[24]라고 한 바와 같이 초월자인 하늘에 대하여 경외하는 태도를 가지고 있었다. 그 외에 공자의 다른 언급 속에서도 이러한 하늘에 대한 경외의 태도를 찾아 볼 수 있는데, 즉 "하늘이 내게 덕을 부여해 주셨거늘, 환퇴가 나를 어찌하겠는가?"[25], "나를 알아주는 이는 하늘 일 것이다."[26], "나는 말하지 않으려 한다. 자공이 아뢰었다: '선생님께서 만약 말씀하시지 않는다면, 저희들은 무엇을 전술하겠습니까?' 공자께서 말씀하셨다: '하늘이 무슨 말씀 있으시더냐? 사철이 돌아가고 있고 만물이 자라고 있지만, 하늘이 무슨 말씀을 하시더냐?'"[27], "하늘이 이 문화를 없애려 하셨다면, 후세에 나온 내가 이 문화에 참여할 수가 없었을 것이다. 하늘이 이 문화를 없애려 하지 않고 계신데, 광 사람들이 나를 어찌할 수 있겠느냐?"[28] 이와 같이 공자는 진정한 군자가 되기 위해서는 초월자에 대한 경외의

23) 牟宗三, 『中國哲學十九講』, 臺北, 學生書局, 1991년, 55~66쪽 참조.

24) 『論語』, 「季氏」.

25) 『論語』, 「述而」.

26) 『論語』, 「憲問」.

27) 『論語』, 「陽貨」.

28) 『論語』, 「子罕」.

마음가짐이 필요하며, 또한 이러한 것들이 없이는 완전한 인격을 완성할 수 없다고 보았다.

또한 "선생님의 글과 의표에 대해서는 들을 수가 있었지만, 선생님의 본성과 천도에 관한 말씀은 들을 수가 없었다."[29]라고 한 문구에서는 공자가 '성(性)'과 '천도'의 구체적인 내용에 관해서 언급하지 않았다고 했으나, 공자의 사상체계 속에서 공자가 하늘에 대하여 경외의 심정을 갖고 있었던 것을 찾아볼 수 있다.[30] 그리고 공자가 '인(仁)'의 사상체계를 수립할 때 그의 마음 속에는 모종의 초월적인 기도와 고무가 있어 그 자신으로 하여금 '인(仁)'을 통하여 '성'과 '천도'에 합일케 했다.[31] 이러한 하늘(天)이야말로 공자가 진정으로 지향한 생명의 근원인 것이다.

공자는 인간 마음(人心)의 불안과 불인(不忍)으로 '인(仁)'을 말했다. 그래서 공자에 있어서의 '인(仁)'은 생명의 가장 근본적인 원리가 되기 때문에 만일 인간이 이러한 생명의 가장 근본적인 원리로서의 '인(仁)'을 상실하게 되면, 곧 마땅히 갖추어야할 인생의 방향과 도리를 상실하게 된다고 생각했다. 예악제도는 이렇게 인간의 마음 속에 내재되어 있는 '인(仁)'으로서 기초를 삼는 것이 필요한데, 만일 이러한 '인(仁)'을 상실하게 되면 예악제도 역시 형식적으로 변화되어 공허한 메아리가 된다는 것이다. 그러므로 공자는 "사람이면서 어질지 못하다면 예는 무엇 할 것이며, 사람이면서 어질지 못하다면 음악은 무엇하겠는가?"[32]이라고 말한 것이다.

---

29) 『論語』, 「公冶長」.

30) 『論語』, 「季氏」, "畏天命, 畏大人, 畏聖人之言."

31) 牟宗三, 『中國哲學的特質』, 臺北, 學生書局, 1991년, 33쪽 참조.

32) 『論語』, 「八佾」.

춘추시대의 사람들은 한편으로는 하늘에 대한 경외감을 상실하였으며, 다른 한편으로는 인간이 마땅히 갖추어야할 가치의식과 질서의식을 상실했는데, 이는 불충한 신하가 나타나서 군주를 시해하고 자식이 부모를 죽이고 윗사람들과 아랫사람들이 서로 해치고 남편은 남편의 역할을 하지 않고 부인은 부인의 역할을 하지 않는 등 사회각처에 기존의 가치체계와 질서체계가 무너지는 무도한 사회적인 분위기가 춘추시대 전반에 걸쳐 충만해 있었다. 그래서 인간이 인간으로서의 가치를 상실하고 하늘 역시 하늘로서의 가치를 상실하였기 때문에 새롭게 천인화합의 관계를 회복하기 위해서는 오직 인간의 내재적인 가치의 재창출을 통해서 인간의 본질 혹은 본성을 회복시켜 하늘의 가치 및 본질을 회복시키는 수밖에 없었다.

천인관계의 파괴는 인간의 정신적인 귀의처를 상실하게 만들었으며 더 나가 예악제도의 붕괴를 초래하여 백성들의 도덕가치에 대한 신뢰와 생명(도덕생명)의 방향을 상실하게 만들었다. 그래서 당시의 사람들은 어떠한 도덕가치 규범에 따라 행동해야 하는지의 방향성을 상실하고 자신의 사욕에 따라 행동하는 방탕한 생활 속에서 살아가고 있었다. 이렇게 춘추시대 전반에 걸쳐 기존의 도덕가치와 질서가 무너지는 풍조가 조성되는 가운데 공자는'인(仁)'으로서 '천'의 초월성과 객관적 유효성을 회복시켜 인간의 도덕생명기초를 새롭게 건립할 것을 호소하였던 것이다.

'천'은 공자에게 있어서의 최종 관심소재였으나 시대의 변화 발전에 따라 '천'의 본질이 변화되어, 공자는 새로운 '인(仁)'관념의 제시를 통해 '천' 혹은 '천도'에 새로운 생명력을 부여한다. 그래서 공자에게서의 '천'은 도덕가치의 실체가 되며 또한 도덕이 존재해야 하는 초월적인 이론근거로 변모한다.

과거에는 덕을 수양해야 하는 대상이 군주에게만 국한되었으며 또한 군주가 덕을 수양해야만 하는 주된 이유는 '천명'을 영원히 보존하기 위해서였던 것이다. 이와 같이 군주들이 덕을 수양했던 것은 외재적인 요인에 의해서이지 내재적인 도덕의 자성에서 우러나와 자율적으로 행하였던 것은 아니었다. 그래서 백성들의 모든 관심의 초점은 자연히 군주의 덕성 수양 여부로 모여지는 한편 군주의 덕성 수양에 의해 하늘로부터 영원한 축복을 받기를 기원하였다. 그러나 군주가 덕을 수양하지 않거나 부덕한 행위를 했을 때 하늘은 곧 부여했던 '천명'과 축복을 거둬들이는데, 이로 말미암아 백성들은 상대적으로 고통스러운 상황으로 빠져들 수밖에 없었던 것이다.

공자는 '인(仁)'을 통하여 인간 자신에게 내재되어 있는 도덕가치를 자각 하고자 하였으며, 또한 덕성 수양의 요구를 군주 한 개인에게만 국한시키지 않고 백성들 자신에 대한 요구로 전화시켜, 인간이 자신의 노력을 통하여 끊임없이 '인(仁)'을 실천하면 바로 성인(聖人)의 경지에 노날할 수 있다고 한 것이다. 이러한 점에 대해 모종삼(牟宗三)은 다음과 같이 말했다.

> 공자의 사명은 본래 "경덕에 힘쓰다"·"천명이 영원하기를 기원하다."의 정치적인 규범에서 "인(仁)을 실천하여 하늘을 안다."고 하는 도덕 규범으로써 군주를 계도하여 문화와 역사적 사명을 재창조한다.[33]

그렇다면 '인(仁)'은 어떻게 하늘과 인간 사이의 소통을 담당하는 가교의 역할을 하게되는 것일까? 모종삼은 '인(仁)'의 특성을 '각(覺)'

---

33) 牟宗三, 『心體與性體』 第一冊, 臺北, 正中書局, 1991년, 222쪽 참조.

과 '건(健)'이라고 하였다. 즉 '각'은 마음 속의 불안과 불인(不忍) 그리고 슬퍼하는 감정이고, '건'은 열심히 실천하여 그침이 없는 것을 뜻한다고 하여 '인(仁)'의 특성을 내심의 '각'으로써 부단하게 열심히 실천하는 정신을 표현하는 것이라고 했다. 이러한 것들이 전의 되어 '감통(感通)'과 '윤물(潤物)'이 된다고 하여 "인으로써 감통하여 성을 삼고, 윤물로써 용(用)을 삼는다."고 주장한다. '감통'을 통하여 생명은 점차 더욱 확대되어 극에 달하면 우주만물과 일체를 이룰 수 있으며, 또한 "천지와 더불어 덕을 합하고, 일월과 함께 밝음을 합치하고, 사시와 더불어 순서를 합치하고, 귀신과 더불어 길흉을 합치한다."는 경지에 도달하게 된다고 했다.[34] 즉 개인에게 내재되어 있는 자아의 '감통'을 기점으로 더욱 확대하여 타인과 만물에게까지 파급하여 최종적으로는 천지만물과 하나로 융합하여 상통한다는 것이다. 그러므로 주관과 객관의 절대적인 대립이 사라지게 된다는 것이다. 이러한 관점과 관련하여 모종삼은 다음과 같이 말했다 :

> 인체·인리·인도 혹은 인심의 네 단어는 서로 통용된다. 즉 '이러한 이치를 체득하여 인식한다는 것은 성과 경(誠敬)으로써 그것을 보존한다는 것을 말 할 뿐이다.' 이는 '인(仁)'이 '리(理)'가 되는 것을 말하는 것이니 '인리(仁理)'라고 말할 수 있는 것이다. '이러한 '도(道)'는 만물과 더불어 대립되는 것이 아니고 이미 그것을 밝히기에 매우 부족하다는 것이다.' 이는 '인(仁)'이 '도(道)'가 되는 것을 말하는 것이니 '인도(仁道)'라고 할 수 있는 것이다. '만물이 모두 나에게 갖추어져 있다.' '양지 양능은 본래적으로 상실되는 것이 아니다.' 이는 곧 마음(心)으로서의 '인(仁)'을 말한

34) 牟宗三, 『中國哲學十九講』, 臺北, 學生書局, 1991년, 35~36쪽 참조.

것이니 '인심(仁心)'이라고 말할 수 있는 것이다.[35)]

그러므로 심(心)·성(性)의 관계에서 말하면 '심'은 곧 '성'으로 '인(仁)'의 주관적인 의미(心)가 도출될 수 있으며, '성'·'리(理)'의 관계에서 말하면 '성'은 곧 '리'로 '인(仁)'의 객관적인 의미(性)가 도출될 수 있으며, '리'·'도(道)'의 관계에서 말하면 '리'는 곧 '도'로 '인(仁)'의 절대적인 의미(天)가 도출될 수 있는 것이다. 그래서 주관·객관·절대가 서로 상통하여 일체를 이루는 것이므로 '심'·'성'·'천'은 서로 상통하여 일체가 되는 것이다.[36)]

이러므로 '인(仁)'과 하늘은 합일되어 '인한 하늘(仁天)'이 되는 것이다.[37)] 『중용』의 "천명이 아아! 그윽하고 그침이 없다."라는 말은 하늘이 '천명'이 되는 이유를 언급한 것이며, 또한 "아아! 밝기도 하여라 문왕의 크신 덕이여!"라는 말 역시 문왕이 성인(聖人)이되는 가치를 언급한 것으로 위대한 덕이 그침 없음을 뜻한다. 이는 곧 '천도'의 생성이 멈춤이 없나는 것으로부터 정신적으로 하늘이 '천덕(天德)'이 되는 이유를 체득하는 것에 이르기까지 그리고 문왕의 덕이 위대하여 그침 없다는 것으로부터 인간이 인간의 덕(문왕의 덕)을 체득한다는 것은 바로 사람의 덕으로서 하늘의 덕과 합일한다는 것이다.

이와 같이 하늘에 의해 부여된 '인(仁)'의 실질적인 내용은 이후로 하늘을 더 이상 고원한 존재로 인식치 않게 하였으며 인간의 내면에 존재하는 도덕가치의 실체로 자리잡게 한 것이다. 즉 하늘은 더 이상 인간에게 요원한 대상적인 존재가 아님과 동시에 운명이나 자연법칙

---

35) 牟宗三, 『圓善論』, 臺北, 學生書局, 1985年, 256쪽 참조.

36) 蔡仁厚, 『儒家心性之學論要』, 臺北, 文津出版社, 1990年, 279쪽 참조.

37) 謝仲明, 『儒學與現代世界』, 臺北, 學生書局, 1991年, 98~101쪽 참조.

의 의미도 아닌 살아있는 도덕으로 도덕생명을 끊임없이 창조해내는 형이상학적 실체가 되는 것이다.

4. 맺는 말

이상과 같이 춘추시기의 천인관계의 형태를 살펴보았다. 중국 고대 천인관계의 형태는 공자이전 즉 은·주시기에 있어서는 다음과 같이 말할 수 있다.

먼저 은왕조 시기의 천인관계는 '제'와 인간의 관계형태로 말할 수 있는데, '제'는 모든 것을 주재하며 절대적인 권위를 갖고 하늘의 높은 곳에서 기거하면서 지상의 인간들에게 축복과 재앙을 내려주는 존재였으며, 인간은 '제'에 대하여 경외와 두려움을 갖고 있었으며 모든 일을 '제'에게 묻고 기원했다. 군주가 국가의 대사를 결정하거나 왕실의 제반 문제를 처리할 때도 반드시 '제'의 의지를 점복 행위를 통해서 묻고 실행하였다. 이와 같이 은왕조 시기의 천인관계는 절대적인 권위를 갖는 '제'에 대해 인간은 무조건적인 복종과 의무를 강요당하였으며 인간의 주체성이 용납되지 않는 상명하복의 관계였다.

주왕조 시기의 천인관계는 '천'과 인간의 관계형태로 말할 수 있는데, '천'은 주왕조 초기에는 지고 무상의 권위를 지닌 주재자의 일면과 백성들을 사랑한다고 하는 특색도 가지고 있었다. 이 시기의 천인관계의 형태는 이전의 은왕조 시기와는 달리 상명하복의 모습에서 벗어나 '天人同心'·'天人合德' 관계의 형태를 나타낸다. 또한 군주는 천명을 보전하기 위해 자신의 덕성 수양을 주 임무로 삼는 한편 자신의 덕을 바탕으로 백성들을 교화하는데 주력하였다. 그리고 이 시기에는 이전 시대의 종교적인 분위기에서 탈피하여 인간 자신이 주체가 되어 모든 일을 결정하거나 해결하였으며 도덕의식이 대두되어 도덕법칙에 합치되는 '천도'사상이 형성되어졌다. 인간이 주체가 되어 모든 일을 결정하였다는 것은 곧 인간의 주체의식이 점차 형성되어 인간이 자신의 능력 · 책임 · 가치 등을 자각하기 시작했다는 것을 의미한다. 그러므로 '천'의 인격신적 요소는 점차 퇴색되어 도덕적 의미를 갖춘 형이상학적인 천이 그 자리를 대신하는 형태를 보인다.

공자의 시대에는 사회 각처에서 기존의 가치체계와 질서가 무너지는 무도한 사회적인 분위기가 당시 사회 전반에 걸쳐 팽배되어 있었다. 그래서 인간이 인간으로서의 가치를 상실하고 하늘 역시 하늘로서의 가치를 상실하였다. 이와 같이 춘추시대에 있어서의 천인관계의 파괴는 인간의 정신적인 귀의처를 상실하게 만들었으며 더 나가 예악제도의 붕괴를 초래하여 백성들의 도덕가치에 대한 신뢰와 생명(도덕생명)의 방향성을 상실하게 만들었다. 사람들은 어떠한 도덕가치규범에 따라 행동해야 하는지의 방향성을 상실하고 자신의 사욕에 따라 행동하는 방탕한 생활 속에서 생존하고 있었다. 이러한 가운데 공자는 '인(仁)'으로서 '천'의 초월성과 객관적 유효성을 회복시켜 인간의 도덕생명 기초를 새롭게 건립하고자 하였다. 하늘은 공자에게 있어서 최종 관심소재였으며 또한 그는 '인(仁)'을 통하여 '천'에 새로운 생명력을 부여한다. 그래서 공자에게 있어서의 '천'은 도덕가치의 실체가 되며 또한 도덕이 존재해야하는 초월적인 이론 근거로 변모하는 것이다.

참고문헌

朱公遷撰, 『詩經疏義』, 『四庫全書』本影印.

孫星衍撰, 『尙書古今文注疏』, 『平津館叢書』本影印.

劉寶楠撰, 『論語正義』, 『續皇淸經解』本影印.

傅佩榮, 『儒道天論發微』, 臺北, 學生書局, 1989.

秦家懿·孔漢思, 『中國宗教與西方神學』, 臺北, 聯經出版事業公司, 1993.

楊慧傑, 『天人關係論』, 臺北, 水牛圖書事業出版公司, 1989.

徐復觀, 『中國人性論史』, 臺北, 臺灣商務印書館, 1990.

牟宗三, 『中國哲學十九講』, 臺北, 學生書局, 1991.

牟宗三, 『中國哲學的特質』, 臺北, 學生書局, 1991.

제2장

『중용』의 천인관계

1. 시작하는 말

인간은 자신의 존재근원에 대한 물음을 던질 수 있다는 점에서 여타 동식물과의 차별성을 지니게 된다. 내가 존재하도록 한 부모에 대한 관심에서부터 근원적 존재에 대한 물음에 이르기까지, 그 사유대상의 영역은 좁게는 나에서부터 시작하여 우주의 문제로까지 확장되어 간다.

정체성 확립에 대한 문제는 그 존재의 기원이 어디인가를 확인하는 것에서부터 시작된다고 할 수 있다. 그런데 유학은 자기 자신 존재근거 나아가 인간에 대한 탐구를 하늘과의 연계성에서 찾으려 한다. 하늘과 인간의 존재론적 연계성의 관계망 안에서 하늘과 인간의 의미를 정립하고 있는 것이다. 일반적으로 공맹유학으로 지칭되는 선진유학은 하늘을 의리적 존재로 파악하고 있다. 그런데 이러한 하늘에 대한 도덕적 존재로서의 의미 규정은 역시 인간의 사유에서 이루어지는 것이며, 하늘에 대한 이러한 의미 규정 속에는 인간을 도덕적 존재로 이해하려는 의도가 담겨져 있다. 공자와 맹자의 이러한 일관된 사유노선이 유지되는 과정에 그 교량역할을 하고 있는 것이 『중용』의 사상이다.

『중용』은 『논어』, 『맹자』, 『대학』과 더불어 사서(四書)라 일컬어지는 것으로, 유가사상의 근간이 되는 것이다. 잘 알려져 있는 것처럼, 『중용』은 『예기』 가운데 한 편이었던 것을 별도로 분리한 것이다.[1)] 이처럼 『예기』를 구성하는 하나의 편을 독립적으로 부각시켜지는 데는 나름의 이유와 목적이 있었을 것이다. 분리를 시도한 사람은 『중용』의 사상이 유학적 색깔을 선명하게 보여주는 그 무엇을 담고 있다고 보았기 때문이라 추정할 수 있다. 『중용』을 독립된 서책으로 뽑아내는 작업은 하늘과 인간 즉 천리와 인성의 확고한 연결고리를 찾으려는 목적의식의 표출이라 할 수 있으며, 이것은 하늘과 인간을 일관하는 『중용』의 사유에 대한 간파에서 가능하였던 것이다. 필자는 이와 같이 『중용』은 『예기』를 구성하는 하나의 편에서 탈피하여 독립된 서책으로 인정되는 이유는 무엇인가에 관심을 두고자 한다. 이것은 『중용』사상의 핵심을 검토함으로써 하늘과 인간에 대한 유가적 사유의 특색을 확인하는 의미를 갖기도 한다.

본문은 『중용』을 통하여 인간과 하늘에 대한 존재론적 규정은 어떻게 이루어지고 있는가를 밝힘으로써, 『중용』에서 제시하고 있는 인간과 하늘의 의미와 이것의 관계를 확인하고자 하는 데 그 목적을 두고 있다. 『중용』의 핵심은 바로 하늘과 인간의 공통성 즉 성명적 일관성을 전제로 하여 하늘이 하늘 되는 소이와 인간의 존재의미를 드러낸 것이라 보고 있기 때문이다.

이에 논자는 앞서 제시한 내용이 『중용』의 근간임을 전제하고, 이

1) 『中庸』은 본래 『禮記』 49편중 제31편에 수록되었던 것이다.

러한 주장이 타당한 것임을 『중용』[2] 원전에 제시되고 있는 내용을 기초로 하여 검토하고자 한다.

2. 천인의 성명적 일관성

『중용』을 열어 볼 때 첫 번째 눈에 들어오는 구절이 바로 "하늘이 명한 것을 일러 性이라 하고, 그 性을 따르는 것을 道라 하며, 道를 닦는 것을 敎라 한다."[3]는 것이다. 여기서 우리는 『중용』 저작자가 견지한 하늘과 인간에 대한 관점을 확인할 수 있다. 이것은 하늘의 존재에 대한 인정 그리고 이것으로부터 인간을 이해하는 유가 사유 구조의 기본 모형을 보여주는 것이다. 하늘로부터 인간에게 주어진 것이 인간의 본성이며, 본성을 따르는 것이 사람의 길이고 이 길에서 벗어나지 않도록 하는 것이 수양이라 규정되어 있다.[4] 이처럼 『중용』은 하늘과 사람이 하나로 관통하는 심성합일(心性合一)의 형이상학적 인성을 제시하고 있다.[5] 하늘과 사람을 '성명적 일관성(性命的 一貫性)'의 관계로 파악하는 것은 『중용』만의 독특한 사고는 아니다. 『상

---

2) 『중용』의 저작시기는 언제이며 저작자는 누구인가 하는 것 또한 논란을 불러오는 문제이다. 그러나 본 논문에는 이러한 문제는 논외로 한다. 그리고 공자의 말과 자사의 말을 구분하지 않고 『중용』이라는 하나의 텍스트 안에 포괄하여 그 논점을 정리하고자 한다.(본문의 많은 내용은 공자의 말을 『시경』의 글을 원용하고 있다. '仲尼曰'로 시작하는 문장이 하나이고 '子曰'로 시작하는 문장이 21개이며, 『시경』을 인용하여 놓은 문장이 15개이다.) 왜냐하면 여기에 인용하고 있는 글들은 저작자가 자신의 생각을 표현하고, 자신의 견해가 타당함을 입증하려는 목적으로 쓰이고 있기 때문이다.

3) 『중용』, 제1장, "天命之謂性, 率性之謂道, 脩道之謂敎."

4) 김길환, 『동양윤리사상』, 서울, 일지사, 1992년, 58~59쪽 참조.

5) 蒙培元 저 · 이상선 역, 『중국 심성론』, 서울, 법인문화사, 1996년, 217쪽 참조.

서』와 『시경』 등에서 찾아지는 도덕적 천명사상은 '천(天)'과 인간을 하나로 꿰뚫는 사고의 뿌리이며, 공자와 맹자 천인관에서 제시된 기본 관점은 이를 보다 심화시킨 것이라 할 수 있다.

『서경』에서는 "거룩하신 상제께서 아래 백성에게 衷을 내려 주셨다"라고 밝히고 있는 바,[6] 여기에서 백성에게 내려진 衷의 내용은 중정의 도(中正之道)로서, 유가사상에서 '도덕', '윤리'의 의미로 이해된다. 이러한 인간의 의미에 대한 자각적 규정을 통하여, 이제 인간이 인간으로 살아가는 의미, 인격적 의미로서의 성명(性命) 또한 함께 주어진 것임을 확인하게 되는 것이다. 이렇게 되면 마땅히 따라야할 당위법칙으로서의 도덕은 가치로서의 의미만이 아닌 존재론적 의미를 함께 갖게 된다.

"하늘이 뭇 백성을 낳으심에 존재가 있으면 존재의 법칙이 있게 하였으니, 백성들은 덧덧함을 지녀 이 아름다운 덕을 좋아한다."[7]라는 『시경』의 문장은 인간에게는 존재법칙으로서 도덕성이 내려졌다는 의미를 지니고 있다. 아울러 공자의 "하늘이 나에게 덕을 내려주었다."[8]라는 술회는 인간의 덕성은 하늘로부터 부명(賦命)받은 것임을 천명한 것이다. 하늘과의 연계성 속에서 인간을 이해하는 공자의 이러한 사유결과의 절정적 표현은 자신의 나이 50세를 지칭한 '천명을 안다(知天命)'라는 말이다. 공자는 인간의 본질을 '인(仁)'이라는 개념으로 추출하여 응집시키고 있다. 사람이 걸어가야 할 길을 이것을 통하여 제시하고 있음이다. 인간다움에 대한 공자의 역설을 『중용』은 반영하고 있다. 그래서 『중용』은 도(道)를 한 순간도 떠날 수 없는 필

6) 『尙書』, 「湯誥」, "惟皇上帝, 降衷于下民."
7) 『詩經』, 「大雅」, "天生蒸民, 有物有則, 民之秉彛, 好是懿德."
8) 『論語』, 「述而」, "天生德於予."

연적이고 당위적인 것이라 강조하고 있다. 나아가 잠시라도 떠날 수 있다면 그것은 '道'가 아니라고 까지 강조하게 되는 것이다.[9)]

그러면 하늘과 인간에 일관되는 그 소통의 매개체 이것은 구체적으로 무엇을 의미하는가? 『중용』은 이것을 '성'(誠) 즉 진실함으로 설명하고 있다.

> 誠은 하늘의 道이고, 誠하려 하는 것은 사람의 道이다. 誠은 노력하지 않아도 알맞은 것이며, 생각하지 않아도 알고 중도를 따르는 것은 성인이다. 誠을 실천하려 하는 것은 善을 택하여 굳게 지키는 것이다.[10)]

'誠 자체는 하늘의 길이고, 誠하려 하는 것은 사람의 길이다.'라는 말은 '성'과 '성하려 하는 것'으로서 하늘과 인간의 길을 구분 짓는 의미를 담고 있다. 노력이 필요 없는 그 자체와 노력을 필요로 하는 것은 일정한 구분이 있는 것은 사실이다. 그러나 '之'라는 글자 하나의 있음과 없음 즉 노력이 필요성 유무를 떠나, 인간에 가능성으로 주어지고 실천의 의무로 주어진 것이 '성'이라고 하는 점에서, 인간은 하늘과 하나로 관통되는 가능성을 지니게 된다.

『중용』이 이러한 관점은 천도를 긍정적인 입장에서 파악하고 있음을 보여 주는 것이다. 이것은 '성'을 천도로 규정하는 것에서 알 수 있다. 왜냐하면 '성'이란 진실하여 거짓이 없는 것이라 볼 수 있기 때문이다.[11)] 천도에 대한 진실이라는 도덕적 규정에서부터 인간의 도덕적

---

9) 『中庸』 제1장, "道也者, 不可須臾離也, 可離非道也."

10) 『中庸』 제20장, "誠者, 天之道也, 誠之者, 人之道也. 誠者不勉而中, 不思而得, 從容中道, 聖人也. 誠之者, 擇善而固執之者也."

11) 『中庸集註』 제20장, "誠者, 眞實無妄之謂, 天理之本然也."

가능성 또한 도출된다고 할 수 있다. 이것을 다시 역으로 말하면 인간의 도덕성에 대한 요청을 자연에 반영하여, 천도 곧 자연의 질서를 도덕적으로 규정한 것이라 보아도 좋을 것이다. 이런 점에서 몽배원은 "『중용』은 사람의 주체의식과 관념을 우주의 근본적인 존재로 끌어 올려놓았고, 이로서 우주자연계의 질서를 세웠으며, 자연계로 하여금 사람의 특성을 갖도록 하였다. 사람의 특성을 자연계에 투사한 것이라 하겠다."[12]라고 주장하고 있다.

인간과 자연을 일관하는 그 속성을 이와 같이 긍정적인 입장으로 바라보는 것이 『중용』의 사유노선이다. 존재하는 것에 대한 감사의 마음은 이처럼 그냥 그렇게 존재하는 것들에 대해서 까지도 은혜로움으로 받아들이고 있다. 이러하기 때문에 하늘과 땅의 도를 誠이라고 규정하고, 그것이 실현되는 공효를 生物 즉 존재를 생성하는 것으로 받아들이고 있다.[13] 『중용』은 긍정적 입장을 넘어 극단적인 도덕지향적 사고를 보이고 있다. 그래서 "誠은 사물이 존재하는 시작과 끝으로서 이것이 없으면 사물이 있을 수 없다."[14]라고 까지 언급하고 있는 것이다. 존재의 근원이자 종착점이며, 사물이 그것일 수 있는 근원적인 존재근거의 의미로까지 '성'이 지닌 의미의 영역은 확장되고 있다.

그런데 '성'은 이처럼 존재론적인 의미를 지니고 있을 뿐만 아니라 당위적인 의미도 지니고 있다. 하늘의 경계에서 말하는 '성'은 존재론적 의미를 내함하고 있고, 인간 영역에서의 '성'을 말하면 마땅히 실

12) 蒙培元 저 · 이상선 역, 『중국 심성론』, 서울, 법인문화사, 1996년, 221쪽 참조.

13) 『中庸』 제26장, "天地之道, 可一言而盡也. 其爲物不貳, 則其生物不測."
위 같은 곳, 「朱子註」, "言天地之道, 誠一不貳, 故能各極所盛, 而有下文生物之功."

14) 『中庸』 제25장, "誠者物之終始, 不誠無物."

현하여야 하는 당위의 의미가 강하다. 자연의 질서를 대표적으로 상징하는 하늘을 '성'이라고 규정하는 것과 아울러 이것을 인간의 중요한 실천 덕목으로 제시하고, 그리고 하늘과 인간의 연계성을 강조하는 것에서, 존재와 당위를 일치시키려는『중용』의 의도를 확인할 수 있다.

'성'에 담겨있는 중요한 의미는 스스로를 완성한다는 것이다. 이것은 인간의 자기완성과 본성 실현의 실질적 가능성이 '성'임을 설명하는 것이다. 외부적 존재에 의탁하거나 그것으로부터 이끌어지는 것이 아닌 인간 스스로가 자기 안에 주어진 존재의 법칙에 의거하여 완성의 길을 갈 수 있다는 말이다. '성'은 인간이 자신을 완성하는 원리 일뿐만 아니라, 다른 존재가 성취할 수 있도록 해주는 역할을 수행하게 하는 동력으로도 작용한다. 자신의 본성에 대한 자각과 완성은 자신 이외의 타 존재에 개입하여 그 존재의 목적을 성취하도록 돕는 가운데 이루어진다고 보는 것이 유학이다. 공자가 '인(仁)'을 殺身成仁과 愛人이라 말하거나,[15] 맹자가 捨生取義[16]를 언급하는 것 등에서 이러한 관점을 파악할 수 있다.

공자와 맹자의 사상적 교량 역할을 하는『중용』역시 이러한 사유의 전형적인 모습을 유지하고 있다. 그래서 "誠은 자신을 이루는 것이다. … 誠은 자신을 이루는 것일 뿐만 아니라 사물을 완성시키는 것이다. 자신을 이루는 것은 仁이요, 타 존재를 이루는 것은 知이니, 이는 性의 德으로 內外를 합일하는 道이다."[17]라고 표명하고 있는 것

15)『論語』,「衛靈公」, "子曰 志士仁人, 無求生以害仁, 有殺身以成仁."
같은 책, 제12장,「顔淵」, "樊遲問仁. 子曰 愛人."

16)『孟子』,「告子上」, "孟子曰: 魚, 我所欲也, 熊掌, 亦我所欲也, 二者不可得兼, 舍魚而取熊掌者也. 生, 亦我所欲也, 義, 亦我所欲也, 二者不可得兼, 舍生而取義者也."

이다. 인간에 있어서의 誠은 자신의 존재를 완성해 가는 것일 뿐만 아니라 타 존재에 미쳐 그것의 존재 완성을 이루도록 하는 것이다. 이러한 誠이 자연계에서 실현되는 또 다른 모습을 『중용』은 '無息' 즉 쉼이 없는 것이라 제시하고 있다.

> 그러므로 지극한 誠은 그침이 없다. 그침이 없으니 멀고 오래 갈 수 있고, 멀고 오래가게 되면 징험된다. 징험되면 오래가고 오래가면 넓고 두터워지며, 넓고 두터워지면 높고 밝아진다. 넓고 두터움은 만물을 싣는 것이요, 높고 밝음은 만물을 덮는 것이며, 멀고 오램은 만물을 이루는 것이다. 넓고 두터움은 땅과 짝하고 높고 밝음은 하늘과 짝하고 멀고 오래됨은 경계가 없다.[18]

'성'을 그침이 없는 것으로 보는 관점에는 자연계의 질서에 대한 긍정적 의식이 배태되어 있다. 만물을 낳고 기르는 하늘과 땅의 덕을 무궁한 작용으로 인정함에는, 생명의 끝없는 연속성과 지속성에 대한 기대가 담겨있다고 하겠다. 이러한 의식을 지닌 『중용』 저작자의 생각은 아래의 글에도 확인할 수 있다.

> 시에 이르기를 '하늘의 명은 아아 심원하여 그치지 않나니!'라고 하였으니 하늘이 하늘되는 까닭을 말한 것이요. '아아 뚜렷하게 나타나지 않았는가! 문왕의 덕의 純一함이여!'라고 하였으니, 문왕이 문왕되는 소이는 순일함이 그치지 않았음이다.[19]

---

17) 『中庸』 제25장, "誠者自成也. … 誠者非自成己而已也, 所以成物也. 成己, 仁也. 成物, 知也. 性之德也, 合外內之道也."

18) 『中庸』 제26장, "故至誠無息. 不息則久, 久則徵, 徵則悠遠, 悠遠則博厚, 博厚則高明. 博厚, 所以載物也. 高明, 所以覆物也. 悠久, 所以成物也. 博厚配地, 高明配天, 悠久無疆."

하늘의 뜻과 문왕의 덕이 훌륭하다고 할 수 있는 것은 끊이지 않고 지속적인 것에 있다고 보는 것이 『중용』의 관점이다. 여기에는 끊임없이 이어지는 아니 그렇게 되어야 할 생명의 연속성에 대한 기대와 소망을 담고 있다.

'천도(天道)'의 유행(流行)이 심원하여 그치지 않는 것에서 하늘이 있게 되는 존재의 이유를 찾고 있다. 이것은 앞에서 언급한 13장의 내용 즉 하늘과 땅의 도를 '성'이라고 규정하고, 이것이 실현되는 효과를 생물(生物) 즉 존재를 생성하는 것이라 하는 데서 확인할 수 있다.

3. 천인합일의 의미

『중용』의 제 1장은 저작자의 가장 중심이 되는 사고를 극명하게 표현한 것이다. 하늘이 명한 것이 인간의 본성이라 함으로써, 인간존재가 인간다울 수 있는 근원은 하늘에서 부여받은 것임을 천명하고 있다. 이러한 인간의 본성에 대한 규정은 실천의 방향을 결정하는 이정표의 의미를 지닌다. 그러면 이러한 삶의 방향을 결정하는 토대이자 인간 본질의 근원으로 제시되고 있는 하늘은 어떤 존재인가?

유학에서 인간 존재의 생성 근거로서 뿐만 아니라 본성의 토대로 이해되고 있는 것이 하늘이다. 그런데 인간이 하늘과 본성적으로 일관되어 있다는 규정 자체만으로 하늘과의 연계성 즉 천인합일이 실현되지는 않는다. 여기에서 수양의 필연성과 실천의 중요성이 제기된다.

19) 『中庸』 제26장, "詩云 維天之命, 於穆不已. 蓋曰天之所以爲天也. 於乎不顯, 文王之德之純. 蓋曰文王之所以爲文也, 純亦不已."

주어진 길을 따라 가는 것, 그 길에서 벗어나지 않으려는 노력이 인간이 살아가면서 이루어야 하는 실천의 내용이다. 그러면 이것이 온전히 실현된 경지는 무엇이며, 어떠한 행위방식으로 드러나는가? 이것을 확인하기 위해서는 먼저 하늘의 기능 및 역할이 무엇인가를 확인하는 것이 필요하다. 왜냐하면 인간의 본성은 하늘과의 연계성을 전제로 드러나기 때문이다.

> 천지의 도는 하나의 말로 다할 수 있으니, 천지가 그것이 되는 것은 다른 것이 아니라, 만물을 낳음이 헤아릴 수 없는 것이다.[20)]

『중용』이 제시하고 있는 하늘의 기능은 만물을 낳는 것이다. 즉 만물의 존재근거로서 하늘의 의미를 규정하고 있는 것이다. 그런데 이러한 작용을 수행함에 그 끝이 없다고 하는 것은 또 다른 중요한 의미를 지니고 있다. 이것은 천지의 '도(道)'로 대변된 자연의 질서에 대해서 끝없이 이어져 간다고 하는 미래에 대한 긍정적이고 희망적인 기대를 담고 있는 것이다. 이러한 생각은 세상을 이루는 근본을 하늘과 땅의 길이라 표현하는 것에서도 확인할 수 있다.

> 하늘과 땅의 도는 넓고 두텁고 높고 밝으며, 멀고 오래됨이다. 이제 하늘은 이 밝음과 밝음의 쌓임이니 그 무궁함에 이르러서는 日月星辰이 매달려 있고 만물을 덮고 있다. 이제 땅은 한줌의 흙들이 쌓인 것이니, 그 넓고 두터움에 이르러서는 華山과 嶽山을 싣고도 무겁지 않으며 사해를 거두고도 새지 아니하며 만물이 실려 있다.[21)]

---

20) 『中庸』 제26장, "天地之道, 可一言而盡也. 其爲物不貳, 則其生物不測."

21) 『中庸』 제26장, "天地之道, 博也, 厚也, 高也, 明也, 悠也, 久也. 今夫天, 斯

인간과 생명을 가진 존재들이 살아갈 수 있는 바탕이 되는 것은 하늘과 땅이다. 하늘과 땅은 물리적 현상 그 자체만을 놓고 보아도 생명체들이 살아갈 수 있는 토대라고 하는 것을 인정할 수 있는 것이지만, 『중용』은 이것을 덕(德)이라는 가치적 의미까지 부여하고 있다.

『중용』에서 논해지고 있는 하늘은 두 가지의 의미를 지니고 있다. 하나는 사물을 낳는 존재생성의 주재자라는 의미이고, 다른 하나는 일월성신이 있는 물리적 현상으로서의 공간을 의미한다. 천인합일이라고 할 때의 하늘은 대상화된 존재를 의미하지 않는다. 왜냐하면 공간으로서 혹은 세계 창조의 주재자와 인간은 하나로 될 수 없는 구분된 존재이기 때문이다. 여기에서의 하늘은 인간 안에 내재한 본성으로서의 하늘이다. 따라서 천인합일은 하늘이 부여한 본성을 따르는 것 즉 솔성(率性)을 의미한다. 여기에는 하늘의 존재의미에 대한 자각과 인간과의 관계성에 대한 인식이 전제되고 있다. 이제 이러한 자각과 인식이 있은 다음에 인간에게 주어진 본성을 실천하는 것이다.

그런데 하늘을 절대자로 상정하는 신화적 관점을 토대로 하여 유학의 천인합일이 지닌 한계를 지적하는 견해도 있다.[22] 그러나 이것은 세상을 이끌어 가는 주도적 행위자를 인간으로 보려는 유학적 사유의 특성과 의도를 지나치게 경시하는 것이다.

『중용』은 인간의 본성이 무엇인지에 대해서는 상세하게 설명하고

昭昭之多, 及其無窮也, 日月星辰繫焉, 萬物覆焉. 今夫地, 一撮土之多, 及其廣厚, 載華嶽而不重, 振河海而不洩, 萬物載焉."

22) 안봉호는 『中庸』의 천인합일에 대해서 "天人無間合一은 인간이 꿈꾸어 스스로 추단하는 세계내적 합일일 뿐이다.… 四惡非의 쇠사슬에서 온전히 해방되지 못한 자기의 명상적 확신으로 말미암아 구원받을 수 있다고 생각하는 것은 환상이요, 대단한 착각이라 하지 않을 수 없다."라고 말하고 있다.(안봉호, 「中庸의 天人合一」, 『성경과 신학』, 제3권, 한국복음주의 신학회, 1986년, 91쪽 참조.)

있지 않다. 다만 인간의 역할을 天地의 化育에 동참하여,[23] 만물이 잘 자라도록 함이라고 제시하는 것[24]에서 그 본성의 내용을 미루어 짐작할 수 있게 한다. 물론 인간의 길을 '誠之'하는 것이라고 하는 데서 그 함의는 일부 확인할 수 있다.

천인합일의 실현이 갖는 의미는 하늘과 인간이 하나로 관통되고 있는 내용이 무엇인가를 확인하는 것에서 찾을 수 있다. 『중용』에서 제시하고 있는 하늘과 인간을 일관하는 매개체는 다름 아닌 '성(誠)'이다. 이제 하늘의 존재의미와 인간의 존재의미인 '성'이 구체적으로 무엇을 말하고 있는가를 확인하는 가운데에서 천인합일의 의미가 드러나게 될 것이다.

2장에서 살펴 본 것처럼 유학이 바라보는 하늘은 인간의 존재론적 토대라는 의미를 지니고 있다. 그런데 하늘과 인간의 공통성 혹은 일관성이 있다는 존재론적 규정만으로 인간의 존재의미가 분명하게 제시되거나 역할이 온전히 실현되는 것은 아니다. 하늘은 인간이 생성되는 토대일 뿐 인간의 삶 혹은 실천을 대신하여 주지는 않는 것이기 때문이다. 하늘과의 연계성 속에서 인간을 이야기하는 것은, 인간에 대한 개념적 규정에 불과하다. 인간이 살아가는 의미는 삶의 과정 즉 실천에서 완성되는 것이다. 이런 점에서 인간에게는 그 자신이 직접 실천하고 실현하지 않으면 안 되는 길이 있는 것이다.

존재의 근원에 대한 자각과 그것이 인간에게 명한 그 길을 따라 가야 하는 것, 이것이 인간의 길이다. 천인합일은 인간의 존재 목적에

---

23) 『中庸』 제22장, "唯天下至誠, 爲能盡其性, 能盡其性, 則能盡人之性, 能盡人之性, 則能盡物之性, 能盡物之性, 則可以贊天地之化育, 可以贊天地之化育, 則可以與天地參矣."

24) 『中庸』 제27장, "大哉聖人之道. 洋洋乎發育萬物, 峻極于天."

대한 자각과 그 기능을 온전히 실현함을 의미한다. 이것이 구체적으로 구현되는 내용은 존재를 낳고 기르는 천지의 기능과 역할에 참여하는 것이다. 이러한 실천은 자신에 내재한 본성에 기초하여 이루어지는 것이다. 이러하기 때문에 『중용』의 작자는 그 실천의 시작이 자신에게 있음을 아래의 공자 말을 인용하여 보여주고 있다.

> 공자께서 이르시길 도는 사람에게서 멀리 있지 않으니, 사람이 도를 실천하다고 하면서 사람을 멀리하면 도를 실천한다고 할 수 없다.[25)]

천인합일의 실현은 높고 멀게만 느껴지지만 사실은 내 안에 이미 있는 사람의 도리를 실천하는 것에 불과하다. 이러한 실천의 토대에 대해서 『중용』의 작자는 다시 『시경』의 글을 인용하여 재삼 강조하고 있으니, 『시경』에 이르기를 '도끼자루 찍네, 도끼자루 찍네. 그 법이 멀리 있지 않지.'라 하였다. 도끼자루를 잡고 도끼자루를 베면서도 흘겨보기만 하고 오히려 멀다고 여긴다. 그러므로 군자는 사람의 도리로서 사람을 다스리다가 잘못을 고치면 그친다."[26)]라고 말하고 있는 것이다.

도끼자루를 만드는 데 그 표본은 이미 들고 있는 도끼자루에 있다. 이러함에도 불구하고 보통 사람들은 자신이 만들려하는 도끼의 표본을 먼 데서 어렵게 찾는다. 이것은 나를 나로 있게 하는 본질을 자각하는 것이 쉬운 것임을 보여주는 것이기도 하면서, 다른 한편 이것의 어려움을 역설적으로 표현한 것이기도 하다.

---

25) 『中庸』 제13장, "子曰, 道不遠人. 人之爲道而遠人, 不可以爲道."

26) 『中庸』 제13장, "詩云 伐柯伐柯, 其則不遠. 執柯以伐柯, 睨而視之, 猶以爲遠. 故君子以人治人, 改而止."

사람의 도(道)는 본성을 따르는 것임을 천명한 첫 장의 내용을 상기해 볼 때, 사람의 길을 따라가는 것이 결코 멀리 있지 않음을 알 수 있다. 그러나 이것은 결코 쉽게만 이루어지지는 것은 아니기 때문에, 그 실천의 중요성을 강조하는 차원에서 첫머리에 배치하였을 것임을 미루어 짐작할 수 있다.

그런데 "본성을 따르는 것을 도라고 한다(率性之謂道)"라는 말 속에는 두 가지의 함의가 있는 것으로 파악할 수 있다. 하나는 실천의 근본은 자신에게 있음을 보여주는 것이고, 다른 하나는 그 실천의 대상이 되는 것 역시 사람이라는 것이다. 즉 사람에 대한 사랑의 실천이 곧 인간 본성을 완성하는 첫 걸음이 된다는 의미이다.

본성을 따르는 실천은 자신의 마음을 미루어 타인을 대하는 태도에서 출발된다. 그런데 타인을 대하는 기본태도 역시 자신의 마음에서 출발한다. 이것이 곧 '충서(忠恕)'이다. 충서는 자신에게 베풀어지기 바라지 않는 것을 남에게 베풀지 않는 것이다.[27] 내가 당하였을 때 싫은 것을 남도 당하지 않게 하는 것, 이것이 '도' 실현의 출발점이다. 충서는 그 실천의 측면에서 두 가지로 구분되어진다. "자기가 서고 싶으면 남도 세워주고, 자기가 이루고 싶으면 남도 이루도록 하는 것"[28]은 인 실천의 적극적인 면으로서 '충'을 말하는 것이고, "자기가 하고 싶지 않은 것을 남에게 시키지 말라."[29]는 것은 소극적인 면으로 이것이 '서'이다.[30]

27) 『中庸』 제13장, "忠恕違道不遠, 施諸己而不願, 亦勿施於人."

28) 『論語』, 「雍也」, "夫仁者, 己欲立而立人, 己欲達而達人."

29) 『論語』, 「衛靈公」, "子貢問曰 有一言而可以終身行之者乎. 子曰 其恕乎. 己所不欲, 勿施於人."

30) 풍우란 저 · 정인재 역, 『중국철학사』, 서울, 형설출판사, 1990년, 72~73쪽 참조. 풍우란은 충서를 이러한 의미로 보는 타당성을 『論語』에 등장하는 忠

4. 천인합일 그 실현의 길

1) 致中和

인간과 자연을 아울러 보려는 『중용』 저작자의 의도는 제 1장의 아래 내용에서 분명하게 확인할 수 있다.

> 오직 천하에 지극한 誠이라야 그 본성을 다할 수 있고, 그 본성을 다하여야 사람의 본성을 다할 수 있으며, 사람의 性을 다하여야 사물의 본성을 다할 수 있다. 사람의 본성을 다하여야 천지의 화육을 도울 수 있고, 천지의 화육에 참여하여야 천지와 더불어 함께 할 수 있다.[31)]

'성(誠)'은 개별자의 본성을 실현하는 내용일 뿐만 아니라 천지의 화육(化育)에 참여 가능케 하는 것이다. 인간과 하늘의 연계성을 전제로 하여 인간의 존재의미와 역할을 설명하는 것이 『중용』이다. 『중용』은 하늘과 땅이 펼치는 그 화육의 장으로 인간을 끌어들임으로써, 인간의 존재가치를 부각시키고 있다.

천지가 만물을 낳고 기르고 변화시키는 작용은 다름 아닌 지성(至誠)으로서만 가능하다. 또한 이것은 인간에게 있어 본성을 온전히 실현하는 것이라는 의미도 지니고 있다. 이러한 점에서 '성(誠)'은 생명의 원동력이라 설명되기도 한다.[32)] 지극한 정성이라야 만이 비로소

의 의미와 결부시켜 설명하고 있다.(풍우란 저 · 박성규 역, 『중국철학사 상』, 서울, 까치, 1999년, 121쪽 참조.)

31) 『中庸』 제22장, "唯天下至誠, 爲能盡其性, 能盡其性, 則能盡人之性, 能盡人之性, 則能盡物之性, 能盡物之性, 則可以贊天地之化育, 可以贊天地之化育, 則可以與天地參矣."

그 본성(本性)을 온전히 실현할 수 있는 것이다. 이처럼 지성을 천지와 인간에 일관하는 화육의 도리로 이해하고 있는 것이 『중용』이다.[33] 그러면 이러한 '성'의 실현은 무엇을 통하여 이루질 수 있는가? 아래의 글에서 인간본성의 실현 방법과 이것이 실현된 공효를 확인할 수 있다.

> 희노애락이 아직 드러나지 않은 것을 中이라 하고 드러남에 모두 절도에 맞는 것을 일러 和라 한다. 中은 천하의 큰 근본이요, 和는 천하의 達道이다. 中和를 이루면 천지는 자리하고 만물은 길러진다.[34]

화(和)는 인간이 마땅히 걸어가야 하는 길로서, 노력하여 성취하여야 하는 그래서 그 길에서 벗어나지 않도록 하여야 하는 것이다. 달도(達道)는 달성하여야 하는 의무와 노력의 필요성이라는 의미를 내포하고 있다. 중화(中和)에 도달하면 천지도 그 마땅한 위치에 있게 되고 만물도 생육의 완성을 이루게 된다고 『중용』은 제시하고 있다. 그런데 여기에서 의문이 되는 것은 희노애락(喜怒哀樂)이 드러나지 않은 상태는 무엇이며, 이것이 절도에 맞게 이루어지면 어찌하여 천지가 자기의 바른 위치를 찾고 만물이 길러진다고 주장하는가 하는 점이다. 이러한 의문에 대한 해답을 모색하는 과정에서, 세상에서 인간 행위가 얼마나 막대한 비중을 차지하고 있는가를 확인할 수 있다.

---

32) 陳立夫 지음 · 정인재 옮김, 『중국철학의 인간학적 이해』, 서울, 민지사, 1986년, 32쪽 참조.

33) 『中庸』 제32장, "唯天下至誠, 爲能經綸天下之大經, 立天下之大本, 知天地之化育. 夫焉有所倚."

34) 『中庸』 제1장, "喜怒哀樂之未發, 謂之中, 發而皆中節, 謂之和. 中也者, 天下之大本也, 和也者, 天下之達道也. 致中和, 天地位焉, 萬物育焉."

극단적으로 말한다면, 하늘과 땅의 덕과 효능도 인간의 행위가 아니면 제대로 실현될 수 없다는 의미를 제시한 것으로 이해할 수 있다. 행위 주체로서의 인간의 선택과 그 행위의 내용이 자연의 운행 질서에 미치는 영향의 심대함을 보여주는 것이다.

인간행위의 올바른 방향설정과 실천이 갖는 의미를 하늘과 땅이라는 존재의 근원과 연계시킴으로써, 인간이 도달하여야 하는 중화(中和)의 실현을 인간적인 차원에서만이 아니라, 자연의 질서라는 초인간적인 영역으로 확대되고 있다.

치중화(致中和)는 인간에게 문제가 될 수 있는 사욕의 한계를 넘어 천지의 공평무사함을 실현하는 것이며, 이러할 때 비로소 인간 자신의 덕성을 온전히 실현하게 된다. 이제 이러한 덕성 구현을 통해서 천지의 화육에 동참하게 되는 것이다.

2) 愼獨

인간에 있어 문제가 되는 것은 사사로운 욕구에 바탕을 둔 감정이다. 감정은 그 자체가 문제가 되는 것은 아니다. 그러나 이것이 실현되는 과정에는 바르지 않은 길을 따라갈 가능성이 많다. 그래서 항상 경계하지 않으면 안 되는 것이다.

주자가 『논어』, 「안연」의 '克己復禮爲仁'을 설명하면서 그 극복의 대상인 자기를 신체의 사사로운 욕심(私欲)이라 말하는 것[35]은 바로 자신만을 위하는 개인의 욕심이 지닌 문제점을 인식하고 있기 때문이다. 몸에서 나오는 감각적 욕망은 그것을 그대로 방치하다 보면 문제를 야기 시킬 가능성이 많다. 눈은 보기 좋은 것을 보려하고 귀는

35) 『論語集註』, 「顔淵」, "己, 謂身之私欲也."

듣기 좋은 것을 좋아하며, 혀는 맛있는 음식을 좋아하고, 코는 향기로운 냄새를 좋아하며 몸은 편하기를 좋아한다. 몸이 지니고 있는 생물적 본능은 이러하다. 이와 같은 육신에서 나오는 본능은 이기적이기 쉽다. 물론 욕망 그 자체가 이기적이거나 악하다고 규정할 수는 없다. 왜냐하면 배고프면 먹으려 하고 졸리면 자려하는 욕망은 사실 선도 아니도 악도 아니다. 적어도 실현되기 이전의 욕망 그 자체는 가치 평가의 대상이 아니다. 특히 이것이 생존과 관련된 문제 즉 먹고 마시고 잠자고 하는 등의 것이라면 더 더욱 그러하다. 그러나 문제는 이것을 어떤 방법으로 실현하는가에 있다.

욕망자체는 가치 평가의 대상은 아니지만 이것을 충족하기 위해서 선택하는 인간의 행위는 옳음과 그름의 평가 대상이 된다. 그러나 여전히 남는 문제는 육신에서 나오는 감각적 욕망은 이기적이라는 것이다. 이러하기 때문에 이것에 대한 조절과 올바른 실현이 요청된다. 그래서 『중용』에서는 이것이 발동하여 드러나려는 순간부터 적절한 방향으로 유도하는 것이 중요하다고 보고 있다. 또한 사사로운 욕심이 발동하는 것은 어느 때 보다도 외부와 차단되어 홀로 있을 때임을 간파하여, 신독(愼獨)의 중요성을 강조하고 있다.

> 도라는 것은 잠시도 떠날 수 없는 것이니, 떠날 수 있다면 도가 아니다. 이러하기 때문에 군자는 보이지 않는 것에 경계하고 삼가며 들리지 않는 바에서 두려워한다. 숨겨져 있는 것처럼 잘 드러나는 것이 없고, 미세한 것보다 더 뚜렷한 것이 없으니 그러므로 군자는 홀로 있을 때를 삼간다.[36]

36) 『中庸』 제1장, "道也者, 不可須臾離也, 可離非道也. 是故君子戒愼乎其所不睹, 恐懼乎其所不聞. 莫見乎隱, 莫顯乎微, 故君子愼其獨也."

여기에서 '보이지 않는 바'와 '들리지 않는 바'는 두 측면의 의미를 지니고 있다. 하나는 보고 듣는 주체로서의 내가 보지 못하고 듣지 못하는 것을 의미한다고 볼 수 있다. 그래서 비록 볼 수 없고 들을 수 없는 것에까지 경계하고 삼가며 두려워하는 것으로 생각할 수 있다. 여기에는 보고들을 수 없는 '때'와 그러한 '대상'이 강조되고 있는 것이며, 이러한 때와 대상에 있어 戒愼恐懼의 실천을 중시하는 것이다.

다른 하나는 행위의 주체인 내가 다른 대상에게 보이지 않고 들리지 않는 상황을 말하는 것으로 볼 수 있다. 그래서 온전히 홀로 있는 상태를 의미하는 것으로 파악하는 것이다. 대표적으로 조선의 도학자 정암 조광조는 부도(不睹)와 불문(不聞)을 이러한 뜻으로 해석하고 있다. 그는 『중용』에서 강조하고 있는 신독(愼獨)의 중요성을 잘 인지하고, 이것이 왜 수양에 있어 큰 비중을 차지하게 되는지를 아래와 같이 설명한 바 있다.

> 사람의 정이란 항상 나타나는 곳에서는 조심하지만 은미한 곳에서는 소홀합니다. 어둡고 가려진 곳에서는 신하들은 보지 못하나 나만이 홀로 알 수 있고, 미세한 일을 신하들은 듣지 못하나 나만은 알 수 있습니다. 이것은 모두 인정이 소홀하여 하늘도 속이고 사람도 속일 수 있다고 생각하기 때문에 삼가지 않게 되는 것입니다. … 그러므로 옛날 제왕들은 이 道를 삼가고 두려워하여 항상 밝혀 어둡지 않게 하고, 어둡고 가려진 곳에서는 더욱 삼가기를 지극히 함으로써, 반드시 幾微의 때에 한 털끝만큼이라도 간사함과 거짓됨의 싹이 없게 하여 순전히 의리를 발하였던 것입니다.[37]

다른 사람들에게 노출되었을 때와 그렇지 않을 때의 행위의 차이는, 홀로 있을 때의 행위를 숨기고 속일 수 있다고 생각하기 때문이다. 신독은 노출된 공간에 있느냐 없느냐가 아니라 근본적으로는 마음의 문제임을 지적하는 것이다. 따라서 위에서 살펴 본 부도와 불문에 대한 해석의 차이도 결국은 신독에로 모두 수렴되고 있음을 알 수 있다.

3) 存德性과 道問學

善을 선택하여 이를 굳건하게 지키는 것이 誠을 실현해 가는 방법임은 이미 앞에서 말한 것이다. 이것을 좀 더 구체적으로 실행하는 것을 다섯 가지의 내용으로 『중용』은 설명하고 있는데, 이것이 곧 '널리 배우고, 상세히 물으며, 신중하게 생각하고, 명료하게 분변하며, 독실하게 행하는 것'[38]이다. 전반부 네 가지는 지적 작업의 과정이다. 즉 博學, 審問, 愼思, 明辯은 대상에 대한 지식 축적의 방법을 설명한 것으로 볼 수 있다. 박학은 '널리 배움'을 의미하는 것으로서, 앎의 대상이 되는 것들에 대한 많은 정보 수집의 중요성을 강조한 것이다. 이러한 박학의 목적은 '中'의 원리를 추출해 내기 위한 것으로, 가능한 한 많은 규범의 체계들을 학습함으로써 규범 체계의 외적 표현의 특수성에 영향 받지 않도록 하는 데 있다.[39]

---

37) 『靜菴文集』 卷2, 「對策 · 謁聖試策」, "人之情, 未嘗不愼於顯, 而忽於微也. 幽隱之間, 乃群臣之所不見, 己所獨見, 微細之事, 群臣之所不聞, 而己所獨知. 是皆人情之所忽, 而以爲可以欺天罔人, 不必謹者也. … 故古者帝王, 旣戒懼乎此道, 而常明不昧, 而於此幽隱之中, 尤致其謹焉, 必使幾微之際, 無一毫邪僞之萌, 而純乎義理之發."

38) 『中庸』 제20장, "博學之, 審問之, 愼思之, 明辨之, 篤行之."

39) 민황기, 「선진유학에 있어서의 '中'사상에 관한 연구」, 충남대학교 대학원 박

심문은 '상세히 물음'이다. 박학이 정보에 대한 양적 수집을 의미한다면, 심문은 이를 깊이 있게 다루기 위한 방법이다. 물음의 내용은 내외로 구분할 수 있다. 외부적인 물음은 정보 수집을 정확하게 하기 위한 것으로 전달자 등에게 하는 물음을 들 수 있다. 내부적인 물음은 내용을 체계적이고 깊이 있게 정리하기 위한 정보 수집자 자신에 대한 것이다. 즉 자체적인 의문을 통하여 깊이를 더하는 것이라 할 수 있다.

신사는 신중하게 생각하는 것이며, 명변은 분명하게 분변하는 것이고, 독행은 독실하게 실천함이다. 이것을 두 가지 공부의 방법으로 집약한 것이 이른 바 '존덕성(尊德性)'과 '도문학(道問學)'이다.[40]

유가가 제시하는 공부의 내용은 두 가지로 구분할 수 있다. 공자는 집에 들어가서는 효도하고 나아가서는 공경하며, 삼가고 미덥게 하며, 널리 사람을 사랑하고 어진 사람을 가까이 한 후에 남은 힘이 있으면 글을 공부하라고 하였다.[41] 그가 강조한 것은 인간의 길을 가는 그 실천에 주력하고, 그런 후에도 남은 힘이 있으면 문화와 지식에 대한 공부를 하라는 것이다. 그런데 사람의 도리를 다 실천한 후에 글을 통한 공부를 하라고 말한다면, 글공부까지 나아갈 수 있는 사람은 그리 많지 않을 것이며, 공자가 말하는 본의 또한 이것은 아닐 것이다.

인간의 도리 실천과 학문(學文)은 전적으로 구분된 것이라 할 수 없다. 오히려 학문은 인간도리를 제대로 알고 이것을 온전히 실현하

사학위논문, 1992년, 73쪽 참조.

40) 『中庸』 제27장, "君子尊德性而道問學."

41) 『論語』, 「學而」, "子曰 弟子入則孝, 出則弟, 謹而信, 汎愛衆, 而親仁. 行有餘力, 則以學文."

기 위한 수단의 의미를 지닌다고 봄이 타당하다. 객관세계에 대한 인식과 본성의 자각 그리고 이것의 온전한 실현이 양 날개로 균형 있게 작용할 때, 인간이라는 새는 제대로 된 비상을 할 수 있을 것이다. 『중용』에서의 존덕성과 도문학은 바로 이러한 지적 자각과 본성 실현이라는 두 측면의 중요성을 담아내고 있는 것이라 보아야 한다.

위에서 몇 가지의 방법을 제시하였지만, 이것은 특별한 강조에 지나지 않는 것이며, 실상의 방법은 일생생활 자체에서 실현되는 것이다. '잠시라도 떠날 수 있다면 도가 아니다.'라는 말은 도는 일용사물 자체 그리고 우리의 일상적 생활 안에 있음 혹은 있어야 함을 의미한다. '충서'가 '도'에서 멀지 않다고 말하고, 충서는 가까운 곳에서부터 실현되는 것이라 함 또한 이것을 일깨워 주는 말이다.

'천명'이라는 거창한 말로 시작하여 그것이 나 개인의 은미(隱微)한 내면적인 정신생활과 직결되고 있음은,[42] 하늘과 인간의 하나 됨이 결코 고원한 것이 아니라 우리의 평범한 일상생활에서 실천되어져야 하는 것임을 보여준다.

『중용』의 1장은 사람의 삶을 높은 경지로 끌어올리기 위한 고도의 전략과 의도를 담고 있다. 그리고 그 실천의 내용은 무엇이며, 이것이 갖는 의미가 무엇인가 또한 명쾌하게 제시하여 놓고 있다. '신독'은 어느 때 어느 곳에서도 사람의 길에서 일탈해서는 아니 된다고 하는 참으로 무서운 경계의 의미를 내함 하고 있다. 천지가 정위(正位)하고 만물이 길러지는 치중화(致中和), 이 또한 멀고 어려운 것이 아니라 인간이 지닌 희노애락의 감정을 어떻게 상황에 잘 맞게 실현하였는가에 불과하다. 결국 도의 실현은 인간의 감정 조절의 문제에 달려있다. 인간의 감정은 살아 꿈틀대는 것이다. 기운 충만한 이것은

42) 박종홍, 「중용의 사상」, 『대학·중용』, 대구, 삼성문화사, 1993년 292쪽 참조.

존재를 살리기도 하고 죽이기도 한다.

중요한 것은 이 감정이 무엇을 기반으로 하고 있느냐 하는 것이다. 기쁨, 성남, 슬픔, 즐거움 그 자체는 선도 아니고 악도 아니다. 어떤 상황과 어떤 대상에 대해서 그리고 감정의 소유자가 어떤 마음에 기반 하여 이것이 드러나고 있는가 하는 것이 문제이다. 선한 사람은 악한 행위를 보면 화가 나겠지만 악한 사람은 기뻐할 수 있기 때문이다. 따라서 감정이 상황에 맞게 발현되었는가 하는 문제 이전에 더 근본적인 것은 감정의 소유자인 인간이 진실한가 하는 것이다. 이러한 점에서 誠 즉 진실함은 중요한 의미를 지니게 된다. 인간이 천지의 化育을 도와서 천지와 함께할 수 있는 것은 至誠이라고 한 제 22장의 내용은, 진실됨이 갖는 의미를 분명하게 확인할 수 있게 해 준다.

5. 맺는 말

지금까지 3개의 장을 통하여 『중용』에서 보이고 있는 천인일관(天人一貫)의 사유구조를 살펴보았다. 하늘과 인간을 하나의 존재구조 속에서 파악하고자 하는 『중용』의 구상은 아래와 같은 구도로 이루어져 있다.

1. 인간의 본성의 토대와 실천에 대한 의미 규정 : 天命 : 性, 率性 : 道, 修道 : 教
2. 본성 실현의 방법 : 愼獨, 中和
3. 본성실현의 의미 및 공효 : 天地位焉, 萬物育焉

하늘과의 연계성 속에서 인간의 본성에 대한 규정이 천명지위성이다. 그리고 이러한 본성을 따르는 것이 도라 하고 동시에 이것은 잠시도 떠나서는 안 되는 것이라 규정하고 있다. 그리고 이것의 실천에 대한 방법으로 신(愼)을 제시하고 있다. 아울러 희노애락의 감정이 드러나지 아니한 상태가 중(中)이며, 감정이 드러나 절도에 맞는 것을 화(和)라 하고, 이러한 중화의 실현은 천지가 제 자리를 얻고 만물이 자라나게 되는 것이라고 규정하고 있다.[43]

성(性)과 도(道)와 교(敎)의 의미에 대한 규정과 솔성(率性) 혹은 수도(修道)의 방법적 의미를 갖는 신독과 중화의 제시, 그리고 중화의 실현인 천지가 위치 지어지고(天地位焉)과 만물이 육성됨(萬物育焉)을 통하여, 인간의 존재의미와 인간본성 실현의 경지는 바로 천지와 연계되어 있음을 보여주고 있는 것이다.

인간을 도덕적 존재로 보려는 유학은, 인간본성의 토대로 제시되고 있는 하늘 역시 도덕적 존재로 이해한다. 이러한 하늘이 부여한 인간본성의 구체적인 내용으로 『중용』은 '성'을 제시하고 있다.

그러나 인간에 대한 도덕적 존재 규정은, 인간의 모든 행위 또한 반드시 도덕적인 것임을 인정하는 것은 아니다. 따라서 어떻게 하면 본성을 온전하게 실현할 것인가 하는 것이 문제로 남게 된다. 『중용』은 행위의 도덕적 완성의 위한 방법으로 '치중화'를 제시하고 있다. 그리고 이러한 중화의 실현이 지닌 의미를 천지가 위치 지어지고(天地位焉)과 만물이 육성됨(萬物育焉)이라 하여, 천인합일이 구체적으

---

43) 『중용』 제1장, "天命之謂性, 率性之謂道, 脩道之謂教. 道也者, 不可須臾離也, 可離非道也. 是故君子戒愼乎其所不睹, 恐懼乎其所不聞. 莫見乎隱, 莫顯乎微, 故君子愼其獨也. 喜怒哀樂之未發, 謂之中; 發而皆中節, 謂之和. 中也者, 天下之大本也, 和也者, 天下之達道也. 致中和, 天地位焉, 萬物育焉."

로 무엇을 의미하는지를 보여주는 것이다.

인간을 도덕적 존재로 파악하는 유학의 인간관은, 인간을 긍정적이고 희망적인 입장에서 바라보는 것이다. 그리고 이러한 인간의 도덕적 본성에 대한 근거를 하늘과 연계지음은, 하늘을 긍정적이고 인간적인 관점으로 이해하고 있음을 보여준다. 문제는 과연 인간과 하늘을 이렇게 바라보는 견해가 과연 타당한 것인가 하는 점이다. 그러나 유학의 이러한 대전제에 대해서 옳다 그르다 단정하기는 곤란하다. 우리가 할 수 있는 것은 이러한 이해의 내용이, 합리적으로 사고하는 사람들이 바라는 이상적인 세상 만들기에 도움이 되는가를 따져보는 것이다. 이러한 점에서 인간을 도덕적 존재로 보려는 유학의 사유는 나름의 의미를 지닌 것이라 할 수 있다.

현재를 살아가는 우리의 삶에 있어 중요한 문제로 제시되고 있는 것 중에 하나는 지구의 온난화이다. 빙하와 만년설이 급속도로 녹고 있고, 이로 인해 해수면이 상승하여 낮은 지대의 섬들이 물 속 잠겨가고 있나. 이러한 현상의 대표적인 원인으로 지적되는 것은 온실가스 배출량의 증가이다. 이것은 자연을 생각하지 아니한 산업화와 편리한 삶만을 추구해 온 인간 행위의 결과인 것이다. 이제 인간에게는 당면한 이러한 문제들을 직시하고, 이를 해결하려는 노력이 절실하게 요청되고 있다. 행위의 결과에 대한 책임의식이 강하게 요구되고 있는 것이다.

『중용』 사상의 핵심 중에 하나는 본성실현이라는 인간행위의 중요성을 강하게 부각시키고 있는 것이다. 중화가 실현되면 천지가 제 자리를 잡고 만물이 길러진다는 구절이 바로 이것이다. 겉으로 표현된 면만을 본다면, 본성실현의 공효가 얼마나 위대한 것인가를 드러낸 것이라 할 수 있다. 그런데 여기에 담겨진 속뜻을 되새겨 본다면, 인간의 잘못된 행위가 얼마 무서운 결과를 초래하는지에 대한 경고임을 알 수 있다. 즉 인간이 중화를 실현하지 못하면 천지가 제 자리를 잃게 되어 자연의 질서는 무너지고, 만물은 온전히 살아갈 수 없게 되는 것이다. 『중용』에서 제시된 인간의 존재의미와 역할을 통하여, 우리의 삶을 되돌아보는 지혜가 절실하다.

참고문헌

『論語』.

『孟子』.

『詩經』.

『尙書』.

『中庸集註』.

김길환, 『동양윤리사상』, 서울, 일지사, 1992.

김충렬, 『중국철학산고 Ⅱ』, 청주, 온누리, 1990.

蒙培元 저 · 이상선 역, 『중국 심성론』, 서울, 법인문화사, 1996.

陳立夫 지음 · 정인재 옮김, 『중국철학의 인간학적 이해』, 서울, 민지사, 1986.

풍우란 지음 · 곽신환 옮김, 『중국철학의 정신(新原道)』, 서울, 서광사, 1993.

______ 저 · 정인재 역, 『중국철학사』, 서울, 형설출판사, 1990.

______ 저 · 박성규 역, 『중국철학사 상』, 서울, 까치, 1999.

민황기, 「선진유학에 있어서의 「中」사상에 관한 연구」, 충남대학교 대학원 박사학위논문, 1992.

박종홍, 「중용의 사상」, 『대학 · 중용』, 대구, 삼성문화사, 1993.

안봉호, 「中庸의 天人合一」, 『성경과 신학』, 제3권, 한국복음주의 신학회, 1986.

제3장

맹자의 인성론문제

1. 시작하는 말

중국의 전통 인성론 사상을 대표할 수 있는 사상체계는 전국시기(戰國時期)에 출현한 맹자(孟子)의 인성론(人性論)이라고 할 수 있다. 중국의 전통인성론 사상의 최고봉으로서의 맹자 인성론에 관해서는 고대로부터 현재에 이르기까지 수많은 학자들에 의해서 연구가 진행되어져 왔다. 하지만 그 연구의 대부분이 기존에 진행된 사상사적 방법론에 그친 경향이 매우 강하다고 할 수 있다. 그래서 필자는 본문에서 새로운 방법론 즉 도덕철학적 초점에 맞춰 중국의 전통인성론 사상의 선구로서의 맹자의 인성론을 재조명하고자 한다.

맹자가 인성론에 대하여 성선설의 입장을 수립한 것은 결코 현실과 동떨어진 허망한 집착이 아닌 것으로, 이는 맹자가 당시 사회에서 보편적으로 유행하던 다른 학설들을 직시하여 내놓은 결과이며, 더나가 철학자 개인이 현실과 괴리된 오묘한 이치를 탐구하고 소모적인 언어적 유희를 통해 자기만족을 추구하기 위해서 내놓은 것은 결코 아니다. 즉 성선설은 맹자 자신의 도덕실천의 열망을 담고 있는 것이다. 이러한 맹자의 인성론에 대하여 현대의 주군진(周群振)과 같은 학자는 "인간의 본성은 선천적으로 선량하다"[1]라고 주장하고, 서복관(徐復觀)과 같은 학자는 "맹자는 인성은 선해야만 한다고 생각한 것이 아니고, 인성은 실제로 선한 것이라고 생각했다."[2]라고 말하고 있는 것이다.

그러므로 맹자가 성선설을 주장한 것은 적극적으로는 "이미 그러한 사실을 설명하기 위함"[3]이며 즉 다시 말한다면 본성이 이미 드러난 바와 같이 선하다는 사실을 설명하기 위한 것이며, 소극적으로는 인성이 본래 선하다는 이론과 괴리된 모든 견해들에 대하여 설득력 있는 주장을 통하여 잘못된 이론들을 바로잡기 위해서라고 말할 수 있는 것이다.

맹자 성선설의 주요한 내용은 이러한 논쟁들을 통하여 시작되고 나타나는데 그 가운데 특히 「告子」 속에서 맹자와 고자 사이의 논쟁 가운데 가장 극명하게 드러나 있다. 그러므로 본문에서는 인성론에 있어서의 양대 축으로 인식되어지고 있는 맹자와 고자의 인성론을 중심으로 중국 전통인성론 사상의 최고봉이라고 할 수 있는 맹자 성선설의 기본 형태를 재분석해 보겠다.

---

1) 周群振은 이 구문에 대하여 "인간이 선량한 본성을 통하여 인의를 실천하고 도덕을 추구함은 인간의 선천적인 직분이며 그 생명의 여정 가운데 필연적으로 실천해야만 하는 자신의 임무다. 좀 더 깊이 형이상학적 경지로 들어가서 본다면 단도직입적으로 인성은 곧 도덕이며 도덕은 곧 인성인 것으로 인성과 도덕은 근본적으로 같은 것이라고 말할 수 있다. 인간 세계가 당연히 인의도덕으로 이루어진 구체적인 상황은 실제로는 모두 형이상학적 경지의 지선무악(至善無惡)적인 초월적 본체의 자기 표현인 것이다."라고 해석했다. 周群振, 『儒學探源』, 臺北, 鵝湖出版社, 1986년, 152쪽 참조.

2) 徐復觀, 『中國人性論史』, 臺北, 臺灣商務印書館, 1990년, 164쪽 참조.

3) 周群振, 『儒學探源』, 臺北, 鵝湖出版社, 1986년, 154쪽 참조.

2. 맹자 인성론문제의 기본 형태

1) 비유로 분석한 맹자와 고자의 인성론 문제(1)

> 고자가 인성은 버드나무와 같고 의는 나무로 만든 술잔과 같으니, 사람의 본성을 인의라고 하는 것은 버드나무로 술잔을 만드는 것과 같은 것이라고 말했다. 그러자 맹자가 자네는 버드나무의 성질에 따라서 나무 술잔을 만들 수 있는가? 장차 버드나무를 죽인 이후에야 술잔을 만들 것이니, 만일 버드나무를 죽여서 술잔을 만든다고 한다면 사람을 죽여서 인의를 만든다는 것인가? 온 세상 사람들이 이러한 것을 따라서 인의를 실천함에 해를 입히게 된다면, 그것은 반드시 그대의 말에서 비롯된 것일 것이다! 라고 말했다.[4)]

위의 인용문에서 의미하는 맹자와 고자 사이에서 벌어진 논쟁의 초점은, 어떤 방식에 의해서 인성과 인의가 연결되어 있는가?[5)]라는 문제로 귀결될 수 있다. 즉 인성과 인의는 과연 선천적으로 내재적인

---

4) 『孟子』, 「告子上」, "告子曰: 性, 猶杞柳也; 義, 猶杯棬也. 以人性爲仁義, 猶以杞柳爲杯棬. 孟子曰: 子能順杞柳之性而以爲杯棬乎? 將戕賊杞柳而後以爲杯棬也? 如將戕賊杞柳而以爲杯棬, 則亦將戕賊人以爲仁義與? 率天下之人而禍仁義者, 必子之言夫!"

5) 혹자는 고자가 주장한 "인성은 선함도 없고 선하지 않음도 없다"는 것을 근거로 고자는 인의를 갖춘 사람이 존재하지 않는다고 단언하기도 하지만, 이러한 단언은 분명히 잘못된 것이다. 고자가 주장한 "인은 안에 있고 의는 밖에 있는 것이다"라는 언급에서 볼 수 있듯이 그는 이미 인의로 대표되는 도덕의 존재를 분명하게 표시했다. 그리고 고자의 인성론에 반대 입장을 표명하는 맹자 역시 이러한 논점을 근거로 고자의 인의가 인성에 외재한다고 하는 논리를 반박하는 것이다.

연관이 있는가, 아니면 후천적인 노력에 의해서 연결되는 것인가? 이러한 문제들에 대하여 고자는 바로 후자의 입장을 취하여 버드나무와 나무로 만든 술잔의 비유를 들어서 자신의 논리를 펼치는 것이다. 그러나 맹자는 전자의 입장에서 고자가 설정한 비유들의 반박을 통하여 고자가 인식하고 있는 인성과 인의의 관계가 잘못되었다는 논리를 펼친다.

이러한 논쟁 가운데 고자는 먼저 비유방법을 통하여 직접적으로 자신의 인성에 대한 견해를 "인성이 인의가 되는 것은 버드나무로 술잔을 만드는 것과 같다."[6]와 같이 피력한다. "인성은 버드나무와 같고 의는 나무로 만든 술잔과 같다."와 같이 고자는 버드나무와 술잔 사이의 관계를 비유로 들어서 인성과 인의 사이의 관계를 비유하는데, 이것은 곧 버드나무와 술잔의 관련방식으로 인성과 인의의 관계 비교한 것으로, 즉 인성과 인의는 버드나무와 술잔의 관계와 같다는 것이다.

이상과 같이 볼 때 버드나무가 술잔에 대하여 전자는 후자의 재질이나 재료가 되고, 술잔이 버드나무에 대하여서는 술잔은 곧 버드나

---

6) 이러한 문제에 대하여 진대제(陳大齊)는 색다른 견해를 갖고 있는데, 그는 " '인성이 인의가 되는 것은 버드나무로 술잔을 만드는 것과 같다.'는 언급이 고자 본인의 주장을 대표한다고는 생각하지 않는다. 오히려 고자는 이러한 논거를 이용하여 맹자의 인성론을 비판한다."고 한다. 진씨의 견해에 근해서 보면 버드나무는 재료이고 나무로 만든 술잔은 곧 재료를 이용하여 만든 완제품으로 이러한 "재료와 완제품은 동일한 사물로 볼 수 없는 서로 다른 두 개의 사물이다. 고자는 이러한 논리에 의해 버드나무와 술잔 사이의 관계를 설정을 하고, 그것으로써 인성과 인의 사이의 관계를 비유한 것이다. '인성이 인의가 되는 것은 버드나무로 술잔을 만드는 것과 같다.'는 말은 맹자가 이러한 고자의 논리를 무시하고 혼동에 빠졌기 때문에 주장한 것이다." 陳大齊, 『孟子的名理思想及其辯說實況』, 臺北, 臺灣商務印書館, 1983년, 138쪽 참조.

무를 재료로 하여 만들어진 완제품이 된다는 것을 알 수 있다. 그러나 재료는 재료이고 완제품은 완제품일 뿐으로, 재료가 되는 버드나무는 그 자체로서 완성된 형태의 술잔이 될 수 없으며 또한 그 자체 능력에 의해 술잔이 될 수 없기 때문에 버드나무는 자연적으로 술잔이 될 수 없는 것이다. 이러한 재료로서의 버드나무가 완제품 형태의 술잔이 되기 위해서는 버드나무 자신의 능력으로는 절대로 불가능하며 반드시 외부적인 작용이 있어야만 가능한 것이다. 이것은 곧 버드나무 그 자체는 앞으로 어떤 형태의 그릇으로 만들어질 수 있는 결정을 내릴 수 없는, 즉 스스로 자주적인 결정을 내릴 수 없는 존재임을 의미하는 것이며, 그것이 완성된 형태의 술잔이 되기 위해서는 반드시 후천적인 가공을 통해야만 가능하다는 것이다.

이렇게 본다면, 버드나무와 술잔 사이에는 어떠한 자연적인 생성관계도 존재하지 않음을 발견할 수 있으며, 또한 버드나무가 술잔이라는 완성품이 되기 위해서는 외부로부터 실질적인 인위작용이 더하여질 때에만이 비로소 그것이 가능하다는 사실을 알 수 있는 것이다. 그런데 고자는 버드나무를 인성에 비유하고 술잔을 인의에 비유하여 인성에 대한 인의의 관계를 버드나무에 대한 술잔의 관계로 비유하였다. 그래서 인성 가운데는 인의로 대표되는 선(善)의 요소가 없는 것으로 파악하여 인성이 인의의 덕을 펼치기 위해서는 인성 자체의 자연적인 능력으로 불가능하고 반드시 후천적인 조치가 있어야만 가능하다는 것이다. 이처럼 고자는 인의가 실재로는 인성의 외부에 존재하는 것으로 생각하여 인성과 인의 사이가 관련되는 것에 대해서는 반대하지는 않았지만, 선천적이며 내재적으로 연결된 것이라고는 생각하지는 않고 후천적인 노력을 통해서만 그것들을 연결할 수 있다고 하였다.

맹자는 고자의 이러한 견해에 반대를 한다. 즉 맹자는 인성과 인의 사이의 관계를 후천적이며 종합적인 관계로 보질 않고 선천적이며 내재적으로 연결된 관계로 보았다. 이러한 점에 대한 하숙정(何淑靜)의 견해는 눈여겨볼 만하다.

> 버드나무로 술잔을 만들기 위해서는 반드시 후천적인 인간에 의한 작업을 통하여야만 한다. 즉 버드나무와 술잔의 관계는 종합적인 것으로 이 둘의 관계는 후천적인 인위에 의해서 건립되는 것이다. 그러므로 버드나무와 술잔은 필연적인 연결 관계가 없는 것이기 때문에 이러한 것으로 인성과 인의를 비유하면 곧 이 둘의 관계는 종합적으로 되어 인성과 인의의 연결에는 필연성이 없게 되는 것이다. 이것은 곧 인성에는 필연적으로 인의가 될 만한 가능성이 없어 인의를 이루기 위해서는 후천적인 노력이 반드시 필요하다는 것을 의미하는 것이다. 인간이 버드나무처럼 재료가 되어 술잔과 같은 완성품을 만들 수 있다는 말은 역시 인간이 기타 다른 제품의 재료가 될 수 있다는 것을 의미하는 것이지 버드나무가 술잔을 만들 수 있는 것처럼 필연적인 것은 아니다. 즉 버드나무는 다만 인위적인 작업을 가해야할 재료에 불과하기 때문에 그 자체로는 자신이 장차 어떤 형태의 제품으로 변형될 것인지에 대해서는 어떠한 주체적인 작용을 할 수 없기 때문이다. 같은 맥락에서 보면 곧 버드나무로 인성을 비유하고 술잔으로 인의를 비유하게 되었을 때 인성과 인의의 관계는 이와 같이 된다는 것이다. 즉 인간의 인성을 재료로 삼아서 인의를 만들 수 있다는 것은 역시 인성으로 불인(不仁)하고 불의(不義)함의 재료를 삼을 수 있다는 말과 같게 되어 인성과 인의 사이에는 필연적인 연결 관계가 없게 되는 것이다. 다시 말하면 인성에는 필연적으로 인

의를 이룰 수 있는 가능성이 없기 때문에 인의는 후천적인 인위의 결과물이라는 것이다.[7)]

하숙정이 지적한대로 고자는 인성을 본래 인의(仁義)로 대표되는 도덕성이 갖추어져 있지 않은 것으로, 즉 "인의는 후천적인 인위의 결과물"로 보았다. 그래서 고자는 인의가 인성에 대하여 단지 후천적으로 그 안에서 보좌하는 기능을 갖추었을 뿐이라고 생각했다. 이러한 점들을 기초로 유추해보면 "버드나무의 성질을 따라 나무 술잔을 만든다"는 것은 불가능하게 되며 반드시 외부로부터의 인위적인 조작이 수반되어야만 비로소 술잔을 만들 수 있게 되는 것이다. 이러한 비유를 근거로 인성과 인의의 관계를 보면 어떻게 "사람을 죽여서 인의를 만든다"는 것이 가능할 것이며, 인간이 인의로 대표되는 도덕행위를 실천하는 것을 버드나무를 반드시 도끼로 찍어 상하게 한 뒤에 술잔을 만드는 것처럼 비유할 수 있겠는가! 만일 이와 같다면 인의가 인성에 대하여서 반드시 인성이 인성으로 되는 인성본래의 성분을 죽인다는 것이 된다. 바꿔 말한다면 고자에게 있어서의 인의는 인성을 파괴하고 만들어진 것이 된다. 그래서 맹자는 고자의 이와 같은 인성과 인의(仁義)의 관계에 대한 견해를 준엄하게 비판하는 것이다.

위에서 언급한 내용들 가운데 비록 맹자의 인성론에 대한 구체적인 설명은 찾아보기 어렵지만, 그의 기본 입장은 이미 매우 분명하게 드러난다. 즉 맹자는 인의가 인성에 대하여 선천적이고 내재적으로 구비되어 있기 때문에 인성의 본래 모습은 선하다는 것이다. 이러한 견해는 고자와 비교했을 때 상당한 차별성을 갖는다. 즉 고자는 인성과 인의(仁義)의 관계를 후천적이며 종합적인 관계로 파악하여 그것

7) 何淑靜, 『孟荀道德實踐理論之硏究』, 臺北, 文津出版社, 1988년, 144쪽 참조.

들의 연결은 필연성이 없고, 또한 그것들 사이의 관련은 후천적인 노력에 의해 결정된다고 보았다. 고자의 이러한 견해에는 이미 "인성에는 선함도 없고 선하지 않음도 없다"는 의미가 내포되어 있다고 볼 수 있다.[8)]

2) 비유로 분석한 맹자와 고자의 인성론 문제(2)

고자가 인성은 고여서 맴돌고 있는 물과 같아서 동쪽으로 터놓으면 동쪽으로 흐르고 서쪽으로 흐르는 것과 같은 것이기 때문에 인성의 선과 선하지 않음의 구분이 없는 것 역시 물이 동서의 구분이 없는 것과 같다고 말했다. 그러자 맹자가 물은 과연 동서의 구분이 없지만 위아래의 구분이 없는 것인가? 인성이 선하다는 것은 물이 아래로 흐르는 것과 같으니, 사람들에게 선하지 않음이 없는 것이며 물은 아래로 흘러가지 않음이 없는 것이다. 지금 물을 손으로 쳐서 튀게 하면 이마보다 높이 올라가게 할 수 있으며, 막아서 역류하게 하면 산에 있게 할 수 있지만, 이것이 어떻게 물의 본성이겠는가? 그 외부의 힘이 그렇게 한 것이다. 사람이 선하지 않은 일을 할 수 있게 되는 것은 그 본성이 변해서 그렇게 한 것이다 라고 말했다.[9)]

---

8) 고자는 "버드나무의 비유"에서 "인성에는 선함도 없고 선하지 않음도 없다"라는 주장을 분명하게 하지는 않지만, 고자가 인성을 버드나무와 같은 것으로 비유한 점을 유추해 볼 때 인성을 중립적인 재료의 의미로 파악했음을 알 수 있다. 이러한 고자의 견해는 가치 중립적인 인성관을 내포하고 있는 것이라고 할 수 있는 것이다.

9) 『孟子』, 「告子上」, "告子曰: 性猶湍水也, 決諸東方則東流, 決諸西方則西流. 人性之無分於善不善也, 猶水之無分於東西也. 孟子曰: 水信無分於東西; 無分於上下乎? 人性之善也, 猶水之就下也! 人無有不善, 水無有不下. 今夫水, 搏而躍之, 可使過顙; 激而行之, 可使在山, 是豈水之性哉? 其勢則然也. 人之可

위의 인용문 역시 비유의 방식으로 논쟁을 진행한 것으로, 먼저 고자는 자신의 인성에 대한 견해를 "인성은 고여서 맴돌고 있는 물과 같다"라는 비유를 드는데, 그 의미는 "인성은 버드나무와 같다"는 비유가 함축하고 있는 의미와 같다. 즉 앞에서 언급한 바와 같이 고자가 인성이 도덕적 측면에 있어서 선하지도 않고 선하지 않음도 없다는 가치 중립적인 입장을 견지한 경우와 일치 하다는 것이다. 그래서 고자는 물이 흐르는 성질에 있어서 동서(東西)의 구분이 없다는 비유를 들어 인성 가운데 선함과 선하지 않음의 구분이 없다는 것을 주장한다.

고자는 인성과 물의 본성을 같은 것으로 보아서 물의 본성 자체에는 일정한 흐름의 방향이 없다고 생각하는 한편 흐르는 물 자체에도 주체적으로 흐름의 방향을 결정할 능력이 없는 것이라고 주장했다. 구체적으로 말하면 물이 동쪽 방향으로 흘러가거나 혹은 서쪽방향으로 흘러가거나 모두 물꼬를 트는 방향을 결정짓는 외재적인 조건 위에서만이 가능하다는 것이다. 즉 만일 하천에서 동쪽 방향으로 물꼬를 트면 물은 동쪽으로 흘러가고, 만일 서쪽 방향으로 물꼬를 튼다면 그것은 서쪽으로 흘러가게 되는 것처럼 물 자체에는 동쪽으로 흐르는 성질이나 서쪽으로 흐르는 성질이 없다는 것이다. 그러므로 물이 동쪽으로 흐르거나 서쪽으로 흐르는 것은 하천의 물꼬를 트는 실제적인 방향에 의해서, 즉 외재적인 요인(인위적 작용, 지형)에 따라서 결정되는 것이지 흐르는 물 자체의 자주적인 결정에 의해서 결정되는 것이 아닌 것이다.

인성의 문제에 관하여 고자는 인성 가운데 선함과 선하지 않은 것에 대하여 인성 자체에는 절대적인 자주성이나 자결능력이 없기 때

使爲不善, 其性亦猶是也."

문에, 인간이 선한 행위를 하거나 그렇지 못한 행위를 하는 것은 모두 외재적인 요인이나 후천적인 요인에 의해서 결정된다고 생각했다. 이는 곧 인간은 후천적인 교육을 통해서 올바른 가치 판단을 내릴 때에만 비로소 도덕적으로 선하게 될 수 있으며 그렇지 않으면 도덕적으로 선하지 못하게 된다는 것이다. 즉 고자의 견해에 의하면 인성이 선하게 되는 것과 선하지 않게 되는 것은 인성의 본래 모습에 기초하지 않고 외재적인 요인과 후천적인 요인에 의해서 결정된다는 것이다.

맹자는 고자의 이러한 견해에 대하여 반대입장을 취한다. 고자가 언급한 흐르는 물 자체는 그것이 앞으로 동쪽으로 흘러갈지 혹은 서쪽으로 흘러갈지를 결정할 수 없다고 하는 것은 명백한 객관적인 사실이다. 그래서 맹자는 이러한 부분에 대하여 인정할 수밖에 없어서 "물은 과연 동서의 구분이 없다"[10]라고 했으나, 고자의 주장처럼 평면적인 관념으로는 물의 본성을 타당한 각도로 관찰할 수 없다고 생각했다. 즉 맹자는 물이 동쪽으로 흐르거나 서쪽으로 흐른다고 하는 이유만으로는 물 본성의 본래 모습을 나타내기에는 부족하다고 생각했다. 그래서 맹자는 다른 각도에서 물의 본성을 관찰하는데, 그것은 바로 물이 높은 곳에서 낮은 곳으로 흐르는 성질을 착안한 방법으로 고자의 주장에 대하여 "위아래의 구분이 없는가"[11]라고 반박한다.

즉 맹자는 물이 아래로 흘러가는 것이 물 본성의 본래 모습이라고 생각하여 인성이 인의(仁義)를 실천하는 것은 물이 낮은 곳으로 흘러가는 성질과 같은 것으로, 이것이 곧 인성의 본래 모습이라고 말한다. 또한 인간이 선하지 않은 행위를 하게되는 것에 대해서 맹자는 이러

10) 『孟子』, 「告子上」, "水信無分於東西"

11) 『孟子』, 「告子上」, "無分於上下"

한 행위들의 요인이 인성자체에 있는 것이 아니라 외재적인 방해요인에 의해서 본래 선한 본성이 왜곡된 결과에 의해서 그렇게 된다고 주장한다. 즉 흐르는 물이 비록 낮은 곳으로 흘러가는 본성을 가지고는 있지만, 그것이 만일 외부의 강력한 제지를 받는다면 높은 곳으로 역류할 수 있다는 것이다. 그러나 이것은 이미 물 본성의 본래 모습을 상실한 것이다.

맹자와 고자는 동일하게 흐르는 물을 비유로 들지만, 이 두 사람은 서로 다른 각도에서 진행한 관찰을 토대로 제각기 다른 주장을 한다. 즉 고자는 "물은 동서의 구분이 없다"[12]고 하는 것이 물의 본성이라고 주장하고, 맹자는 "물은 낮은 곳으로 흐른다"고 하는 것이 물의 본성이라고 주장하여 이것들을 인성에 비유한다. 즉 고자는 "인성에는 선함도 없고 선하지 않음도 없다"라는 논지를 펴고, 맹자는 "사람에게는 선하지 않음이 없다"[13]라는 논지를 펴나간다.

맹자와 고자가 이렇게 서로 다른 견해를 가지게 된 이유는 사물을 근본적으로 다른 각도에서 관찰했기 때문이다. 즉 물의 본성과 인성에 대하여, 고자는 평면적인 관찰과 이해를 바탕으로 했기 때문에 흐르는 물 자체는 스스로 흐름의 방향을 결정할 수 있는 능력이 없는 것만을 파악하여 인성에 대하여서도 도덕적인 가치판단을 하지 않는 가치 중립적인 입장을 견지하나, 맹자는 평면적인 각도에서만이 아닌 상하의 수직적인 각도로 관찰하여 흐르는 물이 실제로 낮은 곳으로 흐르는 성질을 파악하여 인성에 대해서도 물이 낮은 곳으로 흘러가는 것처럼 인성이 선한 방향으로 나가는 것이 본래의 모습이라고 하는 입장을 견지한다.

---

12) 『孟子』, 「告子上」, "水之無分於東西"

13) 『孟子』, 「告子上」, "人無有不善"

이상과 같이 볼 때 동일한 대상에 대해서도 사물을 보는 관점에 따라 다른 관찰과 이해가 수반됨을 알 수 있다. 다시 말하면 관찰할 때 견지하는 관점과 각도가 다르면 어떤 의미에서는 맹자와 고자 두 사람의 인성에 대한 주장이 이미 서로 차이점을 내포하고 있다는 것을 알 수 있는 것이다.

그렇다면 맹자는 도대체 어떠한 각도에서 인성을 보았을까? 위에서 이미 언급한 두 개의 비유형식을 통하여 진행된 논쟁 속에서 우리는 맹자가 직접적으로 인성에 대해 어떤 형식으로든 분명한 규정을 언급하지 않은 사실을 발견할 수 있다. 그러나 좀 더 세밀하게 분석해 본다면, 맹자는 논쟁이 진행되는 가운데 주로 상대방의 논리를 깨트리는 소극적 입장에서부터 시작하여 상대방의 논리에 대한 반박의 과정 속에서 자신의 인성에 대한 논리를 적극적으로 전개하는 한편 인성에 대한 개념을 분명히 밝혀나간다.

맹자의 인성에 대한 기본적인 입장은 이미 두 차례의 논쟁을 통하여 분명하게 드러나 있다. 즉 맹자의 입장에서 본다면 인성 자체는 도덕가치를 가지고 있는 것이며, 가치 중립적인 의미의 자연적인 재료 혹은 재질과는 다른 것이기 때문에 인성을 자연적인 재질이나 재료로 비유해서는 안된 다고 맹자는 주장하는 것이다. 만일 그렇지 않으면 인성의 본래 모습 즉 성선(性善)은 반드시 왜곡되어 선천적이고 내재적으로 연결되어 있는 인의(仁義)와 인성이 후천적이고 종합적인 관계로 돌변하게 된다는 것이다.

사실 인성에 선한 성질이 본래 갖추어져 있다는 것은 개관적인 사실이라고 말할 수도 있다. 즉 인간이 인성의 본래 모습을 지속적으로 발전시켜 나간다면 인간의 행위 속에서 악한 행위는 찾아볼 수 없을 것이며, 다만 선한 행위만을 찾아볼 수 있을 것이다. 이러한 점이 바로 맹자의 인성에 대한 기본입장이라고 말할 수 있으며, 이러한 점을 통해서 고자가 말한 인성의 개념과 확연히 다른 맹자의 인성 개념을 발견할 수 있는 것이다.

3. 맹자와 고자의 인성론 문제의 분기점

고자의 "생리적 본능을 인성이라고 한다"[14]는 관념은 중국의 인성론 전통 속에서 가장 오래되었을 뿐만 아니라 지속적으로 이어져 내려온 견해다. 글자의 본래 의미로부터 분석해보면 '성(性)'자는 '생(生)'자에서 음을 따온 것이며 또한 '생'자에서 파생되어 나온 것이다. 옛날의 문헌 속에서는 이 두 글자가 자주 통용되어 쓰였는데 고자가 이러한 관점으로 "생리적 본능을 인성이라고 한다"를 이해한 점은 옛날의 의미에 들어맞는다고 할 수 있는 것이다.[15]

선진시대 이래로 "생리적 본능을 인성이라고 한다"는 관점으로 인성을 파악한 사상가는 고자 이외에도 많이 보이는데 순자(荀子)의 경우 "생리적인 본능이 그렇게 된 까닭을 인성이라 한다"[16]라고 하고, 장자(莊子)의 경우 "인성이란 것은 생리적인 본능의 본질이다"[17]라고 하고, 동중서(董仲舒)의 경우 "인성이 생리적인 본능이 아니라고 말할 수 있는 것인가? 만약 생리적인 본능의 자연적인 자질을 인성이라고 한다면 인성이란 것은 본질이다."[18]하는데, 그 나머지는 본문에서 일

14) 『孟子』, 「告子上」, "生之謂性"

15) 唐君毅, 『中國哲學原論』, 原性篇, 臺北, 學生書局, 1984년, 9쪽 참조.

16) 『荀子』, 「正名」, "生之所以然者謂性"

17) 『莊子』, 「庚桑楚」, "性者, 生之質也"

18) 『春秋繁露』, 「深察名號」, "性之名非生與? 如其生之自然之資謂之性. 性者, 質也."

일이 다 열거할 수 없으므로 이만 생략하기로 하겠다. 맹자는 고자의 "생리적인 본능을 인성이라고 한다"는 관점에 반대하는데, 그 이유는 고자의 관점으로는 사람이 사람 되는 까닭을 근본적으로 나타낼 수 없다고 생각했기 때문이다.

1) 생리적인 욕구 속에 인성이 있다는 관점

고자가 언급한 "생리적 본능을 인성이라고 한다"라는 말속에는 고자 자신의 '인성'에 대한 원칙이 분명하게 표시되어 있으나, 고자의 "생리적 본능을 인성이라고 한다"는 말 가운데 "~을 ~라고 한다"라는 의미는 "같다" 혹은 "바로~이다"로 해석할 수는 없다. 그렇지 않으면 "생리적 본능을 인성이라고 한다"라는 고자의 말이 "인성은 생리적 본능이다" 혹은 "인성은 생리적 본능과 같다"로 이해될 수 있기 때문이다.

만일 이와 같이 되면 주어 술어 식의 분석판단이 되기 때문이다. 즉 '인성'이라고 하는 주어의 개념이 '생리적 본능'이라고 하는 술어의 개념으로 상징되기 때문에 술어가 상징하는 것은 이미 주어의 속에 포함되어 버리는 것이다. 그렇다면 '생리적 본능'이라는 개념이 의미하는 것은 이미 '인성'이라고 하는 주어의 개념 속에 포함된다. 그래서 '인성' 원칙의 진위(眞僞)판단에 있어서 이 두 개념에 대하여 외적인 경험적 증명이나 관찰에 의지할 필요가 없이 다만 '생리적 본능'과 '인성'이라는 두 개념 사이에 논리적인 모순만 나타나지 않으면 "생리적 본능을 인성이라고 한다"는 개념의 진위판단이 성립된다는 것이다.[19)]

---

19) 분석판단에 대한 설명은 칸트의 『순수이성비판』의 「분석판단과 종합판단 사

그러나 고자의 견해를 잘 살펴보면, 그는 "생리적 본능을 인성이라 한다"는 개념을 분석판단으로 보지 않았다. 만일 그렇지 않았다면 맹자의 "그렇다면 개의 본성은 소의 본성과 같고 소의 본성은 사람의 본성 같은 것인가?"[20]와 같은 논박에 대해서 고자는 "그렇다, 본성은 생리적인 본능과 같은 것이어서, 개의 본성은 개의 생리적 본능과 같고, 소의 본성은 소의 생리적 본능과 같은 것이며, 인간의 본성은 인간의 생리적 본능과 같은 것이다. 그것들이 개나 소나 사람에 관계없이 생리적인 본능을 갖고 있으면 역시 본성을 갖고 있는 것으로 그것들 사이에 즉 개나 소나 인간이라고 하는 개체들의 본성적인 측면에 관련해서는 어떠한 차별도 없는 것이다."라고 대답했을 것이다. 그러나 아쉽게도 고자는 이렇게 말하지 않았다.

이것은 고자가 "생리적 본능을 인성이라고 한다"는 개념을 분석판단으로 보지 않고, 다만 맹자의 논박에 대하여 일시적으로 말이 막혔기 때문이며 또한 고자 역시 모종의 의미에서 인간의 본성과 소의 본성이 나르다는 깃을 지각했음을 표시한다.

이러한 "생리적 본능을 인성이라고 한다"는 개념이 분석판단이 아니라면 이것은 종합판단이 되는 것이다. 즉 '인성'개념은 "생리적 본능"개념과는 다른 것으로 이러한 두 개념이 가지고 있는 함의 역시 다른 것이다. 이러한 점에 대하여 중국고대의 문헌자료를 근거로 들면, 본래는 '생(生)'이라는 글자 밖에 없었으나 이 후에 '성(性)'자가 "생"자에서 파생되어 나온다. '생'자에서 파생되어 나온 '성'자는 '생'자와는 다른 새로운 의미를 내포하고 있기 때문에 '생'자와 '성'자는 같

이의 구별」에 잘 나타나 있다. 칸트 著, 藍公武 譯, 『純粹理性批判』, 北京, 商務印書館, 1997년, 35~38쪽 참조.

20) 『孟子』, 「告子上」, "然則犬之性, 猶牛之性, 牛之性, 猶人之性與?"

은 의미가 아니라는 것이다. 이점에 관하여 모종삼(牟宗三)은 다음과 같이 말하고 있다.

> 대체적으로 '생'자가 먼저 만들어졌고 뒤에 점진적으로 '성'자가 만들어졌다. 성의 관념을 말하면 처음에는 생의 관념이 포함된 성의 관념이 언급되었다. 즉 실제로 그러한 의미의 성이란 것은 생의 관념이 포함된 의미의 성을 말하는 것이다. 생의 관념이 포함된 의미의 성은 생이라고 할 수 없는 것이다. 상고 시대의 사람들이 사용한 문자는 그 수가 많지 않았기 때문에 글자간에 통용이 이루어졌다. 그러나 글자간에 서로 통용이 되었지만 글자가 지닌 관념은 글자이전에 이미 존재했으므로 의미는 사실상 구별이 있는 것이다. 그러므로 생이라는 글자와 성이라는 글자는 각기 다른 의미를 가지고 있는 것이다.[21]

위의 인용문에서 언급된 것을 바탕으로 해서 볼 때 고자가 말하는 '인성'은 바로 "생리적인 본능을 인성이라고 한다"라는 말로 요약될 수 있는데, 이것은 곧 한 개체의 존재와 그것이 가지고 있는 여러 가지 특성에 대한 언급을 의미하는 것이다. 즉 존재와 특성은 서로 별개의 것이지만 이 둘 사이에는 어떠한 분리도 없으며 서로 혼합되어 있는 것이다. 이와 같이 "생리적 본능을 인성이라고 한다"는 명제 속에서 '인성'의 원칙은 하나의 개체가 존재할 때 본래 가지고 있는 여러 가지의 특성들을 인성이라고 한다는 말로 이해될 수 있을 것이다.[22]

다시 말하면 어떠한 사물이라도 그것이 개체로 존재할 때에 있어

---

21) 牟宗三, 『心體與性體』, 第一冊, 臺北, 正中書局, 1989년, 207쪽 참조.
22) 牟宗三, 『圓善論』, 臺北, 學生書局, 1985년, 5쪽 참조.

서 처음부터 '성(性)'이라고 말할 수 있으면 곧 그것을 사물의 개체존재에 있는 '성'이라고 하는 것이다. 그러나 이것은 형식적인 측면에서 언급되어진 것으로 고자가 말한 '성'의 원칙을 조명할 수는 있겠지만 아무래도 두루뭉실한 면이 없지 않다. 이러한 "생리적 본능을 인성이라고 한다"는 원칙 속에는 다음과 같은 두 종류의 이론 유형이 담겨져 있다.

> '생지위성(生之謂性)'속에 담겨져 있는 두 종류의 이론 유형을 말하면, 하나는 우주본체론의 직관을 따라서 이루어진 유형의 '생지위성'이고; 다른 하나는 경험론적 혹은 자연주의적으로 묘사된 유형의 '생지위성'이다. … '생지위성'의 생이나 존재는 하나의 개체로 될 수 있으며 그 것이 근거한 이론 유형과 다른 의미에 의하여 다른 의미가 수반되는 것이다. 우주본체론적 직관을 따라서 이루어진 유형에 근거해서 말하면, '성'자가 의미하는 '개체존재'는 우주론적으로 말한 존재이며 그것이 의미하는 것은 '한 개체의 구성'으로 우주론적으로 말한 '구성'인 것이다. 경험론적으로 묘사된 유형에 근거해서 말하면, '생'자가 의미하는 '개체존재'는 현상학적으로 말한 존재이며 그것이 의미하는 것은 '하나의 개체 구성'으로 현상학적으로 말한 '구성' 혹은 논리적으로 말한 '구성'인 것으로, 그 우주본체론의 근원을 묻지 않은 것이다.[23)]

위의 인용문 가운데 "그 우주본체론의 근원을 묻지 않은 것이다"라는 말은 개체존재가 개체존재로 되는 '존재의 원리' 혹은 '실현의 원리'에 대하여 추궁하지 않고, 개체가 존재를 취득한 후에 그것이 드러내는 자연적인 모습으로써 그것의 여러 가지 특성을 말한다는 것이

23) 牟宗三, 『心體與性體』, 第二冊, 臺北, 正中書局, 1989년, 148쪽 참조.

다. 이것이 바로 경험론적으로 묘사된 유형 속에서 말하는 '生之謂性'의 이해 방식이다.

그렇다면 고자는 과연 어떠한 이론유형으로서 '生之謂性'을 근거로 하는 '성'개념에 응용을 시킨 것일까? 위에서 분석한 바와 같이 고자는 인성을 '버드나무'와 '고여서 맴돌고 있는 물'과 같은 것으로 보았는데, 이것은 고자가 그것들을 자연존재의 현상학적 혹은 논리적인 '구성'이 지니고 있는 여러 종류의 실제로 그러한 성질로 여기고, 인성에 대하여서는 직접적으로 한 개체의 자연생명 혹은 자연존재가 드러내는 여러 종류의 실제로 그러한 상징으로 여겨서, 그것들 가운데 생명체 존재의 가장 잘 드러나는 자연적 상징을 의미하는 것이니, 즉 식욕과 성욕으로 대표되는 생리적 본능을 의미하는 것이다. 그래서 고자는 분명히 "식욕과 성욕은 인성이다"[24)]라고 한 것이다. 즉 고자는 생명체의 자연적 본능을 성이라고 생각하여 '生之謂性'이라고 하는 경험론적으로 혹은 자연주의적으로 묘사된 유형 가운데서 인성을 말하는 것이다.

생명체가 존재할 때 드러나는 여러 종류의 자연적 상징은 현상학적으로 '성'이라고 하는데, 이것 역시 일종의 '성'에 대하여 논급한 원칙이라 할 수 있으며 또한 객관적으로 실제의 내용을 갖고 있다고 할 수 있다. 즉 어떠한 사물이 있으면 그 사물에는 특성이나 특질이 있기 때문에 우리는 인간의 자연생명을 부인할 수 없는 것이다. 이것은 자연생명에서 나타나게 되는 여러 종류의 자연적 표상들(생리기관의 자연적인 반응이나 생리적 욕구와 같은 자연적인 욕구 및 생물체의 자연적인 본능 등등의 여러 현상)에 대하여서 실제로 관찰이나 연구의 진행을 통하여 그것의 원인이 되는 '형상의 원리'를 밝혀내지 않을

24) 『孟子』, 「告子上」, "食色, 性也"

이유가 없기 때문이다.[25)]

이러한 점 역시 객관적인 학문이라고 말할 수 있는데, 이것은 곧 개체 존재의 가치로부터 그것이 자연생명의 특징을 나타낼 수 있기 때문이다. 그러나 맹자가 말한 '성'은 이러한 원칙을 근거로 해서 언급한 '性'이 아닌 다른 원칙으로서의 '性'이다.

2) 마음속에 인성이 있다는 관점

고자의 '생리적인 본능을 인성이라고 한다'는 명제는 개체존재의 자연생명에서 파생되 나온 여러 종류의 상징들을 현상학적으로 '성'이라 하는데, 이것 역시 일종의 '성'에 대하여 논급한 원칙이라고 할 수 있다. 또한 인간이 인간으로 될 수 있는 원인에 대한 일종의 해석으로서의 "형상의 원리"에 대하여 그 이론의 존재론적 지위를 인정해야지 무조건적으로 배척을 해서는 안 된다. 그렇지 않으면 우리들은 인간의 자연생명 위에서 언급해야만 하는 '형상의 원리'에 대한 가능성에 대해서도 배척을 해야만 할 것이다.

그러나 일체의 사물 모두는 그 '형상의 원리'를 찾을 수 있는데, 다시 말하면 "사물이 있으면 곧 사물의 본질이 있다"[26)]는 것으로 이러한 본질은 곧 그것이 "형상의 원리"가 되는 것이다. 만일 이러한 본질 혹은 "형상의 원리"가 없다면 사물 역시 존재할 수 없기 때문에 사물에 대하여 어떠한 개념도 형성시킬 수 없다는 것이다. 그러므로 고자의 '生之謂性'의 개념은 성립될 수 있는 것이며 맹자도 고자의 이러한 개념의 존재를 부정할 수 없는 것이다.

---

25) "형상의 원리"에 대한 상세한 설명은, 牟宗三, 『心體與性體』, 第一冊, 臺北, 正中書局, 1989년, 87~100쪽 참조.

26) 牟宗三, 『王陽明致良知教』, 臺北, 中央文物供應社, 1980년, 1쪽 참조.

그렇지만 맹자는 고자의 이러한 인성의 원칙에 분명히 반대를 표방하면서 '生之謂性'의 원칙과는 다른 인성 본래의 모습에 관한 새로운 원칙을 내놓는다. 즉 맹자는 다음과 같이 말했다.

> 입이 좋은 맛에 대하여 좋아하는 것, 눈이 아름다운 색에 대하여 좋아하는 것, 귀가 듣기 좋은 소리에 대하여 좋아하는 것, 코가 향기로운 냄새에 대하여 좋아하는 것, 몸이 편안함에 대하여 좋아하는 것은 본질적인 것이지만 한계가 있기 때문에 군자는 본질적인 것이라고 하지 않는다. 인이 부자에 대하여 추구되는 것, 의가 군신관계에 대하여 추구되는 것, 예가 주객관계에 대하여 추구되는 것, 지가 현자에 대하여 추구되는 것, 성인이 천도에 대하여 추구되는 것은 한계가 있는 것이지만 본질적인 것이 있음으로 군자는 한계가 있는 것이라고 하지 아니한다.[27)]

입이 감미로운 맛을 좋아하고 눈이 아름다운 색을 좋아하고 귀가 좋은 음악소리를 좋아하고 코가 향기로운 냄새를 좋아하고 몸이 편안함을 좋아하는 것은 모든 인간의 자연생명의 생리적인 본능과 욕망이 드러난 자연적인 본성으로, 이것은 고자가 '生之謂性'으로 이해한 자연적인 본성과 같은 것이다. 위와 같은 언급은 맹자 역시 인간의 자연적인 본성 혹은 욕망을 완전히 부정하지는 않았음을 의미하는 것이다. 다시 말하면 맹자 자신 역시 고자의 '生之謂性'으로 대표되는 인성에 대한 원칙을 완전히 반대한 것은 아니라는 것을 의미한다.

---

27) 『孟子』, 「盡心下」, "口之於味也, 目之於色也, 耳之於聲也, 鼻之於臭也, 四肢之於安佚也, 性也. 有命焉, 君子不謂性也. 仁之於父子也, 義之於君臣也, 禮之於賓主也, 智之於賢者也, 聖人之於天道也, 命也. 有性焉, 君子不謂命也."

그러나 맹자의 이와 같은 태도는 단지 고자의 견해도 하나의 이론으로서의 존재가치를 인정하는 것에 그칠 뿐인 것이지, 결코 고자의 견해가 인성의 본래모습을 조명하는데 타당한 인식방법은 아니라고 한다.

맹자 자신이 언급한 인성에 대한 기본원칙은 위의 인용문에 언급된바와 같이 인성에 투영되어 나타난 인, 의, 예, 지 및 성인이 체득한 천도(天道) 등으로 인성의 본래모습을 규정한다. 그러나 이것만으로는 고자의 인성에 대한 기본원칙과 다른 형태로서의 맹자의 인성에 대한 기본원칙을 규정하기에는 좀 무리가 따른다. 왜냐하면 고자 역시 "인은 안에 있는 것이고 의는 밖에 있는 것이다"[28]라는 언급을 했는데, 이것은 곧 고자도 인의(仁義) 등으로 대표되는 덕목들이 인간의 자연적인 본성의 어떤 표현이라고 생각했기 때문이다. 그러므로 맹자와 고자 두 사람이 언급한 인성에 대한 원칙의 차이점을 규명하는 방편의 일환으로 맹자의 인성에 대한 원칙을 더욱 분명하게 규정해야만 하는 것이 가장 타당하다고 생각한다.

> 사람들은 모두가 타인의 불행을 보고는 참지 못하는 마음이 있다. … 사람들에게 타인의 불행을 보고는 참지 못하는 마음이 있다고 말하는 것의 근거로는, 지금 갑자기 어린아이가 막 우물 속으로 들어가려는 모습을 사람들이 보고는 모두가 깜짝 놀라서 불쌍하게 여기는 마음을 가질 것이다 라는 것이다. 이것은 어린아이의 부모와 교분을 맺으려고 하는 이유 때문이 아니고, 주변사람들과 친구들에게 명예를 구하고자 하는 이유 때문도 아니며, 그 (비난하는)소리를 (듣기)싫어서 그렇게 한 것이 아니다. 이와

28) 同注5 참조.

> 같이 볼 때 불쌍하게 여기는 마음이 없으면 사람이라고 할 수 없으며, 잘못을 부끄러워할 줄 알고 그러한 행위를 미워할 줄 아는 마음이 없으면 사람이라고 할 수 없으며, 사양할 줄 아는 마음이 없으면 사람이라고 할 수 없으며, 시비판단을 할 줄 아는 마음이 없으면 사람이라고 할 수 없는 것이다. 불쌍하게 여기는 마음은 인의 단서가 되고, 잘못을 부끄러워할 줄 알고 그러한 행위를 미워할 줄 아는 마음은 의의 단서가 되고, 사양할 줄 아는 마음은 예의 단서가 되고, 시비판단을 할 줄 아는 마음은 지의 단서가 된다. 사람이 이러한 사단을 가지고 있는 것은 그가 사지를 가지고 있는 것과 같은 것이다.[29)]

인(仁) 의(義) 예(禮) 지(智)는 덕이며 측은(惻隱) 수오(羞惡) 사양(辭讓) 시비(是非)는 "정서"인 것이다. 즉 마음을 근거로 해서 드러나는 정서로 이러한 정서는 마음의 작용이며 또한 마음은 정서의 본체가 되는 것이다. 다시 말하면 작용을 통해서 본체를 인식하는 것으로 본체와 작용은 곧 하나가 된다는 것이다. 그러므로 그것들을 서로 연관지어서 "惻隱之心, 羞惡之心, 辭讓之心, 是非之心"[30)]이라고 부르는

---

29) 『孟子』, 「公孫丑上」, "人皆有不忍人之心. … 所以謂人皆有不忍人之心者, 今人乍見孺子將入於井, 皆有怵惕惻隱之心, 非所以內交於孺子之父母也, 非所以要譽於鄉黨朋友也, 非惡其聲而然也. 由是觀之, 無惻隱之心, 非人也; 無羞惡之心, 非人也; 無辭讓之心, 非人也; 無是非之心, 非人也. 惻隱之心, 仁之端也; 羞惡之心, 義之端也; 辭讓之心, 禮之端也; 是非之心, 智之端也. 人之有是四端也, 猶其四體也."

30) 혹자는 체용(體用)의 관계로 마음과 정서의 관계를 규정하는 것이 적당하지 않다고 생각할 수 있다. 그러나 본문에서 말하는 "정서"는 감각세계나 현상세계 속에서 존재하는 사물의 궁극적인 이유에 해당되지 않는 것이다. 그래서 필자는 이러한 "정서"에 초월적인 의미가 내포되어 있다고 생각하여 체용의 관계를 초월적 세계와 현상세계의 양쪽 모두에서 언급할 수도 있으며

것이다. 그러나 여기에서 주목해야할 점은 맹자가 직접적으로 '性'자체에 대해서는 언급하지 않은 사실이다. 다만 맹자는 惻隱·羞惡·辭讓·是非의 마음을 통해서 성을 말하고 있는데 이것은 "그 마음을 다하면 곧 그것을 통해서 성을 알게 되는 것이다"[31]라는 말과 같은 의미를 내포하는 것이다. 그러므로 맹자는 마음의 투영을 통해서 본성을 본 것이라고 말할 수 있는 것이며, 이것은 곧 마음속에 인성이 있다고 하는 말과 같은 맥락을 형성한다.

그렇다면 맹자는 왜 직접적으로 인성에 대하여 논급하지를 않고 마음의 투영을 통해서 인성을 말한 것일까? 이러한 의문에 대하여 모종삼(牟宗三)은 다음과 같이 주목할 만한 분석을 내놓는다.

> "마음이 본성을 다 발휘할 수 있다는 것은 사람이 도를 넓힐 수 있다는 것이다. 본성이 그러한 마음을 살필 줄 모른다는 것은 도가 사람을 넓힐 수 있는 것이 아니다는 것이다." 이와 같은 두 구문은 주관성의 원칙과 객관성의 원칙을 가장 분명하게 표시하는 것인데, 그 가운데 "마음이 본성을 다 발휘할 수 있다"는 말은 도덕행위의 실천에 대한 언급인데, 이것은 도덕행위의 실천을 통하여 객관적이며 우주론적으로 언급된 심성에 대한 하나의 모델을 증명하는 것이다. 구체적으로 말해서 도덕심(예를 들어 측은, 수오, 사양, 시비 등등)의 주관성적 존재론적 실제적인 표출 혹은 사유작용을 통해 충분히 실현되고 형성된 인성을 객관적으로 말한 것이다. 그러므로 도덕행위의 실천이라는 측면에서 언급된 도덕심은 주관성의 원칙이며 구체화된 원칙인 것이다. "본성이 그러한 마음을 살필 줄 모른다"라는 말속에서의 본성은 객관적으로

초월적 세계의 차원에서도 언급 될 수 있다고 생각한다.

31) 『孟子』, 「盡心上」, "盡其心者, 知其性也"

또 우주본체론적으로 언급한 성인 것으로 즉 성체(性體), 성능(性能), 성리(性理), 성분(性分), 성각(性覺) 등의 다섯 가지 의미가 구비된 성이다. 이러한 성체가 만일 주관성이 없이 존재론적으로 도덕본심의 실제적인 사유작용이나 진실 되게 표출된 형태일 경우 그것은 단지 스스로 존재하거나 잠재적으로 존재할 뿐으로 어떠한 작용도 일어나지 않는 다는 것이다. 이것이 바로 "본성이 그러한 마음을 살필 줄 모른다"라는 하는 말의 의미이며 공자 역시 "도가 사람을 넓힐 수 있는 것이 아니다"라고 말한 것이다. 검(檢)이라는 것은 정함 혹은 살핌의 의미를 가지고 있으며, 마음이 본성을 다 발휘할 수 있다는 말은 곧 본성이 스스로 그 마음을 살필 수 있다는 의미이다. 마음이 그러한 본성을 다 발휘하지 못하게 되면 곧 본성은 비록 스스로 존재한다고는 하더라도 어떠한 작용도 하지 못하게 된다는 것이다. 그러므로 도덕행위의 실천은 마음이 결정적인 요인이라고 말하는 것이다. 사람이 도를 넓힐 수 있으면 도 스스로도 사람을 넓힐 수 있는 것이다. 그러나 사람이 도를 넓힐 수 없다면 도는 비록 요임금을 위해서 존재하지도 않고 걸과 같은 폭군 때문에 사라지지는 않는다고 해도 드러날 수 없는 것이다. 드러날 수 없다면 작용을 할 수가 없기 때문에 도덕행위의 실천적인 측면에서 사람이 도를 넓힌다고 하는 것으로써 주를 삼는다고 말하는 것이다.[32)]

위의 인용문 가운데 "사람이 도를 넓힌다고 하는 것으로써 주를 삼는다"는 말속에는 마음이 인의예지로 대표되는 덕들의 성을 뚜렷하게 할 수 있다는 의미가 담겨져 있다. 성은 하나의 객관적인 '자성(自性)의 원칙' 혹은 '자존(自存)의 원칙'인데, 이러한 '자성의 원칙'이란 성

32) 牟宗三, 『心體與性體』, 第二冊, 臺北, 正中書局, 1989년, 532~533쪽 참조.

그 자체는 순수지선(純粹至善)이기 때문에, 만일 마음의 발휘라고 하는 실천의 방법을 거치지 않으면 나타날 수 없는 것이다. 즉 성은 단지 그 자체에만 존재(즉자적으로 존재)하는 잠재적인 존재일 뿐이기 때문에 그 실질적인 작용을 발생시킬 수 없다는 것이다. 그렇다면 과연 어떻게 그 자체에만 존재하는 (즉자적인 존재)것으로서의 성을, 그 자체에 대한 존재로 전화시켜서, 그 자체가 진실한 본체가 되는 자각을 할 수 있을까? 이러한 작업은 반드시 마음이라고 하는 주관성의 원칙이 수반되어야 한다. 즉 성체가 그 자체에 대한 자각 즉 성체 스스로의 사유작용을 통하여 자각하게 되는 것인데 이러한 사유작용을 바로 마음이 하는 것이다.[33)]

그러므로 惻隱·羞惡·辭讓·是非 등의 정서들은 바로 이러한 마음의 사유작용을 통하여 나타난 것이라고 할 수 있다. 다시 말하면 이것은 곧 마음의 주관적인 실천활동을 통해서 객관적인 성리(性理)를 증명한 것이라고 할 수 있는 것이다. 이것이 바로 맹자가 견지하고 있는 '인성'에 대한 원칙으로 마음속에 본성이 있다는 말이다.

그렇다면 "마음속에 본성이 있다"는 말속에서의 마음은 도대체 어떠한 성질을 가지고 있을까? 그러한 마음은 도대체 어떠한 의미로서의 마음인가? 만일 그러한 의미를 확정할 수 없다면 "마음속에 본성이 있다"는 원칙으로서의 맹자의 인성에 대한 원칙은 두리 뭉실한 이론체계라는 비난을 피할 수 없을 것이다. 그러므로 우리는 우선적으로 맹자가 언급한 '마음'의 의미를 분석이라는 방법을 통하여 명확하게 규정해야 할 필요가 있다고 생각한다.

---

33) 牟宗三, 『心體與性體』, 第二冊, 臺北, 正中書局, 1989년, 533쪽 참조.

> 사람들은 모두가 타인의 불행을 보고는 참지 못하는 마음이 있다. … 사람들에게 타인의 불행을 보고는 참지 못하는 마음이 있다고 말하는 것의 근거로는, 지금 갑자기 어린아이가 막 우물 속으로 들어가려는 모습을 사람들이 보고는 모두가 깜짝 놀라서 불쌍하게 여기는 마음을 가질 것이다라는 것이다. 이것은 어린아이의 부모와 교분을 맺으려고 하는 이유 때문이 아니고, 주변사람들과 친구들에게 명예를 구하고자 하는 이유 때문도 아니며, 그 (비난하는)소리를 (듣기)싫어서 그렇게 한 것이 아니다.[34]

주자(朱子)의 주석에는 "출척(怵惕)은 놀라 움직이는 모습이다. 측(惻)은 간절하게 서글퍼하는 것이다. 은(隱)은 깊이 아파하는 것이다."[35]라고 기록되어 있듯이 깜짝 놀라서 불쌍하게 여기는 마음은 곧 타인의 불행을 보고는 참지 못하는 마음인 것이다. 맹자는 이러한 마음과 정서가 모든 사람에게 있다는 것을 "어린아이가 우물 속으로 들어가려는"사례로서 증명했다. 다시 말하면, 갑자기 전혀 알지 못하는 어린이가 우물 속에 빠지려는 모습을 목격했을 때 그 찰나의 순간에 우리들의 마음은 이미 그 아이가 곧 죽게 되리라는 절박하고 안타까운 심정이 생겨나서 그 아이를 구하려는 생각이 든다는 것이다. 여기에서 주의할 점은 맹자가 이러한 사례를 빌려 우리들을 성찰시키고자 하는 점은, 그 어린아이를 어떻게 구할 것이냐 혹은 구하지 말 것인가의 문제도 아니며, 또한 구하려는 사람 개인의 이해관계에 대한

34) 『孟子』, 「公孫丑上」, "人皆有不忍人之心. … 所以謂人皆有不忍人之心者, 今人乍見孺子將入於井, 皆有怵惕惻隱之心, 非所以內交於孺子之父母也, 非所以要譽於鄕黨朋友也, 非惡其聲而然也."

35) 朱熹, 『孟子章句集注』, 「公孫丑上」, "怵惕, 驚動貌. 惻, 傷之切也. 隱, 痛之深也."

어떠한 고려도 아니라는 점에 있다.[36]

다시 말하면 맹자가 진정으로 우리들을 성찰시키고자 한 점은 바로 어린아이가 우물 속에 빠지려는 시점에서 어떠한 이해관계를 계산할 시간적인 여유도 없는 찰나의 순간에 진정으로 절박하고 안타까운 심정이 생겨나는데, 이것을 바탕으로 모든 일에 대하여 우리들 자신에게 어떠한 사적인 이해득실을 따질 것을 용납하지 않는 태도인 것이다. 이러한 문제에 대하여 서복관(徐復觀)은 다음과 같이 말했다.

> "지금 갑자기 어린아이가 막 우물 속으로 들어가려는 모습을 사람들이 보다"는 예증에서 "갑자기 보다"는 단어가 의미하는 것은 바로 이러한 상황 속에서 마음은 생리적 욕망에 지배받지 않고 마음 자체가 직접적으로 드러낸 것이다. … "이것은 어린아이의 부모와 교분을 맺으려고 하는 이유 때문이 아니다"라는 구문 등에서 의미하는 것은 바로 이러한 마음자체가 드러남에 의해서 구조의 행위를 취하게 되는 것이지 생리적인 욕망에 의해서 결정되는 것이 아니다는 것이다.[37]

깜짝 놀라서 불쌍하게 여기는 마음은 "바로 마음 자체가 직접적으로 드러낸 것이다."라는 서씨의 언급을 근거로 할 때 맹자가 언급한 마음(心)은 본심(本心)이 된다. 그래서 웅십력(熊十力)은 "본심이라는 것은 본래 있는 것이지 후천적으로 생긴 것이 아니기 때문에 본래라

36) "어린아이의 부모와 교분을 맺으려고 하는 이유 때문이 아니고, 주변사람들과 친구들에게 명예를 구하고자 하는 이유 때문도 아니며, 그 (비난하는)소리를 (듣기)싫어서 그렇게 한 것이 아니다."라는 맹자의 언급에 그 의미가 잘 나타나 있다.

37) 徐復觀, 『中國人性論史』, 臺北, 臺灣商務印書館, 1990년, 172쪽 참조.

고 하는 것이다."[38]라고 말하는데, 이것은 곧 맹자의 마음 속에 인성이 있다는 말이 본심 속에 인성이 있다는 말로 표현될 수 있다는 것을 의미하며, 이러한 본심은 생리적 욕망에 지배받지 않고 육체의 지배를 받는 동물적 본능의 마음이 아닌 것이다. 이것은 본심이 현상계에 근원을 둔 것이 아니라는 것을 의미하며 또한 후천적으로 생긴 것이 아니기 때문에, 이러한 본심은 선천적인 초월경계에 속한다는 것이다. 맹자가 언급한 성선(性善)은 바로 이러한 초월적 본심 속에 인성이 있다는 것을 의미하는데, 이것이 바로 맹자가 견지하는 인성에 대한 원칙인 것이다.

4. 맺는 말

맹자는 인의(仁義)가 인성에 대하여 선천적이고 내재적으로 갖추어져 있기 때문에 인성의 본래 모습은 선하다는 것이다. 이러한 견해는 고자와 비교했을 때 상당한 차별성을 갖는다. 즉 고자는 인성과 인의(仁義)의 관계를 후천적이며 종합적인 관계로 파악하여 그것들의 연결은 필연성이 없고 그것들 사이의 관련은 후천적인 노력에 의해 결정된다고 보았다. 고자의 이러한 견해에는 이미 '인성에는 선함도 없고 선하지 않음도 없다'는 의미가 내포되어 있다고 볼 수 있다.

맹자와 고자가 이렇게 서로 다른 견해를 가지게 된 이유는 사물을 근본적으로 다른 각도에서 관찰했기 때문이다. 즉 물의 본성과 인성에 대하여, 고자는 평면적인 관찰과 이해를 바탕으로 했기 때문에 흐르는 물 자체는 스스로 흐름의 방향을 결정할 수 있는 능력이 없는 것만을 파악하여 인성에 대하여서도 도덕적인 가치판단을 하지 않는

38) 熊十力, 『明心篇』, 臺北, 學生書局, 1979년, 1쪽 참조.

가치 중립적인 입장을 견지하나, 맹자는 평면적인 각도에서만이 아닌 상하의 수직적인 각도로 관찰하여 흐르는 물이 실제로 낮은 곳으로 흐르는 성질을 파악하여 인성에 대해서도 물이 낮은 곳으로 흘러가는 것처럼 인성이 선한 방향으로 나가는 것이 본래의 모습이라고 하는 입장을 견지한다.

이상과 같이 볼 때 동일한 대상에 대해서도 사물을 보는 관점에 따라 다른 관찰과 이해가 수반됨을 알 수 있다. 다시 말하면 관찰할 때 견지하는 관점과 각도가 다르면 어떤 의미에서는 맹자와 고자 두 사람의 인성에 대한 주장이 이미 서로 차이점을 내포하고 있다는 것을 알 수 있는 것이다.

고자가 말하는 '인성'은 바로 '생리적인 본능을 인성이라고 한다'라는 말로 요약될 수 있는데, 이것은 곧 한 개체의 존재와 그것이 가지고 있는 여러 가지 특성에 대한 언급을 의미하는 것이다. 즉 존재와 특성은 서로 별개의 것이지만 이 둘 사이에는 어떠한 분리도 없는 것으로 혼합되어 있는 것이다. 이와 같이 "생리적 본능을 인성이라고 한다"는 명제 속에서 "인성"의 원칙은 하나의 개체가 존재할 때 본래 가지고 있는 여러 가지의 특성들을 인성이라고 한다는 말로 이해될 수 있을 것이다.

그러나 맹자는 惻隱·羞惡·辭讓·是非의 마음을 통해서 성을 말하고 있는데 이것은 "그 마음을 다하면 곧 그것을 통해서 성을 알게 되는 것이다"[39]라는 말과 같은 의미를 내포하는 것이다. 그러므로 맹자는 마음의 투영을 통해서 본성을 본 것이라고 말할 수 있는 것이며, 이것은 곧 마음속에 인성이 있다고 하는 말과 같은 맥락을 형성한다.

---

39) 『孟子』, 「盡心上」, "盡其心者, 知其性也"

참고문헌

朱　熹, 『四書章句集注』, 海淵閣明刻本.

徐復觀, 『中國人性論史』, 臺北, 臺灣商務印書館, 1990.

陳大齊, 『孟子的名理思想及其辯說實況』, 臺北, 臺灣商務印書館, 1983.

何淑靜, 『孟荀道德實踐理論之研究』, 臺北, 文津出版社, 1988.

唐君毅, 『中國哲學原論』, 原性篇, 臺北, 學生書局, 1984.

칸트 著, 藍公武 譯, 『純粹理性批判』, 北京, 商務印書館, 1997.

牟宗三, 『心體與性體』, 第一冊, 臺北, 正中書局, 1989.

牟宗三, 『心體與性體』, 第二冊, 臺北, 正中書局, 1989.

牟宗三, 『圓善論』, 臺北, 學生書局, 1985.

牟宗三, 『王陽明致良知教』, 臺北, 中央文物供應社, 1980.

熊十力, 『明心篇』, 臺北, 學生書局, 1979.

周群振, 『儒學探源』, 臺北, 鵝湖出版社, 1986.

제4장
순자의 인식론

1. 시작하는 말

인간의 삶에 있어 가장 중요한 문제 중에 하나는, 세계 혹은 대상에 대한 인식 즉 앎에 대한 것이다. 사물이든 사건이든 이것에 대한 올바른 인식이 수립되었을 때, 비로소 이와 관련된 문제들이 해결 될 수 있다. 인류의 문명이 빌딜될 수 있었던 토대는 지적능력의 향상 즉 인식 체계의 발전에 있다.

그런데 문제는 인식능력의 발전에도 불구하고 어떤 것에 대한 있는 그대로를 파악하는 것 즉 완전한 이해는 결코 쉽지 않은 일이다. 왜냐하면 이것을 위해 해결하여야 하는 안팎의 문제가 자리하고 있기 때문이다.

동양의 사상가 중에 일찍이 이러한 인식의 문제에 관심을 갖고 자신의 견해를 피력한 사람이 순자이다.[1] 그는 한쪽으로 굽어진 것에

1) 순자는 지식의 조건, 대상, 한계 등에 대하여 비교적 상세히 논급한 선진철학자이다. 정인재, 「순자의 지식론」, 『榴軒 李鍾厚 박사 화갑기념 논문집』, 대구, 이문사, 1981년, 354쪽 참조.

가려져 공정한 이치를 알지 못하는 것이, 사람에게 있어 큰 문제라고 지적하고 있다.[2] 잘못된 인식의 폐해에 대해 자각하고 있었던 것이다. 이러한 문제의식은 시대적 상황과 맞물려 있는 것이기도 하다. 갖가지 설들을 주장하는 학파의 등장 그리고 자신의 주장만이 옳다고 여기는 편견은, 진리의 인식 즉 객관적 사실에 대한 왜곡은 물론 현실을 혼란에 빠지게 하는 원인이라는 것이다.

그래서 어떻게 하면 올바른 인식이 가능한가를 탐색하여, 이것을 위한 선결 요건들을 제시하고자 하였다. 어떤 문제를 해결함에 있어 그것에 대한 올바른 인식은 필수적인 것이다. 사물에 대한 것이든 일의 정황에 대한 것이든 이것의 실체에 대한 제대로 된 이해가 있을 때, 관련된 모든 것을 올바로 해결할 수 있기 때문이다. 따라서 모든 문제 해결의 선결요건은 그것 자체에 대한 완벽한 인식이다. 순자는 이것을 두 가지의 범주로 해결하고자 한다. 하나는 대상에 대한 규정 문제이고, 다른 하나는 인식주체의 문제이다.

「정명」을 통하여 대상에 대한 규정 즉 개념의 정립 문제가 논의되었고, 인식주체인 마음의 문제는 「해폐」에 제시되었다. 따라서 본문도 이 두 편의 내용을 중심으로 하여 논의를 전개하고자 한다.

2. 대상의 규정

인식은 일의 흐름이라는 상황에 대한 것과 어떤 존재 즉 대상물에 대한 이해를 의미한다. 사람들 간에 의사가 소통될 수 있고 하나의 정보가 오해 없는 공유물이 되려면 지칭하는 대상이 동일해야 한다. 예컨대 어떤 사람은 '참외'에 대해서 말하고 있는데, 다른 사람이 '오

---

2) 『荀子』, 「解蔽」, "凡人之患, 蔽於一曲而闇於大理."

이'에 대한 것으로 받아들이고 있다면 전달되는 정보의 내용은 무의미하게 된다.

또 어떤 사람이 '사마귀'를 이야기 할 때, 이것이 곤충을 지칭하는 것인지 사람의 몸에 난 작은 혹을 말하는 것인지 분명하게 제시되지 않는다면, 이 말을 통한 정보의 전달은 불명확하게 될 것이다. 이러하기 때문에 지칭하는 대상에 대한 규정은 매우 중요한 문제이다.

온전한 인식을 위해서는 과정이나 정확성 문제를 생각하기 이전에, 무엇에 대한 것이냐 하는 대상에 대한 규정이 선결되어야 한다. 이것은 곧 지칭하는 것에 대한 개념정의 혹은 개념규정 문제의 중요성을 말하는 것이다.

이러한 의미에서 어떤 대상을 무엇으로 지칭하는가 하는 문제는, 올바른 인식은 물론 서로 다른 사람들에게 있어 공통된 이해를 가능하게 하는 데 기본적인 조건이 된다. 순자가 이름에 대해서 거론하는 것은 바로 이러한 문제를 해결하기 위한 것이다. 그래서 이러한 이름이 갖는 의미와 제명(制名)의 이유를 다음과 같이 밝히고 있다.

> 임금이 이름을 제정하는 까닭은, 이름이 정해지면 사실을 잘 분별할 수 있고 도가 잘 행해져 뜻이 통할 수 있어서, 백성을 통솔하여 하나로 만들 수 있기 때문이다.[3]

사실에 대한 올바른 분별과 의사의 소통, 이것이 이름이 필요한 이유이다. 나아가 이것이 가능할 때 나라 안의 질서와 안녕 또한 보장될 수 있다고 순자는 보고 있다. 이름은 상대적인 것 혹은 명확히 구별해야 할 것을 분명히 분별하기 위한 데서, 그 필요성이 제기된다.

---

3) 『荀子』, 「正名」, "故王者之制名, 名定而實辨, 道行而志通, 則愼率民而一焉."

순자는 이를 다음과 같이 역설하고 있다.

> 외형이 다른 것에 대해서 다른 마음으로 각각 이해하게 되어 서로 다른 사물에 대한 명과 실이 어지럽게 얽히게 되어, 귀하고 천한 것이 분명하지 않고, 같고 다름이 구별되지 않는다. 이와 같이 되면, 마음에는 반드시 깨닫지 못하는 근심이 있게 되고, 일에는 반드시 곤궁하게 되는 폐단이 있게 된다. 그러므로 知者는 이를 분별하기 위해 名을 제정하여 실을 가리키고, 위로는 귀천을 분명히 하고 아래로는 같고 다른 것을 구별한다. 이렇게 되면 마음은 깨닫지 못하는 병폐가 없게 되고, 일에는 곤궁해지는 폐단이 없게 되니, 이것이 이름이 있어야 하는 이유이다.[4]

차별적인 양상들, 예컨대 귀함과 천함, 같음과 다름 등에 대한 명확한 분별, 이것이 이름의 존재목적이라고 순자는 인식하고 있다. 그러면 이러한 역할을 담당할 이름은 어떤 원칙에 입각해서 만들어지는가?

순자가 제시하고 있는 제명의 기본원칙은 크게 나누어 보면 두 가지로 집약된다. 첫째는 단순명사와 복합명사는 어떻게 이름지을 것인가 하는 문제이고, 둘째는 부르는 대상의 범주설정 문제이다. 이것을 순자는 아래와 같이 제시하고 있다.

> 이름을 제정하는 이유는 같은 점과 다른 점을 구분하기 위한 것이다. 그런 후에 그에 따라 命名하는 것이다. 같은 것은 같은

4) 『荀子』, 「正名」, "異形離心交喩, 異物名實玄紐, 貴賤不明, 同異不別, 如是則志必有不喩之患, 而事必有困廢之禍. 故知者爲之分別制名以指實, 上以以明貴賤, 下以辨同異. 貴賤明, 同異別. 如是則志無不喩之患, 事無困廢之禍, 此所爲有名也."

이름으로 다른 것은 다른 이름으로, 단순명사로 충분히 알 수 있으면 단순명사로, 단순명사로 부족하면 복합명사로, 단순명사와 복합명사가 공통적인 것이면 공통명사로 한다. 비록 공통명사로 하여도 이해하는 데 방해되지 않는 것은 다른 것에는 다른 이름을 붙인다는 것을 알고 있기 때문이다. 그러므로 다른 것은 다른 이름을 붙이지 않을 수 없는 것인데, 그것이 혼란스럽지 않은 것은 같은 사물에는 같은 이름을 붙이지 않을 수 없는 것과 같다. 그러므로 만물은 비록 무수히 많으나 때에 따라 총괄해서 말해야 할 때도 있으니 이것을 物이라고 부르는 것이다. 物은 가장 포괄적인 공통명사이다. 하나 하나 미루어 공통된 것이 있으면 공통명사화 하여 공명할 수 없는 데에 이른 후에 그치는 것이다. 한 측면만을 말하여야 할 때가 있으니, 그래서 鳥獸라고 부르게 되는 것이다. 조수라는 것은 大別名이다. 개개의 것을 구별하여 또 별도의 명칭을 붙이되, 더 이상 구별할 수 없는 것에 이르러서야 그만 두는 것이다.[5]

제명(制名)의 목적은 사물의 같음과 다름(同異)를 구분하기 위한 것이다. 따라서 같은 종류 의 사물에는 같은 이름을 붙이는 것이고, 이와 다른 종류에는 다른 이름을 부여하게 된다.

순자가 세부적인 부분으로 제시하고 있는 것은 단순명사(單名)와 복합명사(兼名)의 제정, 그리고 종(種)과 류(類)의 구분에 따른 명칭

5) 『荀子』, 「正名」, "此所緣而同異也. 然後隨而命之, 同則同之, 異則異之. 單足以喩則單, 單不足以喩則兼, 單與兼無所相避則共. 雖共不爲害矣. 知異實者之異名也, 故使異實者莫不異名也, 不可亂也, 猶使同實者莫不同名也. 故萬物雖衆有時而欲偏擧之, 故謂之物. 物也者大共名也. 推而共之, 共則有共, 至於無共, 然後止. 有時而欲偏擧之, 故謂之鳥獸. 鳥獸也者, 大別名也, 推而別之, 別則有別, 至於無別, 然後止."

규정이다. 단(單)은 소(牛)와 말(馬) 같은 단순명사 혹은 단일 명칭이고, 겸(兼)은 흰말(白馬), 황소(黃牛)와 같은 복합명사 혹은 복합명칭이다. 단순히 말이라는 대상을 지칭하는 것이 단명(單名)으로서의 말(馬)이고, 여기에 색깔에 대한 표현까지 넣은 것인 흰말(白馬)과 황소(黃牛) 같은 경우가 겸명(兼名)이다. 단일명칭으로 설명하기에 부족하면 흰말·황소 등의 복합명칭을 사용하게 된다.[6)]

그런데 이것은 모두 지시하는 대상이 같은 속성을 공유하는 동일물이기 때문에 문제를 일으키지 않는다. 단명(單名)은 개념상 종(種)을 나타내는 것이고, 겸명(兼名)은 속성을 부가시켜 나타낸 것이라는 의미를 지닐 뿐이다.[7)]

다음은 류(類)개념과 종(種)개념의 구별에 대한 것으로, 순자는 이를 공명(共名)과 별명(別名)이라 언급하고 있다.[8)] 예컨대 인류는 말 그대로 류(類)개념으로서의 명칭이라면, 황인종, 흑인종, 백인종은 종(種)의 구분에 따른 이름이 되는 것이다.

순자는 이를 사물(物)과 조수(鳥獸)를 예로 들어 설명하였는데, 사물(物)은 가장 포괄적인 의미를 지닌 것이므로 이것은 대공명(大共名)이다. 사물(物)은 무생물과 생물로 구분되고, 생물은 다시 동물과 식물로 나누어지며, 동물과 식물 또한 분류방식에 따라 여러 가지로 나누어진다. 조수(鳥獸)는 사물(物)에 대비해서 작은 범주의 것이 때문에 대별명(大別名)이라 한 것이다.[9)] 그런데 공명(共名)과 별명(別名)

---

6) 채인후 지음·천병돈 옮김, 『순자의 철학』, 서울, 예문서원, 2000년, 135쪽 참조.

7) 이재권, 「순자의 명학사상」, 『동서철학』 제8호, 한국동서철학연구회, 1991년, 191~192쪽 참조.

8) 풍우란 저·박성규 옮김, 『중국철학사 상』, 서울, 까치, 1999년, 488쪽 참조.

9) 순자가 대별명의 예로 鳥獸를 든 것은 문제라는 지적이 있다. 조수는 다시

은 상하의 포함 범위 적용에 따라 상대적인 의미를 갖게 된다.

위와 같은 순자의 제명(制名) 방법에 대한 제시는 보편적 이해를 위한 수단에 불과하다. 왜냐하면 이름은 대상에 인간이 부여한 것으로 어떤 대상을 어떻게 부를 것인가 하는 사회적 약속이기 때문이다. 이러한 과정에서 개념이 정립되고, 사회적으로 공인되는 것이다. 따라서 이름에 적용되는 개념이 달라진다면 마땅히 이름 또한 달라지게 마련이다.[10)]

특정한 대상이 새로 발견되거나 새로운 개념을 부여하는 그 무엇이 있다면, 이름은 지어질 수 있는 것이다. 이 점을 순자는 이름에는 고유한 실상이나 마땅함이 본래 주어져 있는 것이 아니라고 언급하고 있다.[11)]

명칭은 인식과 분별을 위해서 만든 사회적 약속이다. 따라서 하나의 명칭에 대한 인식의 내용이 달라지거나 또 다시 구별해야 할 무엇이 생긴다면 마땅히 달라져야 하는 것이다. 그러나 이름의 본질적인 의미는 이것의 가변성에 있는 것이 아니라, 이를 통한 올바른 인식에 있는

작은 범주로 나누어질 수 있기 때문이라는 주장이다.(윤무학, 「순자의 명학에 관한 연구」, 성균관대학교 석사학위 논문, 1985, pp.48-49 참조.) 반면에 고대 한어의 특성상 크게 문제가 없다는 주장도 있다.(이권, 「『荀子』「正名」의 共名과 別名에 대한 고찰」, 『중국학보』 제52집, 한국중국학회, 2005년, 427쪽 참조.) 중요한 것은 순자가 말한 大別名은 더 이상 나눌 수 없는 최소단위 혹은 대상을 지칭한다는 것이다. 그 예로 든 것이 오늘날 우리가 구분하고 있는 내용과는 다르지만 그 당시의 일반적인 인식 내용일 수도 있고, 한어의 특성상 문제가 없을 수도 있다. 설사 鳥獸가 대별명의 예로 적합하지 않다고 해서 이것이 치명적인 문제를 일으키지는 않는다. 왜냐하면 그가 제시하고 있는 대별명에 의미와 그 규정의 원칙은 명확하게 파악할 수 있기 때문이다.

10) 『荀子』, 「正名」, "名無固宜約之以命, 約定俗成謂之宜, 異於約則謂之不宜."

11) 『荀子』, 「正名」, "名無固宜.". 같은 곳, "名無固實."

것이다. 이러하기 때문에 올바른 이름의 사용은 매우 중요하게 여겨질 수밖에 없고, 이것을 힘주어 말하고 있는 것이 순자의 주장이다.

그러나 이름이 사회적 약속에 의해 규정되는 것이라 해서, 약속하기만 하면 아무렇게나 만들어져도 되는 것은 아니다. 이름은 지시되는 대상의 본질과 속성에 무관해서는 안 된다. 왜냐하면 그것이 붙여지는 대상물의 핵심적 성질을 잘 드러내 보여주어야 한다는 기능적 측면을 고려하지 않을 수 없기 때문이다.

이름은 의도에 의해 가상의 것을 그려내고 담아내는 것이 아니다. 객관 실재와 어떤 상관도 없는 아무렇게나 자의적으로 만들어진 것은 아니다.[12] 이 점을 순자는 "이름에도 좋은 것이 있는데 쉬우면서 사물과 위배 되지 않는 것이 좋은 이름이다."라고 제시하고 있다.[13] 단순히 '무엇 무엇'이라 지어지는 이름 자체가 중요한 가치를 지니는 것이 아니라, 사물의 실상과 직접적으로 관련하여 적절하게 표현되었는가에 따라 좋은 이름과 그렇지 못한 이름이 있게 된다. 이것이 순자가 제시하는 제명(制名)의 가장 중요한 요소이다.[14]

순자의 정명에 대한 강조는 두 가지의 입장을 저변에 깔고 있다. 하나는 당시의 학술적 상황에 대한 문제의식의 표출이며, 다른 하나는 공자의 정명(正名)사상이 갖는 의의 계승이라는 측면을 담고 있다.[15]

---

12) 이장희, 「정명론의 명실관계에 대한 고찰」, 『철학논총』 제32집, 새한철학회, 2003년, 81쪽 참조.

13) 『荀子』, 「正名」, "名有固善, 徑易而不拂, 謂之善名."

14) 『荀子』, 「正名」, "此事之所以稽實定數也. 此制名之樞要也."

15) 공자의 정명론은 불려지는 대상이 지닌 사회적 역할과 책임에 대한 실천을 강조한 것이다. 따라서 정치적, 윤리적 영역 안에서의 문제제기라 말 할 수 있다. 이것은 공자의 正名에 대한 직접적인 언급이, 자로의 '정치를 하려면 무엇을 으뜸으로 해야하는가?'라는 물음에 답하여 '반드시 正名을 해야 한

학술적 상황에 대한 순자의 비판은 언어의 유희에 의한 사회적 혼란을 해결하고자 하는 목적을 갖고 있다. 이것은 名에 의한 세 가지 혼란을 이야기하는 데서 확인할 수 있다. 첫째는 이름으로 이름을 어지럽히는 것인데, 순자는 이와 같은 예를 아래와 같이 적시하고 있다.

> '업신여김을 당해도 치욕으로 생각하지 않는다.' '성인은 자기를 사랑하지 않는다.' '도둑을 죽이는 것은 사람을 죽이는 것이 아니다.' 이것은 이름으로 이름을 혼란시킨 것이다.[16]

'업신여김을 당해도 치욕으로 생각하지 않는다.'는 말은 모(侮)는 욕(辱)과 용어가 다르고 개념이 다르다고 생각하여, 업신여김을 당해도 치욕으로 생각하지 않는다고 말한 것으로 순자는 이해하고, 이것의 오류를 지적하고 있다. 업신여김과 치욕은 포괄적인 의미로 볼 때 서로 상통되는 것이기 때문에 이것을 단절되는 의미인양 사용하는 것은 문제가 아닐 수 없다는 입장이다.

채인후는 순자의 이러한 지적에는 오류가 있다고 말하고 있다. 이것은 사상과 수양의 문제이지 논리의 문제는 아니라고 보는 것이

다.(『論語』, 「子路」, "子路曰 衛君待子而爲政, 子將奚先. 子曰 必也正名乎.")' 라고 이루어지고 있는 것에서 알 수 있다. 뿐만 아니라 정명의 의미를 극명하게 보여주는 예로 인정되고 있는 '임금은 임금답고, 신하는 신하다우며, 아버지는 아버지답고 자식은 자식다워야 한다.(『論語』, 「顔淵」, "齊景公問政於孔子. 孔子對曰 君君臣臣父父子子.")에서도 확인할 수 있다. 여기에는 위상에 따른 사회적 역할만이 아니라 도덕적 책임의 문제까지도 포괄되어 있다. 따라서 공자에서의 정명은 논리적 명변의 문제보다 실천성에 무게가 실리게 된다. 순자의 정명론 공자의 이러한 성격을 계승하면서도 논리적 분석을 통해 名家를 비판하는 입장을 취하고 있다.

16) 『荀子』, 「正名」, "見侮不辱, 聖人不愛己, 殺盜非殺人, 此惑於用名以亂名者也."

다.[17] 그러나 순자 역시 송경이 "업신여김을 당함이 수치스러운 것이 아님을 깨달으면 사람들은 다투지 않을 것이다. 사람들이 모두 모욕 당함을 치욕으로 생각하기 때문에 싸우게 된다. 모욕당함이 치욕이 아님을 알면 싸우지 않을 것이다."[18]라고 말한 것을 알기 때문에, 그 의도가 무엇인지를 모르는 바는 아니다. 순자의 위 인용문에 대한 비판은 단순히 그 문장의 논리적 문제만을 지적하는 데 머무르는 것이 아니다. 업신여김을 치욕으로 여기는가의 여부문제가 아니라, 증오하는 마음을 갖는가 그렇지 않는가가 근본적인 문제라고 보는 것이다. 업신여김을 당하고도 싸우지 않는 이유는 증오하는 마음이 없기 때문이지 치욕이라고 느끼지 않아서가 아니라는 주장이다. 따라서 위의 방법으로 싸움을 막으려 한다는 것은 불가능한 일이라고 여기고 있다. 이것이 「정론」에서 제시하고 있는 순자의 생각이다. "성인은 자기를 사랑하지 않는다."는 말은 성인이 사랑하는 대상인 사람(人)과 자기 자신(己)의 외연관계에 대한 무지에서 기인한 것으로 순자는 생각하고 있는 듯하다. 자기 자신 또한 사람에 포함되는 것이기 때문에 논리상 맞지 않는다고 보는 것이다. 세 번째 인용문에서의 도둑과 사람에 대한 이해 역시 마찬가지이다. 이것은 이름과 이름이 갖는 내포와 외연관계의 몰이해 때문에 발생하는 문제이다.

두 번째는 개별적인 상황의 차이에 기초하여 이것을 일반화시키는 오류에 대한 지적이다.

---

17) 채인후 지음 · 천병돈 옮김, 『순자의 철학』, 서울, 예문서원, 2000년, 140~141쪽 참조.

18) 『荀子』, 「正論」, "子宋子曰 明見悔之不欲, 使人不爭. 人皆以見悔爲辱, 知見悔之爲不欲, 則不爭也."

'산과 연못은 똑같이 평평하다.' '사람의 情欲은 적다.' '소 · 양 · 개 · 돼지 등의 음식도 맛을 더하지 못하고, 큰 종도 즐거움을 더하지 못한다.' 이러한 말들은 사물에 현혹되어 이름을 어지럽히는 것이다.[19]

'산과 연못은 똑같이 평평하다.'는 혜시(惠施)의 말로, 산은 높고 연못은 낮다는 일반적인 사고의 문제점을 지적하려는 목적을 지닌 것이다. 개개의 산과 낱낱의 연못이 어디에 위치하고 있는가에 따라 고도의 차이는 상대적이라는 것이다. 높은 지대의 연못이 낮은 지대의 산보다 절대적인 고도 즉 해발에 기준해서 보면 높을 수 있음을 말하는 것이다.

그러나 산은 평지보다 높이 솟아있는 것이고, 연못은 평지보다 낮은 곳에 물이 고여 있는 것이라고 봄이 일반적인 개념규정이다. 따라서 산은 높고 연못은 낮다고 생각하는 것은 지극히 상식적인 것이다. 그런데 혜시처럼 특정한 산과 연못의 절대적인 고도 차이를 들어 상식적 인식을 깨는 것은 문제라 아니할 수 없다. 이것은 개별 실체에 때로 있는 특수사정을 그 이름이 지칭하는 같은 유의 사물에 대한 공통사정으로 간주하려는 한계를 지니고 있다.[20]

이름으로 실상을 혼란시키는 현상이 순자가 지적하는 세 번째의 문제이다. 이러한 예로 제시하고 있는 것이 "非而謁楹, 有牛馬非馬也." 이다.[21] 그런데 이 문장은 해석상의 문제를 안고 있어 딱히 이것이 맞다라는 독법을 아직 누구도 제시하지 못하고 있는 상황이다. 특히

19) 『荀子』, 「正名」, "山淵平, 情欲寡, 芻豢不可甘, 大鐘不可樂. 此惑於用實以亂名者也."

20) 풍우란 저 · 박성규 옮김, 『중국철학사 상』, 서울, 까치, 1999년, 484쪽 참조.

21) 『荀子』, 「正名」, "非而謁楹, 有牛馬非馬也. 此惑於用名以亂實者也."

문제가 되는 것은 '非而謁楹有牛'를 어떻게 나누어 볼 것인가 하는 문제인데, 혹자는 '非而謁' '楹有牛', '馬非馬也.'로 나누어 보기도 하고[22], 혹은 '非而謁楹', '有牛馬非馬也.'로 구분하기도 한다.[23] 그러나 역시 앞 부분에 대한 해석은 여전히 난해하다. 다만 뒷 부분에 대한 해석은 두 가지로 집약되고 있다. 하나는 '馬非馬' 보아야 하며 이것은 공손룡(公孫龍)의 '흰말은 말이 아니다.'라는 '白馬非馬說'을 지칭한 것이라 여기는 것이다.[24] 다른 하나는 '우마는 말이 아니다.'로 보는 풍우란 등의 견해이다.[25]

순자의 말은 해석상의 난점을 남기고 있지만, 앞의 馬를 '白馬'로 보든 '牛馬'로 보든 뒤의 馬라는 글자 상의 차이점만을 고려하여 지칭하는 대상이 다르다고 보는 것은, 단명과 겸명이 지칭하는 대상의 동일성과 포괄성에 대한 이해의 결여임을 지적하려는 뜻은 분명히 드러난다.

순자는 정도(正道)를 떠난 그릇된 설과 치우친 말들은 모두 위와 같은 세 가지의 내용에 해당된 것이라 보고,[26] 이것을 해결하기 위한 방법을 "명칭을 제정하는 樞要에 비추어 받아들이고 있는 대상과 그

---

22) 채인후 지음・천병돈 옮김, 『순자의 철학』, 서울, 예문서원, 2000년, 143쪽 참조.

23) 풍우란 저・박성규 옮김, 『중국철학사 상』, 서울, 까치, 1999년, 485쪽 참조.

24) 채인후는 陳大齊와 牟宗三의 이러한 입장을 수용하고 있다. 그러면서 『墨子』, 「經說下」의 "소말은 소도 아니고, 말도 아니다.(牛馬非牛非馬)"에 근거하여 '소말은 말이 아니다,' 보는 李滌生의 견해도 제시하고 있다.(채인후 지음・천병돈 옮김, 『순자의 철학』, 서울, 예문서원, 2000년, 143쪽 참조.)
노사광 저・정인재 역, 『중국철학사(고대편)』, 서울, 탐구당, 1989년, 351쪽 참조.

25) 풍우란, 앞의 책, p.495 참조.

26) 『荀子』, 「正名」, "凡邪說辟言之離正道而擅作者, 無不類於三惑者矣."

말이 어긋날 때는 그것을 금지시킬 수 있다."[27]고 말하고 있다.

3. 인식주체의 문제

인간의 문명화는 지적 수준의 발달에 기초하여 이루어졌다. 이는 여타 존재와는 차별화 된 인식체계가 있음을 의미한다. 물론 감각이라는 측면에서 본다면 다른 동물이 인간보다 훨씬 뛰어나다. 그러나 그렇다고 해서 동물의 인식능력이 인간보다 우월하다고 말하는지는 않는다. 왜냐하면 인식을 말할 때는 대상에 대한 감관의 포착능력을 넘어 미루어 생각하는 사고능력을 포함하는 것이기 때문이다. 또한 여기에는 의지를 갖고 행위를 이끄는 주체문제 또한 개입되고 있다.

그러면 이러한 인간의 사유를 담당하고 행위를 이끄는 주체는 무엇인가? 현대의 과학은 이것을 뇌의 기능에서 찾고 있다. 물론 다른 한편 마음의 영역에 대한 문제로 보는 견해 역시 제기되기도 한다.

고대인의 시식에서 뇌의 존재 혹은 그 기능에 대한 인지는 어려운 일 이었다. 따라서 이러한 생각하고 인식하는 기능과 행위를 주도하는 것을 주로 마음이라 표현하게 된다. 순자 역시 인간행위의 주체가 되는 것은 마음이라고 아래와 같이 말하고 있다.

> 마음은 형체의 임금이며, 신명의 주인이다. 명령을 하지만 명령을 받지는 않는다. 스스로 금지하고 스스로 부리며, 스스로 빼앗고 스스로 취하며, 스스로 행하고 스스로 그친다. 입은 겁을 주어 침묵하게 할 수 있고, 모양 있는 것은 겁을 주어 굽혔다 폈다 할 수 있지만, 마음은 겁을 주어 뜻을 바꾸게 할 수는 없다. 옳으면

27) 『荀子』, 「正名」, "驗之名約, 以其所受, 悖其所辭, 則能禁之矣."

받아들이고 그르면 사양한다.[28)]

이처럼 순자는 마음을 의식활동의 주체로서 능동성과 주재성을 지닌 것으로 이해하고 있다. 여기에 마음의 중요한 기능으로 덧붙여 설명하고 있는 것이 바로 감관을 주관한다는 것이며, 이를 천군(天君)이라 부르고 있다.[29)]

감관을 지배하는 것이 마음이라고 하는 주장 속에는 인식의 기초가 감각기관에 있음을 인정하는 것이다. 이점을 순자는 상세하게 설명하고 있다.

그러면 무엇으로 同異를 구분할 수 있는가? 천관 즉 감각기관에 의해서다. 무릇 類가 같고 情이 같은 것에 대해서 감관이 지각하는 것은 같으므로, 유사한 것들을 하나의 이름으로 정하여야 서로 통할 수 있는 것이다. 형체와 색 그리고 무늬는 눈으로 구별하고, 맑은 소리, 탁한 소리, 고른 소리, 피리 소리, 기이한 소리는 귀로 구별한다. 단맛, 쓴맛, 짠맛, 담백한 맛, 매운맛, 신맛, 기이한 맛은 입으로 구분하고, 향기로운 냄새, 비린내, 누린내, 이상한 냄새는 코로 구분한다. 아프고 가렵고 차고 뜨겁고 미끄럽고 껄껄하고 가볍고 무거움은 몸으로 알며, 기쁨과 화남 슬픔과 즐거움, 사랑과 미워함 그리고 욕심은 마음으로 구분한다. 마음에 인식할 수 있는 능력(徵知)이 있으니, 인식은 귀가 소리를 알기 때문에 가능한 것이고, 눈이 형태를 알 수 있는 데서 가능한 것이

28) 『荀子』, 「解蔽」, "心者形之君也, 而神明之君也, 出令而無所受令, 自禁也, 自使也, 自奪也, 自取也, 自行也, 自止也. 故口可劫而使墨云, 形可劫而使詘申, 心不可劫而使易意. 是之則受, 非之則辭."

29) 『荀子』, 「天論」, "心居中虛, 以治五官, 夫是之謂天君."

다. 그러므로 인식은 반드시 감각기관이 대상물을 지각하여 유사한 것을 마음에 두게 됨으로써 가능한 것이다. 오관이 느낀다하더라도 알지 못하고 마음이 안다하더라도 설명하지 못한다면 알지 못한다고 말하지 않을 사람은 없다. 이것이 同異를 구분하는 까닭이다.[30)]

마음은 감관들이 포착한 내용을 정리하여 종합적인 인식을 한다는 데 그 중요성이 있다. 위에서의 '미지(徵知)'라는 표현은 바로 이러한 자각하는 능력으로서 마음을 말하는 것이며,[31)] 이러한 인지심(認知心)으로의 규정은 순자가 이해하는 마음의 핵심적인 내용이다. 다음의 글은 이것을 보여주는 내용이다.

사람은 道를 어떻게 아는가? 마음이 있기 때문이다.[32)]

사람은 나면서부터 알 수 있는 능력을 지니고 있다. … 마음은 생겨나면서부터 알 수 있는 능력을 가지고 있다.[33)]

---

30) 『荀子』, 「正名」, "然則何緣以同異, 曰緣天官, 凡同類同情者, 其天官之意物也同, 故比方之疑似而通, 是所以共其約名, 以相期也. 形體色理以目異, 聲音淸濁調竽奇聲, 以耳異. 甘苦鹹淡, 辛酸奇味, 以口異, 香臭芬鬱腥臊洒奇臭, 以鼻異. 疾養滄熱, 滑鈹輕重, 以形體異. 說故喜怒哀樂愛惡欲, 以心異異, 心有徵知, 徵知則緣耳而知聲可也. 緣目而知形可也. 然而徵知必將待天官之當簿其類, 然後可也. 五官簿之而不知, 心徵之而無說, 則人莫不然謂之不知, 此所緣而以同異也."

31) 노사광 저 · 정인재 역, 『중국철학사(고대편)』, 서울, 탐구당, 1989년, 353쪽 참조.

32) 『荀子』, 「解蔽」, "人何以知道, 曰心."

33) 『荀子』, 「解蔽」, "人生而有知 … 心生而有知."

순자의 인식 주체로서의 마음에 대한 규정은 도덕심에 무게를 두어왔던 유가 심론에 있어 새로운 방향전개의 단초 역할을 하고 있다.[34] 어쨌든 순자에 있어 마음은 감관의 내용을 종합 추론하여 앎의 내용을 형성하는 주체라는 중차대한 역할을 담당한 것이다. 그런데 문제는 대상에 대한 객관적인 인식에 장애를 일으키는 것 또한 마음이라는 것이다. 왜냐하면 마음(의식)의 상태가 어떠한가에 따라 올바른 인식의 가능여부가 결정되기 때문이다. 순자는 마음에서 비롯되는 문제를 간파하여, 이것의 열 가지 폐인(蔽因)에 대해서 설명하고 있다.

> 사람의 문제는 한 가지의 치우친 생각에 가려져 大理를 모르는 데 있다. … 마음을 바로 부리지 못하면 흑백이 눈앞에 있어도 보지 못하며, 천둥소리와 북소리가 옆에서 울려도 듣지 못하니, 하물며 편견에 부림을 당하는 사람이야! … 욕구하는 것에 가리고, 싫어하는 것에 가리며, 始에 가리고 終에 가리며, 遠에 가리고 近에 가리며, 博에 가리고 淺에 가리며, 古에 가리고 今에 가린다. 만물은 제각기 달라 서로에게 가려지지 않음이 없으니, 이것이 마음의 문제인 것이다.[35]

열 가지의 폐인은 내용 면에서 보면 다섯 가지로 집약되는 데, 그 첫째가 欲惡의 문제이다. 먼저 欲은 바라는 것을 의미하며, 惡는 이

---

34) 채인후 지음 · 천병돈 옮김, 『순자의 철학』, 서울, 예문서원, 2000년, 90쪽 참조.

35) 『荀子』, 「解蔽」, "凡人之患, 蔽於一曲而闇大理, … 心不使焉, 則白黑在前而目不見, 雷鼓在側而耳不聞, 況於使者乎, … 欲爲蔽, 惡爲蔽. 始爲蔽, 終爲蔽, 遠爲蔽, 近爲蔽, 博爲蔽, 淺爲蔽, 古爲蔽, 今爲蔽. 凡萬物異, 則莫不相爲蔽. 此心術之公患也."

와 상반된 싫어하는 것을 나타낸다. 욕구라는 측면에서 보면 이와 같이 말할 수 있지만, 이것을 감정과 관련하여 설명한다면, 좋아하는 것과 싫어하는 것이다. 인간에 있어 이러한 감정의 소유는 필연적인 것이지만, 문제는 이것이 지극히 주관적이라는 데 있다. 좋아하고 싫어하는 감정은 대개 개인의 취향과 관계되어 있기 때문이다. 더욱이 好惡의 감정이 더욱 심각한 문제를 초래하게 되는 이유는 이것은 대부분 맹목적이기 때문이다. 이러한 주관적이고 맹목적인 好惡의 감정은 대상에 대한 객관적이고 합리적인 인식을 방해하기 일쑤이다.

다음은 始終에 대한 문제이다. 사물의 생성변화에는 시작과 끝이 있게 마련이다. 이러한 연속적인 변화과정에 균형 있는 관심이 주어질 때 대상에 대한 전모를 이해할 수 있게 된다. 시작에 대한 인식만이 있거나 마침에만 관심만이 존재한다면, 어떤 일의 전모나 대상의 전체에 대한 올바른 인식은 불가능하게 될 것이다.

다음은 관점의 遠近에 대한 것이다. 인간의 감각적 시야는 물론, 의식에 있어서도 원근의 문제는 올바른 인식에 있어 중요한 요소라 아니할 수 없다. 遠에 몰입된 폐단에 대해서 순자는 다음과 같이 지적하고 있다.

> 산 위에서 바라보면 소는 마치 양처럼 보이기는 하나, 양을 얻으려 한 사람도 끌어가지 않으니, 이것은 멀리서 바라본 것이 그 대체를 가린 것이다.[36)]

대상은 인간의 시각 차이에 따라 달라 보이게 마련이다. 그래서 지나치게 멀리서 바라보면, 실체를 왜곡하여 인식하게 된다. 위의 말은

---

36) 『荀子』, 「解蔽」, "從山上望, 牛者若羊, 而求羊者不下牽也, 遠蔽其大也."

인간의 눈이 갖는 감각적 인식의 한계를 설명한 것이지만, 여기에는 실상과 멀어져 있는 의식의 동떨어짐에 대한 문제도 포괄하고 있는 것이라 보아야 한다. 近에 대한 문제 또한 마찬가지이다. 이것은 물리적 즉 공간적 가까움의 한계에 대한 지적이기보다는, 근시안적이라는 의식의 한계에 대한 각성을 촉구하는 의미를 담고 있다.

博淺은 지적수준의 폭과 깊이에 따른 인식의 제약성 혹은 이로부터 생기는 한계에 대한 언급이다. 박학은 여러 가지를 두루두루 아는 것이기는 하지만, 전문성이라는 부분에서는 문제가 될 수 있다. 천박한 지식 역시 마찬가지이다.

다음은 시대적 상황에 대한 탄력적 사고에 대한 것이다. 순자는 이것을 문화적 차이를 대표적으로 설명하는 것이라 할 수 있는 古今의 시간 문제로 표현하고 있다. 옛날(古)과 지금(今)은 시간상의 차이를 말하는 것이지만, 여기에 담겨져 있는 의미는 문화적 상황 변화에 대한 것이라 보아야 할 것이다. 그래서 옛날 혹은 옛것에 집착함으로써 현재의 것을 등한시 해서도 안될 것이지만, 반대로 가치의 기준을 지금에만 둠으로 해서 옛것을 폄하해서도 안 될 것이기 때문이다.

순자가 말한 것은 다섯 가지의 대비되는 것에 지나지 않지만, 여기에는 상대되는 모든 상황에서 한쪽으로 치우치는 것에 대한 경계의 의미를 擔持하고 있는 것이다. 그러면 이러한 갖가지의 문제는 어디에서 나오는 것인가? 순자는 이러한 문제의 원인을 상대적 분별에 걸려 사사로움에 빠져있기 때문이라고 지적한다.

> 축적되어온 자신의 생각과 경험에 대한 개인적인 집착으로 인해서 그것이 그릇되다 비난받을까 두려워하게 된다. 그리고 자신의 생각과 다른 견해를 옳다고 여길까 두려워하게 된다. 이러하

기 때문에 治道와 멀어지면서 자신의 잘못을 고칠 줄 모르게 되니, 어찌 굽어진 생각에 가려져 정도를 얻지 못함이 아니겠는가![37]

순자의 이러한 문제에 대한 각성은 당시의 학술적 상황에 대한 비판의식의 발로이다. 여기에는 순자 나름의 유가적 진리관에 입각함으로써 여타의 학파에 대한 비판의식이 담겨져 있는 것이다. 이것은 그가 비판하고 있는 대상이 묵가(墨家)와 법가(法家) 그리고 명가(名家), 도가(道家)였다는 것을 상기해 보면 잘 알 수 있다.[38] 그러나 궁극적인 문제의식은 옳음과 그름에 대한 명확한 구분, 그리고 名과 實의 불일치에서 오는 혼란을 막기 위한 것이었음을 간과해서는 안될 것이다.[39]

4. 이상적 인식과 그 가능 요소

사람은 어떻게 인식하게 되는가? 순자는 인간에게 마음이 있고 또 이것이 '虛壹而靜' 곧 비어있고 전일하고 고요하기 때문이라고 본다.[40] 바꾸어 말한다면 이러한 경지야말로 올바른 인식을 가능하게 하는 마음의 최적 상태라 할 것이다.

---

37) 『荀子』, 「解蔽」, "私其所積, 唯恐聞其惡也, 倚其所私, 以觀異術, 唯恐聞其美也, 是以與治雖走, 而是已不輟也, 豈不蔽於一曲, 而失正求也哉."

38) 『荀子』, 「解蔽」, "墨子蔽於用而不知文, 宋子蔽於欲而不知得, 愼子蔽於法而不知賢, 愼子蔽於法而不知賢, 申子蔽於執而不知知, 惠子蔽於辭而不知實, 莊子蔽於天而不知人."

39) 『荀子』, 「解蔽」, "今諸侯異政, 百家異說, 則必或是或非, 或治或亂."
『荀子』, 「正名」, "今聖王沒, 名守慢, 奇辭起, 名實亂, 是非之形不明."

40) 『荀子』, 「解蔽」, "人何以知道, 曰心, 心何以知, 曰虛壹而靜."

마음은 언제나 무엇인가를 속에 담고 있으나 거기에는 또한 이른 바 비었다고 하는 것이 있고, 또한 여러 가지로 가득 차 있으면서 한 가지에 오로지 함도 있으며, 움직이지 않음이 없지만 또 그 가운데 고요함이 있다는 것이다.[41]

그러면 이처럼 인식의 토대로 제시하고 있는 虛, 壹, 靜의 어떠한 상태를 의미하는가? 사람은 태어나면서 지각능력을 지니고 있고, 지각이 이루어지면 그것에 대한 정보는 저장되기 마련이다. 그러나 이미 저장되어 있는 기억 혹은 지식에만 매몰되어 새로운 것을 수용하지 못한다면, 올바른 인식을 형성할 수 없을 것임은 자명한 일이다. 기존의 지식에 얽매여 인식의 지평을 넓혀가지 못하는 것을 우리는 일상에서 많이 목격할 수 있다. 순자가 말하고 있는 虛란 이미 저장된 정보가 새롭게 들어오는 것들을 거부하지 않고 받아들이는 것이다.[42] 의식의 개방성과 수용성을 의미한다고 할 수 있다.

순자는 마음의 기능을 인식하는 것이라고 생각하기 때문에 마음이 생기면 곧 인식이 있게 된다고 본다. 그런데 어떤 것을 안다고 하는 것은 다른 것과의 구별을 의미한다. 이러한 다름에 대한 구별을 異라고 표현하고 있다. 다름에 대해서 안다는 것은 어떤 하나와 다른 또 다른 어떤 것에 대한 구별을 의미하는 것이기 때문에, 동시에 아는 것 혹은 아울러 아는 것이라 하여 '겸지(兼知)'라 말하고 있다. 兼知는 마음이 양면으로 작용하는 것이지만 그러나 여기에서는 하나로 하는 것이 있어, 저 하나의 생각이 이 하나의 생각을 방해하지 않게 하니,

41) 『荀子』, 「解蔽」, "心未嘗不臧也, 然而有所謂虛, 心未嘗不滿也, 然而有所爲壹, 心未嘗不動也, 然而有所爲靜."

42) 『荀子』, 「解蔽」, "人生而有知, 知而有志. 志也者, 臧也, 然而有所謂虛, 不以所已臧害所將受謂之虛."

이것이 壹 곧 專一인 것이다.[43] 세 번째 靜의 의미에 대해서 순자는 아래와 같이 말하고 있다.

> 마음은 잠을 자면 꿈을 꾸고, 한가하면 멋대로 움직이며, 부리면 도모한다. 그러므로 마음은 움직이지 않는 때가 없다. 그러나 고요함이 있어 꿈과 번거로운 생각들이 지각을 어지럽게 하지 못하니, 이를 일러 靜이라 한다.[44]

마음 곧 의식활동은 잠시도 쉼이 없다. 잠을 자면서는 꿈을 꾸고, 한가할 때는 이러저러한 상상을 하기도 하며, 목적의식이 있어 무언가를 생각하려 할 때는 주도면밀한 계획을 도모하기도 한다. 그러나 이런 가운데에서도 고요함이 있어 어지럽지 않게 정리할 수 있는 것이다. 이러한 虛, 壹, 靜의 기본 요소가 갖추어 질 때, 인식은 최고의 경지에 이를 수 있게 되는데, 이러한 최적의 상태를 순자는 '대청명(大淸明)'이라 한다.

> 아직 道를 얻지 못하여 도를 구하는 사람에게 비우고, 전일하고 고요하게 하라고 말하라. … 도를 알고 통찰하고, 도를 알고 행하는 사람은 도를 체득한 사람이다. 비어있고 전일하고 고요함을 大淸明이라 한다.[45]

---

43) 『荀子』, 「解蔽」, "人生而有知, 知而有異. 異也者, 同時兼知之. 同時兼知之, 兩也. 然而有所謂一, 不以夫一害此一謂壹."

44) 『荀子』, 「解蔽」, "心臥則夢, 偸則自行, 使之則謀. 故心未嘗不動也, 然而有所謂靜, 不以夢劇亂知謂之靜."

45) 『荀子』, 「解蔽」, "未得道而求道者, 謂之虛壹而靜. … 知道察, 知道行, 體道者也. 虛壹而靜, 謂之大淸明."

'대청명'은 비움과 전일함 그리고 고요함을 온전히 실현하여, 도를 통찰하고 실천하는 이른바 체득(體得)의 경지에 이른 것이다. 순자는 이러한 청명(淸明)의 상태가 요구되는 이유를 다음과 같이 설명하고 있다.

> 그러므로 사람의 마음은 대야에 담긴 물과 같다. 반듯하게 놓고 움직이지 않으면 탁한 것은 아래로 가라앉고 맑은 것은 위에 있게 되어 수염과 눈썹, 피부의 결까지 볼 수 있다. 미풍이 지나가면 가라앉아 있던 탁한 것이 움직이고 깨끗하던 위 부분도 어지러워져 커다란 것도 제대로 볼 수 없게 된다. 마음 역시 이와 같다. 그러므로 이치로 마음을 이끌고 맑음으로 길러 외물에 의해 기울지 않으면 옳고 그름을 결정하고 의문을 해결할 수 있다. 사소한 것에 마음이 이끌리면 외부의 바른 것도 변하고 마음도 기울어져 작은 이치도 판단할 수 없게 된다.[46)]

물이 맑지 않으면 대상을 있는 그대로 투영할 수 없는 것처럼, 마음이 맑고 깨끗하지 못하면, 올바른 인식은 불가능하다. 그러면 순자가 꿈꾸는 이상적 인식은 어떠한 경지를 말하는 것인가?

> 만물의 형상이 보이지 않음이 없고 보고 설명하지 못함이 없으며, 말한 것이 알맞지 않음이 없다. 방안에 앉아서 세상을 내다보고 현재에 살고 있으면서 먼 시간의 일을 논할 수 있다. 만물을 대충 보아도 그 실정을 알고, 治亂을 살펴 그 도수를 알며, 천리

46) 『荀子』, 「解蔽」, "故人心譬如槃水, 正錯而勿動, 則湛濁在下, 而淸明在上, 則足以見鬢眉而察理矣. 微風過之, 湛濁動乎下, 淸明亂於上, 則不可以得大形之正也. 心亦如是矣. 故導之以理, 養之以淸, 物莫之傾, 則足以定是非決嫌疑矣. 小物引之, 則其正外易, 其心內傾, 則不足以決庶理矣."

를 다스리고 만물을 활용하며, 큰 도리를 바로잡아 우주를 감싸 안는다.[47]

순자에서 인식의 목적은 단순히 대상에 대한 정보 파악에만 머물지 않는다. 인식은 앎에만 그치는 것이 아니라 만물을 활용하고, 나아가 천지자연의 질서와 조화를 이루며 다스려 나가는 것에까지 이르기 위한 것이다.

5. 맺는 말

순자의 제명(制名)에 대한 강조는 사실에 대한 올바른 분별과 명확한 정보전달을 통하여 의사소통을 원활하게 하려는 목적에서 나온 것이다. 이것은 올바른 인식이 사회의 혼란을 막고 질서를 유지할 수 있는 초석으로 생각하고 있음이다.

이름의 제정은 사회적 약속으로 이루지는 것이지만, 여기에는 대상의 속성을 잘 드러내야 한다는 기능적인 측면도 고려되고 있다. 그래서 세부적인 제명의 원칙들에 대해서도 상세하게 언급하였다.

그러나 순자의 근본적인 문제의식은 당시 학계의 풍토에 대한 비판에 있다. 이것은 그가 논리상 문제가 있다고 비판하는 언설들이 명가(名家) 등 유가(儒家) 이외의 학파에 집중되어 있음에서 알 수 있다.

개념의 명료성을 확실히 하기 위한 제명(制名) 외에 올바른 인식의 조건으로 제시하고 있는 두 번째 요소는 마음의 문제이다. 인식작용

47) 『荀子』, 「解蔽」, "萬物莫形而不見, 莫見而不論, 莫論而失位. 坐於室而見四海, 處於今而論久遠. 疏觀萬物而知其情, 參稽治亂而通其度, 經緯天地而材官萬物, 制割大理而宇宙裏矣."

의 주체적인 역할을 담당한 것이 마음이라고 본다. 그런데 이러한 마음이 편견과 선입견을 갖고 대상을 대하거나, 잘못된 인식내용에만 몰두하게 됨으로써 올바른 인식을 할 수 없다는 것이다.

「解蔽」편에 적시하고 있는 내용들은 바로 마음에서 일어날 수 있는 폐단에 대한 지적과 이것에서 벗어나야 함을 말한 것이다. 欲·惡, 始·終, 遠·近, 博·淺, 古·今의 한 쪽으로 치우친 것에 대한 문제점을 제시하고 있다. 그러나 중요한 것은 이러한 폐단을 넘어서서 올바로 인식할 수 있다는 것인데, 이것은 虛, 靜, 壹이 가능하기 때문이라 한다.

虛란 이미 저장된 정보가 새롭게 들어오는 것들을 거부하지 않고 받아들이는 것이다. 의식의 개방성과 수용성을 의미한다. 壹은 서로 다른 정보가 들어온다 해도 이것들이 서로 방해하지 않게 작용할 수 있는 것을 말한다. 그리고 靜은 의식이 끊임없이 활동하지만 그런 가운데에서도 고요하게 정리하는 기능을 의미한다. 이러한 虛·壹·靜의 기능이 온전히 유지될 때 최상의 인식이 이루어질 수 있게 되는데, 이러한 상태를 대청명(大淸明)이라 한다.

도를 체득하여 통찰하고 실천하는 경지가 바로 이것이다. 그래서 존재사물을 파악하고 설명하지 못함이 없으며, 말한 것이 이치에 알맞지 않음이 없게 된다. 혜안이 열림으로 해서 방안에 앉아서 세상을 내다보고 현재에 살고 있으면서 먼 시간의 일을 논할 수 있다. 만물의 실정을 알지 못함이 없고, 治亂의 도수를 알며, 천리를 다스리고 만물을 활용함이 우주를 감싸 안는 지경에 이르는 것이다.

이러한 인식의 경지는 대상에 일상적인 인식의 범주를 넘어서는 것이다. 그래서 주체적인 인식은 만물의 실상을 깨닫고, 그 실현의 기운은 우주를 포괄하는 데까지 이름을 말하고 있다. 순자의 이러한 의식은 삶의 주체가 바로 인간 자신임을 표명하려는 의도를 깔고 있다. 인간 외의 그 어떤 것에 의존하지 않은, 오로지 인간의 인식능력과 실천의 의지에 입각한 인간의 존재의미에 대한 천명인 것이다.

참고문헌

宋貞姬 譯, 『荀子』, 서울, 명지대학교 출판부, 1985.

王先謙 撰, 『荀子集解』, 北京, 中華書局, 1993.

노사광 저·정인재 역, 『중국철학사(고대편)』, 서울, 탐구당, 1989.

방입천 지음·이기훈 옮김, 『중국철학과 인식의 문제』, 서울, 예문서원, 1998.

윤무학, 「순자의 명학에 관한 연구」, 성균관대학교 석사학위 논문, 1985.

이 권, 「荀子 正名篇의 共名과 別名에 대한 고찰」, 『중국학보』 제52집, 한국중국학회, 2005.

이장희, 「성명론의 명실관계에 대한 고찰」, 『철학논총』 제32집, 새한철학회, 2003.

이재권, 「荀子의 名學思想 - 正名篇을 중심으로」, 『동서철학연구』 제8호, 한국동서철학연구회, 1991.

정인재, 「순자의 지식론」, 『榴軒 李鍾厚 박사 화갑기념 논문집』, 대구, 이문사, 1981.

조현숙, 「순자의 인식이론에 대한 연구」, 『유교사상연구』 제3집, 한국유교학회, 1988.

채인후 지음·천병돈 옮김, 『순자의 철학』, 서울, 예문서원, 2000.

풍우란 저·박성규 옮김, 『중국철학사 상』, 서울, 까치, 1999.

제5장

한대초기 유학

- 시경을 중심으로 -

1. 시작하는 말

유방(劉邦)이 한(漢)나라의 초대 황제로 등극 한 이후부터 한나라 경제(景帝)가 세상을 뜨기까지의 기간을 한나라 초기라고 말한다. 이 시기에 대해서 학계에서는 '황노학(黃老學)'이 대세를 이루었던 시기로 보기도 한다. 또한 당시 정치권력을 등에 업은 '황노학'의 막강한 무소불위의 영향력 속에서 다른 학파의 사상들은 매우 미약한 영향력을 행사할 수밖에 없었다고 보는 견해도 있다. 그러나 과연 이러한 견해들이 당시에 '황노학'이 독존의 지위를 차지했었다는 것을 의미하거나 '황노학'이 다른 제자(諸子)의 학술사상을 배척했다는 사실을 입증할 수 있는 것일까?

한 걸음 더 나아가 한나라 초기의 유학사상 역시 다른 제자의 학문처럼 '황노학' 때문에 정치권과 세인의 주목을 받지 못하는 상황에 처해 있었던 것은 아니었을까?

이러한 의문들에 대하여 본문에서는 한대초기 『시경』 연구에 관한 몇 가지 문제로부터 출발하여 한대초기 유학의 상황에 관하여 면밀하게 분석해보도록 하겠다. 그러기 위해서는 먼저 한대이전의 '시경학(詩經學)'에 관한 상황들을 공자와 맹자 그리고 순자 및 한비자를 중심으로 고찰해볼 것이며, 그 다음에는 한대초기 유학의 지위문제에 대하여 '시경학'을 근간으로 해서 역사적인 측면에서 살펴볼 것이다. 끝으로 한대초기 유학의 상황에 대하여 제자학과의 관계 속에서 과연 유학이 제자학과 어떻게 상호 영향을 주고받으며 새로운 틀을 형성해 갔는지의 문제에 관한 분석을 해보도록 하겠다.

2. 한대이전의 시경학

『시경』은 중국에서 가장 오래된 시가집(詩歌集)이라고 할 수 있다. 또한 그것이 중국문화의 형성에 끼친 영향은 실로 지대하다고 말할 수 있다. 『시경』은 춘추시대에 이미 광범위하게 전파되었다. 당시 『시경』의 시를 인용하여 사실을 증명하고 시에 가탁하여 자신의 뜻을 나타내는 현상은 시식인 사회에 만연했던 풍조이다. 동치안(董治安)의 통계에 의하면 『춘추좌전』(春秋左傳)과 『국어』(國語)에 수록되어 있는 역사적인 인물들 가운데 『시경』을 인용한 횟수는 『춘추좌전』에 122회 나타나 있고 『국어』에는 26회 나타나 있다고 했다.[1] 그는 한 걸음 더나가 "일찍이 삼백 수의 시가 한 권의 시가집으로 만들어지기 이전과 이후의 시간들 그리고 유가 학파의 창시자가 출현하기 이전에 이미 많은 시가 광범위하게 전파되어 사회적으로 매우 중시되고 있었으며 사람들의 주목을 받아 정치와 문학에 많은 영향을 끼쳤다."[2]라고 말했다.

1) 상기 인용 횟수는 공자를 제외한 역사적인 인물들을 총망라한 것임.

2) 董治安, 『先秦文獻與先秦文學』, 濟南, 齊魯書社, 1994년, 78쪽 참조.

그러므로 우리는 『시경』이 춘추시대에 유가 한 학파만의 전유물이 아닌 모든 지식인 사회의 공동 전유물이었다는 사실을 알 수 있을 것이다. 전국시대에 『시경』 삼백 편의 연구와 활용은 유가에만 국한되지 않았을 뿐만 아니라 묵가의 저작 가운데서도 자주 논증의 근거로 인용되고 있으며 『관자』(管子)·『장자』(莊子)·『여씨춘추』(呂氏春秋)·『한비자』(韓非子)에서도 시를 인용하고 시에 대하여 언급하고 있다. 그렇지만 유가의 『시경』에 대한 중시의 정도는 기타의 제자백가에 비해 월등하게 높았다고 할 수 있다.

공자는 춘추시대 후기에 생존했는데 이 시기는 『시경』에 대한 연구와 활용이 매우 활발했던 시기였다고 할 수 있다. 공자는 『시경』의 인식에 대하여 이성적인 태도를 견지하며 "시경 삼백 편은 한마디로 표현하면, 생각에 사악함이 없는 것이다."[3]라고 했다. 이 말은 공자의 『시경』에 대한 강령성의 주장임과 동시에 그가 『시경』의 도덕적 윤리적 효용에 대하여 매우 중요시하고 있음을 표명한 것이라 할 수 있다.

다른 한편으로 공자는 『시경』의 정치적 효용에 대해서도 강조하여 "시에서 인생에 대한 관심을 일으키게 되고, 예로써 자립하게 되고, 음악에서 자신을 완성시키는 것이다."[4], "얘들아 왜 시경을 공부하지 않느냐? 시경의 시들은 사람의 감흥을 일으켜 줄 수 있고, 사물을 올바로 볼 수 있게 하며, 남과 잘 어울릴 수 있게 하고, 잘못을 원망할 수 있게 하며, 가까이는 아버지를 섬기게 하고, 멀리는 임금을 섬기게 하며, 새와 짐승과 풀과 나무의 이름도 많이 알게 하는 것이다."[5]

3) 『論語』, 「爲政」, "詩三百, 一言而蔽之, 曰: 思无邪."

4) 『論語』, 「爲政」, "興於詩, 立於禮, 成於樂."

5) 『論語』, 「陽貨」, "小子何莫學夫詩? 詩可以興, 可以觀, 可以群, 可以怨. 邇之

라고 주장한다. 공자의 이러한 '시경학'이론은 삼백 편의 시가 시에서 경전으로 바뀌어 가는데 있어서 관건성의 작용을 했다고 할 수 있다.

전국시대 중기의 저작인 『맹자』에 수록되어 있는 『시경』의 작품들이 논증의 근거로 자주 인용되고 있는 사실에서 알 수 있듯이 맹자는 『시경』에 대하여 매우 익숙한 이해를 가지고 있었으며 심도 있는 연구를 했었다. 사마천의 "일선에서 물러나 만장 및 다른 제자들과 시경과 서경을 차례에 따라 서술하여 공자의 가르침을 계승하고 '맹자' 일곱 편을 저작했다."[6]라는 언급과 조기(趙岐)의 「맹자제사」(孟子題辭)에 있는 "유학의 도리를 잘 익혔는데, 특히 시경과 서경에 뛰어났다."라는 언급 속에서 알 수 있듯이 맹자는 『시경』의 효용을 매우 중시했다. 그러나 맹자는 『시경』을 인의(仁義)의 도리와 연계하여 유가사상의 색채를 띤 방향으로 해석함으로써 『시경』의 유학화를 더욱 심화 시켰다.

맹자의 뒤를 이은 순자는 학문을 연마하는 과정에 『시경』을 외우는 것과 『예기』를 정독하는 것과 직접 연결시켜 "학문이란 어디에서 시작하여 어디에서 끝나는가? 학문을 하는 순서는 먼저 시경과 서경 등 경전을 외우는 데서 비롯하고, 『예기』를 정독하는 데서 끝나는 것이며, 그 목적은 군자가 되는데 비롯하여 성인이 되는 데서 끝나는 것이다."[7]라고 말하고 있다. 『순자』 속에 『시경』에 관하여 기록된 것은 대부분 '예(禮)'를 중심으로 하여 언급된 것이다. 순자는 '육경(六經)'에 기록되어 있는 성인의 뜻과 행적 등은 천하의 '도(道)'를 포함

事父, 遠之事君. 多識於鳥獸草木之名."

6) 『史記』, 「孟子荀卿列傳」, "退而與萬章之徒序詩書, 述仲尼之意, 作孟子七篇."

7) 『荀子』, 「勸學」, "學惡乎始? 惡乎終? 曰: 其數則始乎誦經, 終乎讀禮; 其義則始乎爲士, 終乎爲聖人."

하고 있기 때문에 "그러므로 일체의 언론과 효·불효 등의 명목은 다 성왕을 모범으로 하지 않은 것이 하나도 없다."[8]라는 사실을 제기한다. 또한 순자의 저작 곳곳에서 '육경'을 인용한 부분을 찾아볼 수 있으며, 『시경』을 인용한 곳만 해도 무려 82 곳이 있다. 이는 전국시대 제자백가 가운데 순자가 가장 많이 『시경』을 인용한 사상가라는 사실을 입증해 주는 것이다.

춘추시대로부터 전국시대에 이르는 문헌들 속에 공자와 그의 후학들은 매우 적극적으로 『시경』을 학습하고 전수한 사실들이 잘 나타나 있다. 또한 전국시대의 중·후기에 이르러 『시경』은 점진적으로 유가 학파의 경전으로 자리 매김을 하게 된다. 그러나 이러한 현상은 당시의 도가를 비롯한 법가 등의 학파로부터 유가가 공격을 받게 되는 빌미를 제공하게 된다. 다시 말하면 장자나 한비자 같은 경우 유학에 대한 공세의 돌파구로서 이론과 실천적인 측면에서 『시경』을 폄하하거나 부정하는 방법을 취한다. 구체적으로 말하면 『장자』에서는 유가에서 언급하는 『시경』과 『상서』를 신랄하게 반대하고 있으며, 『한비자』에서는 "유가는 학문으로써 법률을 문란하게 한다."[9]고 하는데 이는 군주가 "학문을 일삼으며, 논평하기를 좋아하는"[10] 사람을 예우 해주면 국가가 멸망하게 되는 지름길이 될 것이라는 말이다. 여기에서의 "학문"은 유가에서 떠받들고 있는 『시경』과 『상서』 등의 경전을 의미한다.

진시황 시기에 자행된 '분서갱유' 때 『시경』은 제거되어야 할 유가 경전 가운데의 하나였다. 이에 대해서는 『사기』의 "『시경』이나 『상서』

8) 『荀子』, 「正論」, "故凡言議期命, 是非以聖王爲師."
9) 『韓非子』, 「五蠹」, "儒以文亂法."
10) 『韓非子』, 「顯學」, "服文學而議說."

를 이야기하는 자들은 저자거리에서 모두 사형에 처해야 하며, 옛날 것으로 현재의 것을 비판하고 공격하는 자는 모두 멸족시키며, 이를 알고도 검거하지 않는 관리도 같은 죄로 다스리십시오."[11]라는 언급 속에 잘 나타나 있다.

이상과 같이 『시경』은 유가 경전의 전습과 연구의 전범이 되어 한 시기의 유학의 기본 상황을 반영하는 이정표가 되는 것이다.

3. 한대초기 시경학의 위치

선진시기에 있어서의 유학은 매우 유명한 학문의 하나로 자리 매김을 하고 있었지만, 그 발전은 그렇게 순조로운 것만은 아니었다. 당시의 유학은 묵가와 법가 등의 여러 학파들로부터 공격과 비판의 대상이었으며, 후일 진시황에 의해 자행된 '분서갱유'는 유학에 더욱 심한 타격을 준다. 그러나 이러한 요소들은 결코 유학의 전파에 심각한 장애요인이 될 수가 없었다.

한나라가 건국된 후 '시경학'은 매우 빠른 속도로 발전을 한다. 『한서』(漢書)에는 "시경에 대하여 언급하는 사람에는 옛날 노나라 땅의 신배공과 옛 제나라 땅의 원고생 그리고 옛 연나라 땅의 한태부가 있다."[12]라는 기록과 하간헌왕(河間獻王) 유덕(劉德)이 "모씨시와 좌씨 춘추 박사를 설립했다."[13]라는 기록이 있다. 한나라 초기에 『시경』을 전수한 사람은 『한서』에 나타나 있는 바와 같이 신배공, 원고생, 한

11) 『史記』, 「秦始皇本紀」, "有敢偶語詩書者棄市. 以古非今者族, 吏見知不擧者, 與同罪."

12) 『漢書』, 「儒林傳」, "言詩, 於魯則申培公, 於齊則轅固生, 於燕則韓太傅."

13) 『漢書』, 「景十三王傳」, "立毛氏詩, 左氏春秋博士"

태부, 유덕 네 사람이다. 이들 네 사람은 모두 제각기 다른 지역에서 출현하였는데 이는 당시 『시경』을 배우는 사람이 많았음을 의미함과 동시에 매우 광범위한 지역에 걸쳐 학습자들이 분포되었음을 의미하는 것이라고 할 수 있을 것이다.

한나라 시기에 가장 먼저 출현한 『시경』의 판본은 『노시』(魯詩)인데, 이는 서한(西漢)이 멸망될 때까지 그 영향력이 가장 컸던 판본이다. 『노시』라는 이름은 전수한 사람의 출신지에 맞춰서 정해진 것인데 신공에서 비롯되었다. 『사기』에는 "신공은 옛날 노나라 땅 사람이다."[14]라고 기록되어 있으며, 『한서』에는 "신공이 전한 시경을 노시라고 불렀다."[15]라고 기록되어 있는 점을 미루어 볼 때 역대로 학자들이 말하는 『노시』는 신공이 전수한 『시경』이라고 할 수 있는 것이다.

> 젊었을 때 楚원왕 유교와 함께 부구백에게 『시경』을 배웠다. 漢나라가 건국된 뒤 고조가 노나라 땅을 지나갈 때 신공은 학생의 신분으로 선생님을 따라서 노나라 남행궁에서 고조를 알현했다. 여태후가 집권하던 시기에 부구백은 장안에 있었는데, 초원왕이 그의 아들 유영을 신공과 함께 부구백에게 학업을 마치게 했다. 초원왕이 죽고 유영이 왕위를 계승하자 신공을 태자 유무의 스승으로 모셨다. 유무는 학문연마를 좋아하지 않아 신공을 난처하게 했다. 후에 유무가 왕위를 계승하자 신공을 잡아들여 노역장으로 보냈다. 신공은 수치감을 느끼고 노나라 땅으로 돌아가 집에 은거하며 학생들을 가르치며 평생 동안 대문 밖을 나가지 않는다. 또한 손님도 받지 않고 왕명으로 부를 때만 문 밖으로 나섰다. 먼 곳으로부터 찾아온 학생만 해도 천 여명이 넘었는데 신

14) 『史記』, 「儒林傳」, "申公, 魯人也."

15) 『漢書』, 「楚元王傳」, "申公爲詩傳, 號魯詩."

공은 『시경』의 뜻을 구술로만 가르쳤을 뿐 문장으로 남기지 않았다. 혹자는 문장이 있었으나 유실되어 전해지지 않는다고 생각했다.[16)]

위에 인용한 문장을 비춰볼 때 신공이 『시경』을 배움으로써 한나라의 상류층 인사들과의 교류에 어느 정도 영향을 끼쳤음을 알 수 있다. 또한 한나라 초기의 상류사회에는 유학을 숭상하는 인사들이 적지 않았다는 사실을 알 수 있다.

신공이 생존하던 시대는 한나라 초기의 몇 십 년 정도였다. 신공은 초원왕(楚元王)과의 교류 외에도 문제(文帝)와 경제(景帝) 및 무제(武帝)와도 교류가 있었다. 이러한 사실은 "난릉 사람 왕장이 신공에게 『시경』을 배워 경학에 통달했다. 그래서 경제 치하에서 태자의 소부의 직분을 맡았으나 후에 파면된다. 무제가 막 즉위했을 때 왕장은 궁중에서 경비를 설 수 있게 해달라고 상소를 여러 차례 올린 끝에 낭중령에 임명되었다. 대군 사람 조관 역시 신공에게 『시경』을 배우고 후에 어사대부의 지위에 오른다. 조관과 왕장은 조정에 명당을 건립하여 제후들이 황제를 알현하는 장소로 사용하자고 주청 하였으나 이루지 못해 황제에게 스승을 천거했다. 그래서 황제는 관리들을 비단 묶음과 벽옥을 포함한 예물을 지닌 관리들과 네 필의 말이 끄는 수레를 보내 신공을 모셔오게 했다. 두 제자 역시 수행했다. 신공이 도성에 이르러 황제를 알현하자 황제는 신공에게 국가의 안정과 동

16) 『漢書』, 「儒林傳」, "少與楚元王交俱事齊人浮丘伯受詩. 漢興, 高祖過魯, 申公以弟子從師入見於魯南宮. 呂太后時, 浮丘的在長安, 楚元王遣子郢與申公俱卒學. 元王薨, 郢嗣立爲楚王, 令申公傳太子戊. 戊不好學, 病申公. 及戊立爲王胥靡申公. 申公愧之, 歸魯退居家教, 終身不出門. 復謝賓客, 獨王命召之乃王. 弟子自遠方至受業者千餘人, 申公獨以詩經爲訓詁以教, 亡傳, 疑者則闕弗傳."

란에 대해 물었다."[17]는 기록에 잘 드러나 있다.

『제시』(齊詩)는 원고생이 전수했다. 『한서』에는 "무제가 처음 즉위하자 현명하고 훌륭함을 들어 원고생을 다시 불렀다. 그러나 여러 유생들이 모두 원고가 늙었다고 헐뜯어 말하자 그만두고 돌려보냈다. 이때 원고는 이미 90세였다."[18]라는 기록이 있는데, 이것은 만일 무제가 즉위한 시기에 원고생의 나이가 정말로 90세였을 경우 그는 신공과 마찬가지로 한나라 초기에 생존했었음을 반증하는 것이다. 원고생의 인생사에서 가장 치욕스러웠던 사건은 '돼지 찌르기'였을 것이다.

『사기』의 "두태후(竇太后)는 노자라는 책을 좋아하여 원고생을 불러 노자의 도(道)를 물었다. 원고생이 '그것은 미천한 사람들의 말에 지나지 않습니다.'라고 말하자 두태후가 노해서 '어떻게 사공이 죄수들의 책을 썼다는 말인가?'라고 말했다. 원고생을 우리에 넣어 돼지를 찌르게 하였다. 경제는 태후가 비록 노했다고 할지라도, 원고생이 바른 말을 한 것이기 때문에 실제로는 죄가 없다는 것을 알고 곧 예리한 칼을 원고생에게 주어 우리에 내려가 돼지를 찌르도록 하였다. 한 번 찔러서 돼지의 심장을 바로 적중시키니 돼지는 쓰러져 죽었다. 태후는 아무 말이 없었고, 그것으로 다시 죄를 논하지 않았다. 원고생은 얼마간 집에서 쉬었다. 경제는 원고생이 청렴하고 정직한 것을 높이 평가하여 청하왕의 태부로 삼았다. 원고생은 오랫동안 태부로 있

---

17) 『漢書』, 「儒林傳」, "蘭陵王臧既從受詩, 已通, 事景帝爲太子少傅, 免去. 武帝初卽位臧乃上書宿衛, 累遷, 一歲至郎中領. 及代趙綰亦嘗受詩申公, 爲御使大夫. 綰·臧請立明堂以朝諸侯, 不能就其事, 乃言師申公. 於是上使使束帛加璧, 安車以蒲裹輪, 駕駟迎申公, 弟子兩人乘軺傳從. 至, 見上, 上問治亂之事."

18) 『漢書』, 「儒林傳」, "武帝初卽位, 復以賢良徵. 諸儒多嫉曰固老, 罷歸之. 時固已九十餘矣."

다가 병이 들어 면직했다."[19]라는 기록은 많은 사람들에 의해 두태후를 필두로 하는 '황노학' 추종세력이 점차 증대하여 주도적인 지위를 점하는 상황을 설명하는 방편으로 쓰인다.

그러나 사실은 그렇지 않다고 할 수 있다. 위의 인용문 가운데 "미천한 사람들의 말"과 "사공이 죄수들의 책을 썼다"는 문구에 관해서는 현재까지 해석이 분분한 상황이다. 노간(勞干)은 「論 '家人言' 和 '司空城旦'」에서 이러한 문제에 대하여 다음과 같이 고증을 했는데 비교적 정확한 고증이라고 할 수 있을 것이다. 즉 그는 두태후가 언급한 요지는 '미천한 사람들'과 '사공이 죄수들의 책을 썼다'는 말로써 이는 모두 신분적인 측면에 대한 언급으로 볼 수 있다는 것이다. 노간은 " '미천한 사람들의 말'은 천자나 제후들이 천하와 국가를 다스리기 위해 쓴 책이 아닌 일반 백성들을 위하여 대중적인 언어로 쓴 책이라는 것이다. 이에 대하여 두태후는 『노자』가 일반 백성들을 위하여 쓰여진 책이기는 하지만 어떻게 죄수들의 책이 될 수 있는가 라고 반문을 했어야만 했다."[20] 이와 같이 볼 때 문제의 핵심은 바로 『노자』라는 책의 성격에 있는 것이다.

원고생이 그렇게 중요한 자리에서 『노자』가 "미천한 사람들의 말"이라고 한 것에는 분명히 그러한 근거가 있었을 것이다. 즉 한나라 초기의 정치가들이 채택하여 사용한 『황제사경』(黃帝四經)은 유가와 묵가 및 법가 등의 사상을 융합한 '황노'[21]계열의 책이었지 『노자』는

---

19) 『史記』, 「儒林傳」, "竇太后好老子書, 召轅固生問老子書. 固曰: 此是家人言耳. 太后怒曰: 安得司空城旦書乎? 乃使固入圈刺豕. 景帝之太后怒而固直言無罪, 乃假固利兵, 下圈刺豕, 正中其心, 一刺, 豕應手而倒. 太后默然, 無以復罪, 罷之. 居頃之, 景帝以固爲廉直, 拜爲淸河王太傅. 久之, 病免."

20) 楊聯陞 主編, 『國史釋論』, 臺北, 食貨出版社, 1988년, 157쪽 참조.

21) 1973년 호남성 장사의 마왕퇴 3호 무덤에서 출토된 백서들 가운데 『노자』

아니었던 것이다. 그러므로 원고생의 『노자』에 대한 평가는 맞는 것이라고 볼 수 있는 것이다.

이러한 관점에서 볼 때 '돼지 찌르기'는 한나라 초기의 유학자들이 예우를 받고 있었음을 반증하는 사건이라고 할 수 있을 것이다. 그렇다면 경제는 왜 모친의 노여움을 감수하면서까지 일개 노쇠한 유학자를 옹호했던 것일까? 단지 원고생이 "바른 말을 한 것이기 때문에 실제로는 죄가 없다"는 이유 때문에 그를 옹호했을까? 아마도 아닐 것이다. 그렇지만 이러한 사건을 통하여 적어도 경제의 유학자들에 대한 애정을 발견할 수 있을 것이다.

또한 원고생이 감히 두태후 앞에서 그 뜻을 거역하는 행위를 할 수 있었다는 것은 만일 그에게 일정한 지위가 없었다면 불가능했었을 것이다. 이러한 추측을 반증하는 자료는 『한서』의 "두태후가 황제와 노자의 학설을 좋아했기 때문에 경제와 두씨 일족 부득이하게 노자와 도가의 주장을 존숭할 수밖에 없었다."[22]에서와 같이 잘 나타나 있다. 인용문 가운데의 "부득이하게"라는 언급 속에서 경제의 '황노'에 대한 최초의 심태를 찾아 볼 수 있음과 동시에 두태후가 문제와 경제 치세에 있어서 그 정치적 영향력이 매우 컸음을 알 수 있을 것이다. 그래서 여사면(呂思勉)은 "만일 오천여 문자가 도가의 학설이 아니라면 어찌 미천한 사람들의 말이 되겠는가? 두태후가 좋아했던 것은 지

필사본 두 종류가 발굴되었다. 그 가운데 글자체가 비교적 오래된 것을 甲본이라하고 다른 것을 乙본이라고 부른다. 갑본의 마지막 부분과 을본의 처음 부분에는 약간의 유실된 서적이 베껴져 있는데 을본의 처음 부분에 네 편의 『法經』, 『十六經』, 『稱』, 『原道』라는 유실 서적이 있었다. 唐蘭은 이러한 네 편의 유실 서적이 『漢書』, 「藝文志」에 기록되어 있는 『黃帝四經』이라고 한다.

22) 『漢書』, 「外戚傳」, "竇太后好黃帝・老子言, 景帝及諸竇不得不讀老子尊其術"

금의 『노자』가 아니라는 것을 아닐 것이다. 두태후는 모르고 있었지만 조관과 왕장이 도가를 흥성하게 하고 유가를 억압하는 것을 막기 위해 다른 학파의 학설을 훼손한 것이다. 『오경』의 박사가 세워지고, 사건은 건원 5년에 발생하고, 두태후는 아직 죽지 않고 그와 다투어 노자의 학설을 세우지 않았다는 말을 들어보지 못했는데, 어찌 이것이 두태후가 유가의 학술을 싫어했다는 증거가 되겠는가? 알지 못하는 사람을 이용하여 다른 학파의 학설들을 배척하고 유가의 학설을 흥기시킬 수 있었던 것은 이때부터 가능했던 것이다."[23]라고 말했던 것이다.

『한시』(韓詩)는 한영(韓嬰)이 전수했다. 『한서』에 "한영은 연(燕)나라 사람이다. 효문제(孝文帝) 때에 박사가 되었고, 경제 때에 상산왕(常山王)의 태부가 되었다. 한영은 『시경』의 뜻을 부연하여 내·외전의 수 만 자를 썼다. 그 언어들은 제(齊)나라와 노(魯)나라의 것들과는 꽤나 달랐으나, 귀착점은 같았다. 회남왕(淮南王) 분생이 이를 배웠다. 이로부터 연나라와 조나라에서 『시경』을 말하는 사람들은 모두 한영의 해석을 따랐다."[24]라는 기록이 있다. 이러한 기록은 한영의 학문이 매우 정통하여 그 영향력이 매우 컸음을 의미한다. 즉 연나라와 제나라를 비롯한 회남 땅의 사람들조차도 모두 한영의 명성을 듣고 원거리를 마다 않고 그를 찾아가 『시경』에 관한 학문을 배웠는데, 이는 당시 사람들의 '시경학'의 학습에 대한 열정이 매우 높았음을 반증하는 것이다.

---

23) 呂思勉, 『秦漢史』, 上海, 上海古籍出版社, 1983년, 98~99쪽 참조.

24) 『漢書』, 「儒林傳」, "燕人也. 孝文時爲博士, 景帝時至常山太傅. 嬰推詩人之意, 而作內外傳數萬言, 其語頗與齊·魯間殊, 然歸一也. 淮南賁生受之. 燕趙間言詩者由韓生."

『한서』, 「예문지」에는 『한내전』(韓內傳) 네 권과 『한외전』(韓外傳) 여섯 권이 수록되어 있다. 이들 가운데 『한내전』은 북송에서 남송으로 넘어가는 과도기에 유실되었고 『한외전』만 전해져 내려오고 있다. 『사고전서총목제요』(四庫全書總目提要)에 있는 "왕세정은 『외전』을 이용하여 『시경』의 의미를 증명하지 사건을 인용하여 『시경』의 의미를 밝히지 않았는데 그 주장은 매우 정확했다."라는 기록 때문에 사고관(四庫館)의 학자들은 『외전』이 『시경』의 본래 의미와는 관련이 없는 것으로 생각하여 『사고전서』 경부(經部) 시류(詩類)의 끝에 넣었다. 『한외전』은 많은 부분에 있어서 공자와 관련한 유실된 문장과 제자백가의 잡설 및 춘추의 이야기를 수록하고 있는데, 그 형식은 먼저 이야기를 하고 뒤에 『시경』을 인용하여 그것 의미를 증명하는 방식을 취한다. 또한 맹자 및 한비자와 관련된 문장도 보이는데 특히 『순자』에서 채록한 문장이 많은데 약 44 곳에 걸쳐 보인다. 『한외전』에 서술되어 있는 역사적 사건들은 유향의 『신서』(新序), 『설원』(說苑), 『열녀전』(列女傳)에 채록되어 있다.

『한시외전』의 기존 문헌에 대한 정리와 편찬은 분명히 그 의도가 있었는데, 이러한 정리과정 가운데 한영은 공자와 증자 맹자 등에 관한 유실된 문장들을 복원하는 작업에 적지 않은 노력을 기울인다. 이러한 점에서 볼 때 한영이 유가를 대표하는 인물들을 매우 중시했다는 사실이 발견됨과 동시에 당시의 사회가 이미 유학을 숭상하는 분위기였음을 알 수 있을 것이다.

『모시』(毛詩)는 모공(毛公)이 전수했다. 『한서』에 "모공은 조나라 사람이다. 『시경』을 연마하여 하간헌왕의 박사가 되어 관장경에게 『시경』의 가르침을 전수했다. 관장경은 다시 해연년에게 『시경』의 가르침을 전수했다. 뒤에 해연년은 아무현의 현령이 되어 서오에게 『시경』의 가르침을 전수했다. 서오는 다시 구강사람 진협에게 『시경』의 가르침을 전수하였는데, 뒤에 진협은 왕망의 치세에서 강학대부의 지위에 오른다. 그러므로 『모시』에 대한 강론은 서오로부터 시작된다고 볼 수 있다."[25] 그러나 위의 인용문 속에는 『모시』가 금문인지 혹은 고문인지에 대한 언급이 생략되어 있다.

『한서』에 있는 "헌왕이 구한 책들은 모두 진나라 이전의 고문체로 쓰여진 옛 서적들인데, 예를 들면 『주관』, 『상서』, 『예』, 『예기』, 『맹자』, 『노자』와 같은 종류의 서적으로 모두들 경서, 전기, 잡설, 연대기의 형식으로 이루어졌다. 이는 공자의 칠십 제자들이 연구 저술한 것이다. 그들이 연구한 것은 모두 육경이었으며, 『모씨시』와 『좌씨춘추』 박사를 설립했다. 그들은 예악을 연마하고 복식은 모두 유학자의 모습을 본떴다. 산동의 유학자들은 모두 그들을 좇았다."[26]라는 기록에서 "진나라 이전의 고문체로 쓰여진 옛날의 책들"가운데 『모시』는 보이지 않는다. 또한 유흠의 『이양태상박사서』(移讓太常博士書)에 언급되어 있는 고문체 서적들 가운데에도 역시 『모시』는 발견되지 않는다. 이와 같이 볼 때 『모시』는 당시에 있어서 특별하게 주목을 받지는 못했으나 하간헌왕의 관심 속에서 하나의 학파를 형성하여 결국은 다른 세 학파의 시와 대등한 관계를 이루어나갔음을 발견할 수 있을 것이다.

이상과 같은 『시경』에 관한 문헌자료들을 통하여 한나라 초기 『시

25) 『漢書』, 「儒林傳」, "毛公, 趙人也. 治詩, 爲河間獻王博士, 授同國貫長卿. 長卿授解延年. 延年爲阿武令, 授徐敖. 敖授九江陳俠, 爲王莽講學大夫. 由是言毛詩者, 本之徐敖."

26) 『漢書』, 「景十三王傳」, "獻王所得書皆古文先秦舊書, 周官·尙書·禮·禮記·孟子·老子之屬, 皆經傳說記, 七十子之徒所論. 其學擧六藝, 立毛氏詩·左氏春秋博士. 修禮樂, 被服儒術, 造次必于儒者. 山東諸儒多從而游."

경』에 대한 연구와 전수가 매우 성행하고 있었음을 알 수 있었으며, 이러한 연구와 전수의 주요한 목적이 과거의 사실을 빌어 현실의 문제를 해석하는 경세치용에 있었다는 사실을 발견할 수 있었다.

4. 한대초기 유학과 제자학과의 관계

한나라 초기의 유학에 관한 상황은 『한서』의 「예문지」에 잘 나타나 있다. 「예문지」의 기록에 의하면 한무제 이전의 저작들 가운데 유가의 저작들이 법가나 도가의 저작들 보다 양적으로 월등하게 많았음을 알 수 있다. 이러한 사실은 한나라 초기의 유학이 당시 사회에 광범위하게 유포되어 많은 유학자들이 교육과 저술 등에 있어서 활발한 활동을 했었음을 단적으로 설명해준다고 할 수 있겠다. 1970년대 이래로 발굴된 고고학적 자료들은 이러한 사실들을 증명해준다.

1977년 안휘성 부양현의 쌍고퇴에서 발굴된 한나라 시기의 고분에서 『시경』 170여 편이 출토되었다. 고분의 주인은 2대 여음후(汝陰侯)인 하후조(夏侯竈)였는데, 그는 하후영(夏侯嬰)의 아들로 무제 15년(B.C 165년)에 사망했다. 그곳에서 출토된 『시경』의 여러 편명 가운데 「국풍」(國風)과 「소아」(小雅)가 있었는데, 특히 「국풍」에는 「주남」(周南), 「소남」(召南), 「패」(邶), 「용」(鄘), 「위」(衛), 「왕」(王), 「정」(鄭), 「제」(齊), 「위」(魏), 「당」(唐), 「진」(秦), 「진」(陳), 「조」(曹), 「빈」(豳) 등의 남은 파편이 육십 오수가 있었다. 「소아」는 「녹명지십」(鹿鳴之什)속에 네 수의 남은 파편이 보존되어 있었다.[27] 부양에서 출토된 『시경』의 차례와 『모시』의 차례는 상당한 차이를 보이는 한편 기록

27) 胡平生 · 韓自强編著, 『阜陽漢簡詩經硏究』, 上海, 上海古籍出版社, 1988년, 16~17쪽 참조.

된 문자 역시 많은 부분에 걸쳐 차이를 드러내는 것으로 봐서 당시의 주류학파와는 다른 학파에서 전해져오던 판본일 것이라고 판단된다.

부양현의 한나라 고분에서는 '후비헌(后妃獻)'과 '風□□□風□'이라는 문자가 기록된 목간이 발견되는데, 이는 『시경』에 대한 해석이 분명하며 이러한 해석은 시를 통한 교육적 의미가 분명하게 나타나 있는 것으로 봐서 이들 목간은 유학적 색채가 매우 농후한 것들이라고 할 수 있을 것이다.

부양현 한나라 고분에서는 『시경』 외에도 약 십여 종의 죽간과 목독이 출토되었는데 그 가운데 세 조각의 목독은 모두 서적의 편액[28]이었다. 그 가운데 하나 만이 온전하게 보존되어 있는데 앞면과 뒷면에 각기 세 줄의 글씨가 쓰여져 있다. 그것의 내용은 대부분 공자와 제자들에 관련된 것들이다. 또한 다른 목독은 한 면에만 글씨가 쓰여져 있었으며 편액은 매우 간단했다. 예를 들면 '악론(樂論)', '지우(智遇)', '송학(頌學)' 등으로 『순자』를 비롯한 유가학파와 관련이 있다.[29] 이외에도 은작산(銀雀山)에서 발굴된 한나라 고분에서도 유가와 관련되었거나 유가사상과 상통하는 자료들이 출토되었다. 이러한 사실들은 당시의 유학이 매우 광범위하게 전파되었음을 의미하는 물증이라고 할 수 있을 것이다.

호남성 장사의 마왕퇴에서 발굴된 한나라 고분은 서한 초기의 무덤으로 당시의 역사와 문화적 배경을 반영하고 있는 전형적인 고분이다. 특히 3호 고분에서 마흔 네 종류에 걸쳐 10여만 자에 이르는 백서와 의학관련 죽간이 출토되었는데, 그 가운데 『주역』을 비롯한

28) 편액은 종이, 비단, 널빤지 따위에 그림을 그리거나 글씨를 써서 방안이나 문 위에 걸어 놓는 액자를 의미한다.

29) 「阜陽漢簡簡介」, 『文物』, 1983년, 第2期.

『상복도』(喪服圖), 『춘추사어』(春秋事語), 『전국종횡가서』(戰國縱橫家書)[30] 등의 서적들이 보인다. 특히 주목 할만한 문헌은 춘추시대의 역사적 사건들과 연대기 및 평론 등이 기록되어 있는 문헌인 『춘추사어』이다. 또한 이 문헌 속에는 '민자신(閔子辛)'이라는 사람의 견해가 많이 보이는데, 장정낭(張政烺)은 이 사람이 공자의 제자인 민자건(閔子騫)이라고 고증한다.[31]

만일 어떤 고분 속에서 출토된 부장품이 무덤 주인의 생전에 좋아했던 것과 싫어했던 것을 반영한다면 이상과 같이 광범위한 지역 내에서 또 상대적으로 집중된 시간들 속에서 서로 다른 신분의 사람들이 모두 유가의 경전을 무덤 속에 부장 했다는 사실은 한 시대의 분위기를 반영한다고 볼 수 있는 것이다.

한나라 시대의 사람들은 삶과 죽음을 같은 것으로 생각하여 매장할 때 사망자가 생전에 좋아했던 것들을 함께 부장 하는 풍습이 있었다. 한나라 문제와 경제의 시대에 그렇게 많은 사람들 모두가 동일하게 유가의 전적들을 부장품으로 썼다는 사실은 그 당시의 유학이 매우 중시되고 있었음을 의미하는 것이라고 할 수 있는 것이다. 그러나 한편으로는 많은 사람들이 한나라 초기에 유가가 도가에 의해 억압과 배제를 받고 있었다고 보고 있는 상황 속에서 이러한 주장이 과연 얼마나 효력을 가질 수 있을까하는 의문이 든다.

유가와 도가의 사상이 한나라 초기에 이르러 서로 배척하지 않고 상호 융합과 영향을 주는 경향이 두드러지게 나타나는데, 이러한 모습들은 한나라 초기의 주요한 사상가인 육가(陸賈)와 가의(賈誼) 등에게서 찾아볼 수 있다.

---

30) 陳松長, 『長沙馬王堆西漢墓』, 上海, 上海古籍出版社, 1998년, 12~13쪽 참조.
31) 「春秋事語解題」, 『文物』, 1974년, 第1期.

『四庫全書總目提要』에는 육가에 대하여 "한나라 유학자들 가운데 동중서 외에 그처럼 순수하고 올바른 사람이 없었다."라는 기록이 있다. 육가는 진나라가 멸망한 역사적 교훈을 『신어』(新語)를 통하여 전했는데, 특히 그는 진나라 멸망의 가장 직접적인 원인을 국가의 모든 시스템을 가혹한 형법에만 의존한 점을 주요한 원인으로 지적한다. 그러므로 이러한 역사적 사실을 거울삼아 인의(仁義)에 의한 정치시행을 주장한다. 그는 체제유지의 구체적인 방법으로는 시경과 서경을 비롯한 경서의 가르침을 숭상하고 선왕들의 치적을 본받아 인의(仁義)를 실천하는 것이라고 주장했는데, 이러한 방법들 모두는 유가사상의 범주에 속하는 것이라고 할 수 있다.

육가의 인의(仁義)정치 사상에는 많은 부분에 있어서 황노사상과 법가사상이 혼재되어 있다. 예를 들면 『신어』에 "군자는 도를 알고 다스려야 하며, 덕에 의해서 실천해야한다. … 텅 비고 아무것도 없어 고요하다."[32]라고 하는 언급 속에서 파악할 수 있듯이 육가는 '도'를 기본 범주로 삼는 한편 '도'의 특징을 "텅 비고 아무것도 없어 고요하다"고 하는데, 이는 『관자』(管子)와 『백서노자』(帛書老子) 등 황노사상의 영향을 받은 흔적이 분명하다고 할 수 있다.

한나라 초기의 또 다른 대유학자가 있었으니 그가 바로 가의(賈誼)이다. 가의의 정치사상은 당시의 사회문제에 그 초점이 맞춰져있었다. 가의는 유가사상의 '예치(禮治)'와 '민본(民本)'을 강조함과 동시에 법가사상의 중요성을 부각시켰다. 구체적으로 말하면 가의 사상의 기본토대는 문무(文武)와 형덕(刑德)의 병용에 있었다. 그래서 그는 권력과 법률 그리고 인의(仁義)도덕 등은 모두 정치적 효용을 위한 수단으로 사용되어야 한다고 주장했는데, 바로 이러한 점에서 우리는

32) 『新語』, 「道基」, "君子握道而治, 據德而行 … 虛無寂寞."

가의 사상에 유가와 법가사상이 혼재되어 있음을 발견할 수 있는 것이다.

유가사상과 도가사상의 융합현상은 좀 더 이른 시기부터 시작되었다고 볼 수 있다. 1993년 호북성 형문시 곽점촌에서 출토된 초나라 시기의 죽간 가운데 『노자』 세 편과 유가의 문헌들이 다수 발견된 점을 근거로 일부학자들은 이것을 유가와 도가사상의 융합의 기원으로 보기도 한다.[33] 한나라 초기에 와서 정치적인 상황이 비교적 느슨해진 점은 각종의 사상들이 좀더 발전적인 방향으로 융합할 수 있도록 하는데 적합한 토양을 마련해주는 역할을 했다. 이택후는 "전국시대 중·후기부터 오랫동안 지속 되어온 제자백가들 간의 상호 대립과 경쟁의 상황이 상호 흡수와 융합의 상황으로 가는 새로운 추세가 출현한다. 순자로부터 『여씨춘추』로, 다시 『회남홍열』(淮南鴻烈)과 『춘추번로』(春秋繁露)에 이르기까지 이러한 상황의 출현은 분명하다. 또한 『문자』(文子), 『할관자』(鶡冠子), 육가와 가의 및 지하에서 출토된 『법경』(法經) 등에서와 같이 각기 다른 각도에서도 이러한 종합적인 추세가 출현한다."[34] 고대사회에서 진행된 사상의 융합과정 가운데 각 학파가 처한 상황은 각기 다르다고 할 수 있는데, 한나라 초기의 각 학파간의 사상의 융합은 유가와 도가와 법가 위주로 진행되었다고 할 수 있다.

한나라 초기에 유학이 그 세력을 잃은 것에 대한 증거로는 사마천의 "세상에서 노자의 학문을 배우는 사람들은 유학을 배척하고, 유학을 배우는 사람들 또한 노자를 배척한다. 도(道)가 같지 않으면 서로 도모하지 않는다."[35]라는 언급이 자주 인용된다. 그러나 이러한 언급

33) 劉宗漢, 『郭店楚簡研究』, 瀋陽, 遼寧教育出版社, 1999년, 394쪽 참조.
34) 李澤厚, 『中國古代思想史論』, 北京, 人民出版社, 1986년, 136쪽 참조.

이 한나라 초기의 유가과 도가의 관계 설정을 대변하는 것은 아니다. 『사기』의 「태사공자서」에 있는 사마담의 '논육가요지(論六家要指)'에서 우리는 당시의 도가에 대한 긍정적인 평가를 찾아 볼 수 있다. 사마천은 도가의 특징을 "유가와 묵가의 좋은 것을 채택하고 명가와 법가의 요점을 취했다."[36]라고 총괄하는데, 이는 분명히 유가와 도가가 상호간에 영향을 주고 받고 있음을 나타내고 있는 것이다.

5. 맺는 말

유학은 한나라가 건국된 이후부터 매우 빠른 회복과 발전을 하게 된다. 그러한 원인 가운데의 하나로 한나라 건국 이후 진나라 멸망의 근본원인을 진시황이 법가의 사상을 숭상하고 유가의 사상을 탄압한 것에 있다고 보는 역사적 교훈의 자각 때문이다. 또 다른 하나의 원인으로는 유학의 내적인 요인에 기인하는데 바로 "군신 부자지간에 지켜야할 예를 바르세 세정하고, 부부 장유 사이의 구별을 정한 것은 비록 백가라고 할지라도 바꿀 수 없는 것이다."[37]라고 하는 기능이다.

선진시기의 유학은 윤리도덕이 중심이 되는 관념론적 성격이 매우 짙어서 시종일관 통치의 이데올로기로서 자리 매김을 하지 못했다. 그러나 한나라 초기의 유학자들에 의해 특히 동중서에 의해서 유학은 최종적으로 백가쟁명 속에서 독존의 학문으로 자리 매김을 하게 된다. 이로부터 민간의 학설에서 정권의 이데올로기로 그 지위가 상

35) 『史記』, 「老子韓非列傳」, "世之學老子絀儒學, 儒學亦絀老子. 道不同不相爲謨"
36) 『史記』, 「太史公自序」, "采儒墨之善, 撮名法之要"
37) 『史記』, 「太史公自序」, "若夫列君臣父子之禮, 序夫婦長幼之別, 雖百家弗能易也"

승하게 된다.

한나라 초기의 통치자들은 황노사상을 통치사상으로 사용하기는 했지만, 이러한 이유 때문에 유학을 억압하지는 않았다. 한나라 초기의 유학은 견고한 사회적 기반 아래서 도가와 상호 융합과 영향을 주고받는 과정 가운데 자기발전을 이루어 갔다. 당시의 '시경학'은 실제로 이러한 사실을 잘 설명해주고 있으며 최근의 고고학적 발굴 역시 이러한 점을 증명해주고 있다.

참고문헌

司馬遷撰, 『史記』, 北京, 中華書局, 1982.
班 固撰, 『漢書』, 北京, 中華書局, 1990.
劉寶楠撰, 『論語正義』, 『續皇淸經解』本.
王先謙撰, 『荀子集解』, 北京, 中華書局, 1992.
王先愼撰, 『韓非子集解』, 北京, 中華書局, 1998.
王利器撰, 『新語』, 北京, 中華書局, 1996.
董治安, 『先秦文獻與先秦文學』, 濟南, 齊魯書社, 1994.
呂思勉, 『秦漢史』, 上海, 上海古籍出版社, 1983.
胡平生・韓自强編著, 『阜陽漢簡詩經研究』, 上海, 上海古籍出版社, 1988.
陳松長, 『長沙馬王堆西漢墓』, 上海, 上海古籍出版社, 1998.
劉宗漢, 『郭店楚簡研究』, 瀋陽, 遼寧教育出版社, 1999.
李澤厚, 『中國古代思想史論』, 北京, 人民出版社, 1986.
楊聯陞 主編, 『國史釋論』, 臺北, 食貨出版社, 1988.
『文物』 1974년, 第1期.
『文物』 1983년, 第2期.

제6장

왕충의 천도사상

1. 시작하는 말

일반적으로 철학이론은 형이상학적 기초를 근거로 하고 있다고 할 수 있는데, 왕충(王充)의 천도(天道)사상 역시 예외일 수는 없다. 왕충은 고금의 성현들의 학설을 심도 있게 연구한 이후에 도가(道家)의 '자연무위'의 천도론(天道論)으로써 기존의 사상계를 풍미하던 '천인감응론'의 이론체계를 철저하게 공격한다. 또한 그는 이러한 학설들을 비판적으로 수용함과 동시에 관자(管子)의 '정기설'과 순자의 '천도자연론' 그리고 회남자(淮南子)의 '원기론'을 계승하여 '원기자연론'이라고 하는 독특한 천도사상을 건립한다.

왕충의 '자연무위'의 천도사상은 '천인감응론'의 이론적 근거를 비판할 뿐만 아니라, 자신의 전체 사상체계의 기초가 된다. 이러한 왕충의 천도사상은 양한 시기의 우주론에 있어서 새로운 전기를 마련했다고 할 수 있으며 뒤에 이어지는 위진남북조 시기의 우주론에도 많은 영향을 끼쳤다고 할 수 있다. 그러므로 본문에서는 왕충의 천도론에 대하여 천은 물질실체로 기가 아니라는 것과, 천도 자연무위론을 중심으로 분석해보기로 하겠다.

2. 왕충에 있어서의 '천'의 의미

중국철학사에 있어서 천(天)은 매우 중요한 범주 가운데의 하나라고 할 수 있다. 천은 우주를 대표하고, 천에 대한 견해는 사상가들의 우주관을 대표하는 견해로 자리잡아왔다. 선진시기의 공자는 일찍이 다음과 같이 말했다.

> 하늘이 무슨 말씀 있으시더냐? 사계절이 운행되고 만물이 자라고 있지만, 하늘이 무슨 말씀을 하시더냐?[1)]

위의 인용문에서 볼 수 있듯이 사계절이 운행되고 만물이 생장하는 것 모두는 천도의 법칙이 운행되는 것으로, 이때의 천은 모든 만물을 주재하는 주재자적 의미이다. 공자는 또 다음과 같이 말했다.

> 하늘이 이 문화를 없애려 하셨다면, 후세에 나온 내가, 이 문화에 참여할 수가 없었을 것이다. 하늘이 이 문화를 없애려 하지 않고 계신데, 광 사람들이 나를 어찌할 수 있겠느냐?[2)]

> 하늘에 죄를 지으면 빌 곳도 없게 된다.[3)]

이상과 같이 공자에 있어서의 천은 이 세상을 움직이는 보편적인

---

1) 『論語』, 「陽貨」, "天何言哉? 四時行焉, 百物生焉. 天何言哉?"

2) 『論語』, 「子罕」, "天之將喪斯文也, 後死者不得與於斯文也. 天之未喪斯文也, 匡人其如予何?"

3) 『論語』, 「八佾」, "獲罪於天, 無所禱也."

법칙 즉 이법(理法)의 원리로 나타나며, 그것은 만물을 생성하고 모든 것을 통괄하는 최고의 주재자이기는 하지만 구체적인 인격성을 갖고 있지는 않다.

선진시기의 묵자가 언급한 천은 인격신의 요소를 매우 농후하게 갖고 있는데, 묵자에 있어서의 천은 여러 신들 가운데의 최고의 신과 같은 존재였다. 묵자는 다음과 같이 천을 묘사했다.

> 하늘의 뜻을 알고 따르지 않을 수가 없는 것이다. 하늘의 뜻을 따르는 사람은 모두를 아울러 서로서로 사랑하고, 서로 이롭게 해 주어 반드시 상을 받고, 하늘의 뜻을 어기는 사람은 차별하여 서로 미워하고 서로 해쳐서 반드시 벌을 받을 것이다.[4]

위의 인용문에서 언급된 바와 같이 묵자에 있어서의 천은 상과 벌을 내릴 수 있는 존재이기 때문에 인간은 반드시 천의 의지에 순응해야만 한다고 주장한다. 같은 맥락으로 묵자는 천의 의지를 모든 가치체계의 준칙으로 삼았다고 할 수 있다. 그러므로 묵자에 있어서의 천은 바로 의지를 가지고 있는 인격신의 의미로서의 존재라고 할 수 있겠다.

전국시대의 맹자 역시 천에 대하여 언급하였는데, 다음과 같다.

> 만장이 "요임금이 순임금에게 천하를 주었다고 하는데, 그러한 일이 있었습니까?"라고 묻자, 맹자가 "아니다, 천자는 천하를 남에게 줄 수 없는 것이다."라고 했다. (만장이)"그렇다면 순임금이 천하를 소유한 것은 누가 그것을 주었기 때문입니까?"라고 하자, 맹

4) 『墨子』, 「天志上」, "當天意而不可不順. 順天意者, 兼相愛, 交相利, 必得賞; 反天意者, 別相惡, 交相賊, 必得罰."

자가 "하늘이 준 것이다."라고 말했다. (만장이)"하늘이 준 것은 이렇게 저렇게 명령하는 것입니까?"라고 묻자, 맹자가 "아니다, 하늘은 말을 하지 않고 행위와 사건으로써 보여줄 뿐이다."라고 했다. (만장이)"행위와 사건으로써 보여주는 것은 어떻게 하는 것입니까?"라고 묻자, 맹자가 "천자는 사람을 하늘에 추천할 수는 있지만, 하늘이 그에게 천하를 줄 수 있도록 할 수는 없다."라고 말했다.[5)]

위에서 언급한 바와 같이 맹자에 있어서의 천은 인간사회의 최고 주재자로 천자를 옹립하는 것 역시 천명에 의해서 결정된다는 것이다. 그는 또 다음과 같이 말했다.

공들인 것을 이루는 것과 같은 것은 하늘에 달려 있는 것이니, 임금께서는 저들을 어떻게 하시겠습니까? 힘써서 선(善)을 해야 할 따름입니다.[6)]

즉 맹자는 모든 일의 성공 여부는 천이 결정하는 것으로, 천하의 평안과 혼란 역시 천의 의지에 의한다는 것을 언급했다. 이것은 곧 천은 인간사의 최종적인 결정을 내리며 또한 모든 일의 근거가 되는 것을 의미하는 것이다.

서한시기의 동중서(董仲舒)는 유가의 천론을 계승하여 '천인감응'의 이론을 내놓는데, 그는 다음과 같이 말했다.

---

5) 『孟子』, 「萬章上」, "萬章曰: '堯以天下與舜, 有諸?' 孟子曰: '否. 天子不能以天下與人.' '然則舜有天下也, 孰與之?' 曰: '天與之.' '天與之者, 諄諄然命之乎?' 曰: '否. 天不言, 以行與事示之而已矣.' 曰: '以行與事示之者, 如之何?' 曰: '天子能薦人於天, 不能使天與之天下.' "

6) 『孟子』, 「梁惠王下」, "若夫成功則天也. 君如彼何哉? 强爲善而已矣."

> 하늘이란 것은 만물의 조상으로, 만물은 하늘이 생성하지 않은 것이 아니다. 음기 홀로 만물을 생성할 수 없으며, 양기 홀로 만물을 생성할 수 없으며, 음양의 이기와 천지가 서로 교착된 후에 생성되는 것이다.[7]

> 하늘과 같으면 천하의 평안을 얻을 수 있고, 하늘과 다르면 천하의 큰 혼란을 야기하게 된다. 그러므로 군주가 된 사람의 도는, 자신이 하늘과 같아지는 것과 그것을 이용하는 것을 밝히는데 있다.[8]

이상과 같이 동중서에게 있어서의 '천'은 의지가 있으며 우주만물을 주재하는 존재로서, 만일 군주가 '천'의 의지에 순응하면 천하는 평안을 얻을 수 있고 그렇지 않으면 커다란 혼란을 야기하게 된다는 것이다. 이와 같은 동중서의 '천인감응'의 주장은 당시의 유학자들로부터 폭넓은 지지를 받았다.

그러나 왕충은 동중서의 입장과는 완전히 다른 반대의 입장을 견지한다. 그는 순자의 자연주의적인 '천론'을 계승하여,[9] '천'이 만물을 생성하는 것에는 어떠한 목적이나 의지가 없다는 주장을 한다. 즉 '천'은 자연적이며 객관적인 존재이며, 인간의 경험적 대상이라는 것이다. 다시 말하면 '천'이 자연적이며 객관적인 존재가 되는 이유는 바로 '천'이 실체이기 때문이다. 그리고 왕충이 언급한 실체라는 것은 바로 형체가 있으며, 굳건한 체질이 있는 실체라는 것이다.[10]

---

7) 『春秋繁露』, 「順命」, "天者, 萬物之祖, 萬物非天不生. 獨陰不生, 獨陽不生, 陰陽與天地參然後生."

8) 『春秋繁露』, 「陰陽義」, "與天同者大治, 與天異者大亂. 故爲人主之道, 莫明於在身之與天同者而用之."

9) 蔡仁厚, 『孔孟荀哲學』, 臺北, 臺灣學生書局, 1990년, 370쪽 참조.

왕충이 이와 같은 주장을 한 것에는 다음과 같은 특별한 이유가 있다고 할 수 있다. 먼저, 천은 이미 실체이기 때문에 당연히 물질적 성질을 갖는다. 이러한 점은 모든 것을 주재하는 전통적 의미의 '천'을 자연적인 천으로 환원시킨 것을 의미함과 동시에, '천'의 감각적 성질과 의지적 성질을 부정한 것을 의미한다. 이로부터 '천'의 신비주의적 색채가 단절되는 것이다.

다음으로 왕충은 실체와 기(氣)의 혼합이라는 형식을 제거하여 한대 유학자들의 '기'로써 '천'과 인간을 관통한다고 하는 신비주의적 관념을 근본적으로 부정한 것이다. 이러한 점들 이외에 왕충은 '천' 그 자체가 이미 실체이고 인간 역시 실체이나, '천'의 실체는 분명하게 인간의 실체와는 다르다는 점을 다음과 같이 설명한다. 즉 인간에게는 욕망이 있고 '천'에는 욕망이 없다는 것과 인간은 인위적인 작위가 있으나 천에는 인위적인 작위가 없고 스스로 그러하다고 하여 전통적인 '천인감응'의 관계를 철저하게 부정한다.[11]

다른 한편으로 왕충은 '기(氣)'에 대해서는 부정의 태도를 취하지는 않는다. 다만 '기'를 신비주의적 관념으로부터 탈피시키고 새롭게 물질적 의미를 부여한다. 즉 고대의 '원기론(元氣論)'을 물주의적 방향으로부터 새로운 경지로 이끌었다고 할 수 있다. 왕충이 보기에는 '기'라고 하는 것은 실체에 부속된 것으로, 즉 '기'는 실체가 함유하고 있는 것이라는 것이다. 다시 말하면 왕충은 '기'를 실체의 속성으로 보았던 것이다.[12] 실체는 물질의 본체이기 때문에 이러한 실체가 함

---

10) 徐復觀, 『兩漢思想史』, 卷二, 臺北, 臺灣學生書局, 1985년, 611쪽 참조.

11) 黎惟東, 「王充思想硏究」, 臺北, 中國文化大學 哲學硏究所 博士學位論文, 1984년, 120~121쪽 참조.

12) 田昌五, 『王充及其論衡』, 北京, 三聯書店, 1958년, 29쪽 참조.

유하고 있는 '기'는 당연히 물질적 '기'가 되는 것이다. 그러므로 '기'와 실체는 같이 물질을 이루고 있는 요소이기 때문에 이 둘 사이에는 실제적인 구별이 있을 수 없다는 것이다.

왕충은 분명히 "천은 물질적 실체로 기가 아니다."[13]라고 주장했지만, 또 다음과 같은 언급도 했다.

> 다시 말해서 천은 기인가? 아니면 실체인가? 만일 기라고 한다면, 그것은 구름이나 연기와 다름이 없을 것이다.[14]

> 만일 천을 형체라고 말한다면 그것은 땅의 실체와 서로 같은 것이다. 만일 천을 기라고 말한다면 그것은 바로 구름이나 연기와 같은 것이 되는데, 구름과 연기와 같은 종류의 것들에게 어떻게 입과 눈이 있다고 할 수 있겠는가?[15]

즉 왕충에 있어서의 '천'은 자연적 의미의 '천'이다.[16] 그는 '천'에 대하여 실체라고 혹은 '기'라고 정의를 내리지 않았다. 그러나 단정할 수 있는 사실은 왕충이 언급한 실체라는 것은 형이하학적 물질본체를 의미하고, '기'라는 것은 구름이나 연기와 같은 종류의 기체를 의미하는 것으로 형이상학적 의미를 찾아볼 수 없다는 사실이다.[17]

또한 왕충에 있어서의 '천'은 다음과 같은 문장들 속에서 충분히 그 특성을 찾아볼 수 있을 것이다.

---

13) 『論衡』, 「談天」, "天, 體, 非氣也"
14) 『論衡』, 「談天」, "且夫天者, 氣邪? 體邪? 如氣乎, 雲煙無異."
15) 『論衡』, 「自然」, "使天體乎! 宜與地同. 使天氣乎! 氣若雲煙, 雲煙之屬, 安得口目?"
16) 周桂鈿, 『秦漢思想史』, 石家莊, 河北人民出版社, 2000년, 361쪽 참조.
17) 李維武, 『王充與中國文化』, 貴陽, 貴州人民出版社, 2000년, 44쪽 참조.

유학자들이 말하기를: "천은 기이다. 그래서 그것은 인간과는 멀리 떨어진 것이 아니다. … 사실에 의해서 그것을 평론한다면, 천은 물질적 실체로 기가 아니다.[18]

천체는 땅과 다름이 없다. 형체가 있는 것들은 귀가 모두 머리 위에 나있다. 신체와 귀가 떨어져 있다는 것은 지금까지 있어본 적이 없다. 하늘은 인간과 수 만리 떨어져 있는데, 만일 귀를 하늘 위에 걸어 놓고 수 만리 밖의 이야기를 들으려고 한다면 이는 들을 수 없을 것이다.[19]

하늘과 땅은 모두 실체이다. 땅보다 낮은 곳이 없으면 곧 하늘보다 더 높은 곳 역시 없다.[20]

천이라는 것은 실체이며 땅과 서로 같은 것이다. 하늘 위에는 여러 종류의 별자리가 있고, 땅위에는 주택들이 있다. 주택들은 대지의 형체에 의거하고, 여러 종류의 별자리는 하늘의 형체에 의거한다. 형체가 갖추어져 있으면 곧 입이 있게되어 비로소 음식을 먹을 수 있는 것이다. 만일 천지가 입이 있어서 음식을 먹을 수 있다면, 위에서 제공하는 음식물을 모두 먹어버릴 것이다. 만일 입이 없다면 역시 형체도 없게 되는 것이니, 형체가 없는 것은 바로 기가 된다. 만일 구름이나 안개와 같이 되어버린다면 음식을 먹을 수 없을 것이다.[21]

---

18) 『論衡』, 「談天」, "儒者曰: '天, 氣也, 故其去人不遠.…' 如實論之, 天, 體, 非氣也."

19) 『論衡』, 「變虛」, "夫天體也, 與地無異. 諸有體者, 耳咸附於首. 體與耳殊, 未之有也. 天之去人, 高數萬里, 使耳附天, 聽數萬里之語, 弗能聞也."

20) 『論衡』, 「道虛」, "天之與地皆體也. 地無下, 則天無上矣."

21) 『論衡』, 「祀義」, "夫天者, 體也, 與地同. 天有列宿, 地有宅舍. 宅舍附地之體, 列宿着天之形. 形體具, 則有口, 乃能食. 使天地有口能食, 祭食宜食盡. 如無口, 則無體, 無體則氣也, 若雲霧耳, 亦無能食."

무엇을 근거로 천의 무위자연을 안다고 하는 것인가? 천에 입과 눈이 없다고 하는 사실로 알 수 있는 것이다. … 무엇을 근거로 천에 입과 눈이 없다고 하는 사실을 알 수 있는 것인가? 땅에 상황을 근거로 그러한 것을 알 수 있는 것이다. 땅은 흙을 형체로 하는데 이러한 흙에는 본래 입과 눈이 없다. 하늘과 땅은 마치 부부와 같기 때문에 땅의 실체에 입과 눈이 없으면 역시 하늘에도 입과 눈이 없다는 것을 알 수 있게 되는 것이다. 만일 하늘을 형체라고 말한다면 그것은 땅의 실체와 서로 같은 것이다. 만일 하늘을 기라고 말한다면 그것은 바로 구름이나 연기와 같은 것이 되는데, 구름과 연기와 같은 종류의 것들에게 어떻게 입과 눈이 있다고 할 수 있겠는가?[22)]

이상의 인용문들을 근거로 했을 때, 왕충은 '천'이 물질실체라는 것을 긍정하는 경향이 있음을 찾아볼 수 있다. 즉 그는 하늘과 땅이 모두 물질실체라는 것을 반복적으로 강조하고 있으며, 이 둘은 모두 이목구비로 대표되는 감각기관이 없으므로, 그에 상응하는 어떠한 시삭능력도 생성해낼 수 없는 존재이기 때문에 인간과는 어떠한 교감도 가질 수가 없다는 것이다. 더나가 그는 하늘과 땅은 어떠한 신비주의적 요소를 갖추고 있지 않다고 하였는데, 예를 들어 천이 '기'라는 설정을 통해서 '천'의 신비주의적 요소를 무력화시킨다. 즉 '기'라는 것은 구름이나 연기와 같은 것으로서 어떠한 지각능력도 가지고 있지 않다고 주장하였다.

왕충은 이러한 사실들을 근거로 '천'의 신비주의적 특성과 감각적

---

22) 『論衡』, 「自然」, "何以知天之自然也? 以天無口目也. … 何以知天無口目也? 以地知之. 地以土爲體, 土本無口目. 天地, 夫婦也, 地體無口目, 亦知天無口目也. 使天體乎? 宜與地同. 使天氣乎? 氣若雲煙, 雲煙之屬, 安得口目?"

성질 그리고 의지적 성질을 부정하여 '천인감응론'의 이론적 근거를 무력화시킨다. 왕충이 강조한 천은 물질실체이지 '기'가 아니라는 주장은 결코 사실무근한 비평이 아닌데, 그 이유는 다음과 같이 정리할 수 있다.

먼저, '천'은 '기'라고 하는 견해는 본래 한대의 유학자들이 주장한 것으로, 그들은 음양가의 관점을 답습하여 우주가 조성된 구조를 음양오행의 체계를 운용하여 해석하였다. 또한 그들은 이러한 음양의 이기(二氣)의 운용을 통하여 천인관계를 관통시킴으로써 모든 재앙과 상서로운 일에 대한 해석의 근거를 만들었다. 그러나 왕충은 '천'에 인간과 감응할 수 있다는 '기'가 존재한다는 사실에 대한 부정을 통하여 '천인감응'의 이론적 허구를 신랄하게 비판한다.

또한 왕충은 '천'을 물질실체로 분명하게 규정하여, '천'에 대하여 어떠한 신비주의적인 색채도 없게 만들어버렸다. 이와 같이 왕충은 '천'을 '기'라고 하여 신비주의적인 색채가 짙은 한대 유학자들이 가장 잘 사용하는 하늘과 인간이 서로 관통한다고 하는 수식어를 철저하게 봉쇄시켜버렸다.[23]

3. 천도무위자연

왕충의 무위자연 '천도론'은 한편으로는 도가의 '무위자연' 사상을 계승하였으며, 다른 한편으로는 순자의 자연주의적 '천론' 사상에서 그 연원을 찾아 볼 수 있다.

도가에서는 우주간의 만물의 변화와 유행은 모두 일정한 조리와

23) 黎惟東, 「王充思想硏究」, 臺北, 中國文化大學 哲學硏究所 博士學位論文, 1984년, 123쪽 참조.

준칙에서 나온다고 주장한다. 노자는 이러한 것들이 실재로 존재한다고 보았으나, 그것들의 규율과 준칙을 구체적으로 파악하기는 힘들다고 보았다. 그러나 그는 그러한 규율 혹은 준칙을 억지로 이름 붙여 도(道)라고 했다. 그러므로 노자는 만물의 생성과 배양은 모두 이러한 도의 작용으로 보았다.

> 혼돈한 어떤 것이 천지보다 먼저 생겨났다. 그것은 소리가 없어 들을 수도 없고 형태가 없어 볼 수도 없으나, 홀로 서서 언제까지나 변하지 않고, 두루 어디에나 번져 나가며 절대로 멈추는 일이 없어, 천하 만물의 모체라 할 수가 있다. 나는 그 이름을 알 수 없으니 도라고 하겠다.[24)]

도는 만물을 생성하고 또 만물의 근본이 되지만, 그것은 비인격적 요소를 가지고 있을 뿐만 아니라 비주재자적 성질을 갖는다. 도가 만물을 생장하고 양육하는 것은 만물을 각자 자기가 있을 자리에 있게 하고 각자의 본성에 들어맞게 하는 것이다. 이 때 도는 만물에 대하여 어떠한 주재와 제어도 하지 않는다. 그래서 노자는 다음과 같이 말했다.

> 도가 만물을 생성하고, 덕은 만물을 양육한다. 만물이 음양의 기로 형성되고, 자연의 힘이 자라게 한다. 그러므로 만물은 도를 존중하고 덕을 귀중하게 여기지 않는 것이 없다. 도를 존중하고 덕을 귀중하게 여김은 남이 강요하는 것이 아니고, 언제나 스스로 그렇게 되게 마련이다. 그러므로 도가 만물을 생성하고, 덕이

---

24) 『老子』, 「二十五章」, "有物混成, 先天地生. 寂兮寥兮, 獨立而不改, 周行而不殆, 可以爲天下母. 吾不知其名, 字之曰道."

만물을 양육한다. 자라게 하고 육성하여 열매를 맺고 성숙하게 하며 길러 주고 돌보아 준다. 만물을 생성하고도 소유하지 않고, 모든 것을 이룩되게 하고도 자랑하지 않고, 주도하면서도 주재하지 않는다. 이를 오묘한 덕이라 한다.[25)]

노자는 도가 만물을 생성하는데 있어서 어떠한 목적성과 의도를 갖지 않는다는 것을 강조한다. 즉 도의 만물생성 과정은 어떠한 목적과 의도가 배제된 자연적인 현상이고 각 사물의 성장활동 역시 자유자발적인 현상이라는 것이다. 또한 만물의 변화 역시 어떠한 외재적 역량에 의해서 유발되는 것이 아니라 자신의 상태와 운행에 의해서 변화 발전하는 것으로 자연스러운 과정이라는 것이다. 이러한 점에 관하여 장자 역시 강조하는데, 그는 다음과 같이 말했다.

하늘은 낳지 않아도 만물은 저절로 생성되고, 땅은 키우지 않지만 만물은 길러지며, 제왕은 인위적으로 하지 않지만 천하에 공을 이룬다.[26)]

위의 인용문에서 볼 수 있듯이 만물은 본래 그러한 것으로 어떠한 외재적 역량의 요인에 의한 것이 아닌 본래 그렇게 드러나는 사물의 특수한 형상인 것이다. 즉 만물의 이러한 특성은 그 자체의 본래 그러한 모습과 자연성의 결과인 것이다. 그러므로 각각의 사물의 자연성과 자발성은 곧 도가 되는 것이다.

순자는 천을 영원불변한 자연실체로 보았는데, 그는 천의 운행을

---

25) 『老子』, 「五十一章」, "故道生之, 德畜之, 長之育之, 亭之毒之, 養之覆之. 生而不有, 爲而不恃, 長而不宰, 是謂玄德."

26) 『莊子』, 「天道」, "天不産而萬物化, 地不長而萬物育, 帝王無爲而天下功."

자연의 법칙에 의해 진행되는 것으로 보았다. 그래서 그는 다음과 같이 말했다.

> 천의 운행에는 일정 불변한 규칙이 있다. 이것은 요임금을 위해서 존재하지 않고 걸임금 때문에 없어지지도 않는다. 다스려지는 쪽으로 대응하면 길하지만, 혼란을 일으키는 쪽으로 대응하면 재앙을 당한다.27)

순자는 천 즉 자연의 운행에는 일정 불변의 규칙이 있는 것으로, 이것은 군주의 현명함 여부와 관계없이 항상 되게 운행되는 것이라고 주장했다.

> 하늘의 별들이 궤도를 따라 선회하고, 해와 달은 교대로 비추고, 사계절이 번갈아 운행하고, 음양이 만물을 크게 육성시키고, 비바람은 널리 만물에 혜택을 베풀어서, 만물은 각각 자신의 조화를 얻어 생성되고 자신의 영양분을 얻어 성장한다. 사람들은 만물들이 하는 일들은 보지 못하고 그 결과만 보고서 이것을 신묘하다고만 말한다. 사람들은 모두 자연이 그렇게 만드는 이유만을 알뿐이지 그것의 형체가 없음을 모르고, 그것을 하늘이라고 한다.28)

별들이 궤도를 따라 운행되고 해와 달이 교대로 비추고 사계절이

---

27) 『荀子』, 「天論」, “天行有常, 不爲堯存, 不爲桀亡. 應之以治則吉, 應之以亂則凶.”

28) 『荀子』, 「天論」, “列星隨旋, 日月遞炤, 四時代御, 陰陽大化, 風雨博施, 萬物各得其和以生, 各得其養以成. 不見其事而見其功, 夫是之謂神. 皆知其所以成, 莫知其無形, 夫是之謂天.”

순환하고 음양의 추위와 더위가 만물을 변화시키고 비바람이 시의 적절하게 불어오고 내려주는 것 등은 모두 영원히 변치 않는 자연의 법칙으로, 그것의 효용을 발휘하는 것이다.

> 하늘은 사람이 추위를 싫어한다고 겨울을 그치게 하지 않고, 땅은 사람이 먼 곳을 싫어한다고 면적을 축소하지 않고, 군자는 소인이 웅성거린다고 자신의 행동을 그치지 않는다. 하늘에는 불변의 법칙이 있고 땅에는 불변의 규칙이 있고 군자에게는 일정불변의 행위 표준이 있다.29)

순자에게 있어서의 천은 자연적 의미의 천으로 영원불변한 자연의 실체라는 것이다. 즉 천은 의지나 애증 그리고 인간과의 어떠한 소통도 가질 수 없으며 재앙이나 복을 인간에게 내려줄 수 있는 존재가 아니라는 것이다.

> 일부러 하지 않고서도 일이 이루어지고 일부러 찾지 않아도 얻어지는 것은 자연이 하는 일이다.30)

> 하늘이 만물을 생성해도 만물을 분별하여 다스리지 못하고, 땅이 사람을 실어도 사람을 다스리지는 못한다.31)

위의 인용문에 언급된 바와 같이 천이 일부러 하지 않고 또 찾지 않고 혹은 일부러 하고 찾고 하는 것 등은 모두 의지의 작용이다. 순

---

29) 『荀子』, 「天論」, "天不爲人之惡寒也輟冬, 地不爲人之惡遼遠也輟廣, 君子不爲小人匈匈也輟行. 天有常道矣, 地有常數矣, 君子有常體矣."

30) 『荀子』, 「天論」, "不爲而成, 不求而得, 夫是之謂天職."

31) 『荀子』, 「禮論」, "天能生物, 不能辨物也; 地能載人, 不能治人也."

자는 천이 의지도 없고 하늘과 땅이 만물을 분별하여 다스리지 못하고 인간사 역시 관여할 수 없다고 하였다. 이상과 같이 볼 때 순자에 있어서의 천은 의지 및 감응을 할 수 없는 물질적 존재임을 알 수 있겠다.

> 왕충은 이렇게 도가 및 순자의 사상을 계승하여 천도 자연무위를 주장하면서 천은 단지 자연무위로 인간과는 어떠한 감응도 할 수 없는 물질이라고 생각했다.[32]

> 저절로 그러한 무의지적인 활동은 하늘의 도이다.[33]

> 천도는 저절로 그렇게 형성된 것이며, 저절로 그렇게 형성된 것은 의지가 없다. … 만일 천기가 정치와 감응하여 변화된다면, 이것은 곧 천도는 의지가 있게 되는 것으로 저절로 그러하다고 말할 수 없는 것이다.[34]

> 천도는 저절로 그러한 것이며, 저절로 그러한 것은 의지가 없다. 만일 하늘이 인간에게 꾸짖고 훈계할 수 있다면, 그것은 의지가 있는 것으로 저절로 그러한 것이라고 할 수 없다. … 하늘의 본성을 훼손하여 저절로 그러한 무의지적인 일을 인간 의지의 활동으로 변화시키기 때문에 믿기가 어렵다는 것이다.[35]

32) 周桂鈿, 『天地奧秘的探索歷程』, 北京, 中國社會科學出版社, 1988년, 313쪽 참조.

33) 『論衡』, 「初稟」, "自然無爲, 天之道也."

34) 『論衡』, 「寒溫」, "夫天道自然, 自然無爲. … 使應政事, 是有非自然也."

35) 『論衡』, 「譴告」, "夫天道, 自然也, 無爲. 如譴告人, 是有爲, 非自然也. … 損皇天之德, 使自然無爲轉爲人事, 故難聽之也."

위의 인용문들은 천도 자연무위의 도리를 언급한 것들이다. 왕충은 하늘을 자연현상으로 파악하여 어떠한 의지도 없다고 생각하였다. 그러므로 인간의 행위에 대하여 꾸짖고 훈계하는 것을 의지가 있는 것으로 보고 스스로 그러한 것이 아니라고 주장하였으며, 또한 만일 의지가 있다면 그것은 하늘이 아니라고 한 것이다. 또한 왕충은 「自然」에서 더욱 집중적으로 이러한 논의를 했으며 한 걸음 더 나아가 천도 자연무위의 진의를 밝혔다.

> 천체의 운동은 이러한 것을 빌려 만물을 창조하기 위해서가 아니며 또한 만물은 스스로 생성되어지는데 이러한 것을 자연이라고 한다. 천체가 기를 베푸는 것은 만물을 창조하기 위해서가 아니며 또한 만물은 스스로 형성되어 지는데 이러한 것을 무위라고 한다. 그렇다면 과연 무엇을 천의 자연무위라고 하는가? 그것은 바로 기의 작용을 의미한다. 기는 깨끗하고 고요하여 어떠한 욕망도 없는 것으로, 어떠한 인위적인 작용이나 행위도 없는 것이다. … 천도는 본래 어떠한 인위적인 조작이 없기 때문에 봄이 되면 천의 의지와 관계없이 만물의 싹이 나오고, 여름이 되면 천의 의지와 관계없이 만물이 생장하고, 가을이 되면 천의 의지와 관계없이 만물이 결실을 맺고, 겨울이 되면 천의 의지와 관계없이 만물이 거둬들이는 것이다. 양기가 저절로 나오면 만물은 스스로 생장하는 것이며, 음기가 저절로 나오면 만물은 스스로 결실을 맺고 거둬들이는 것이다.[36)]

---

36) 『論衡』, 「自然」, "天動不欲而生物, 而物自生, 此則自然也; 施氣不欲爲物, 而物自爲, 此則無爲也. 謂天自然無爲者何? 氣也. 恬澹無欲, 無爲無事者也. … 天道無爲, 故春不爲生, 而夏不爲長, 秋不爲成, 冬不爲藏. 陽氣自出, 物自生長, 陰氣自起, 物自成藏."

이상과 같이 알 수 있듯이 왕충은 천도 자연무위의 사상으로써 만물이 스스로 생장한다는 원칙을 세웠다. 즉 천체의 운행은 단지 기(氣)의 작용일 뿐으로, 이러한 기(氣)의 작용을 거친 후에 만물은 스스로 생성되고 성장하고 결실을 맺게 된다는 것이다.

바꿔 말하면 천체의 운행은 기(氣)의 작용일 뿐으로 어떠한 목적을 가지고 만물을 생성하고 성장시키는 것이 아니라 만물 자체가 스스로 생성하고 성장할 수 있다는 것이다. 그러므로 우주 속에 있는 만물은 모두 천 아래서 목적이 없이 사물자체가 스스로 생성되고 성장되는 것이다. 이러한 목적이 없는 생성과 성장은 만물 스스로의 생성과 성장으로 천도자연과 무위로써 그 가운데에는 초자연적인 주재나 목적 그리고 의지의 작용이 없다는 것이다.

천체의 운행과 기(氣)의 작용은 본래 특정한 목적이 없이 만물을 낳고 성장시키는 것이었지만 결국은 만물이 스스로 낳고 성장할 수 있게 되었다. 이것이 바로 천도가 자연무위가 되는 까닭으로 낳지 않고 성장시키지 않는다는 것이 아닌 어떤 목적이 없이 낳고 성장시킨다는 것이다. 그러므로 이러한 견해는 왕충이 독자적으로 창출해낸 새로운 견해로 '자생론(自生論)'이라고 할 수 있을 것이다.[37] 즉 왕충은 자연의 법칙에 의거하여 만물이 초자연적인 힘에 의해 지배되거나 생산된다는 기존의 견해를 부정하고, 물질세계는 어떠한 초자연적인 의지와 관계없이 생성되는 것이라고 생각한 것이다.[38]

또한 왕충은 천도 자연무위의 근거에 대하여 다음과 같이 논증을 하고 있다.

---

37) 王友三, 『中國無神論史綱』, 上海, 上海人民出版社, 1982년, 100쪽 참조.

38) 黎惟東, 「王充思想研究」, 臺北, 中國文化大學 哲學研究所 博士學位論文, 1984년, 131쪽 참조.

무엇을 근거로 천의 무위자연을 안다고 하는 것인가? 천에 입과 눈이 없다고 하는 사실로 알 수 있는 것이다. 모든 의지가 있는 행위를 하는 것들을 살펴보면 모두 입과 눈이라고 하는 기관이 있다. 입은 음식을 먹고자하고 눈은 사물을 보고자하는 것은 마음속으로 부터 좋은 것을 먹고 보고자하는 욕망이 발생하여 외부로 표출되는 것이다. 그래서 입과 눈을 이용하여 추구하는 것이며 그러한 것들을 얻게 되면 비로소 만족해하는 것이다. 이러한 것들이 바로 욕망이 발생하게 되는 작용인 것이다. 지금의 천체는 입과 눈에 의한 욕망이 없어 사물에 대하여 어떠한 추구나 독촉도 없는데 어떻게 의지가 있는 행동이 있겠는가?[39]

인간의 욕망과 작위는 모두 눈 코 입 귀 등의 감각기관에 의해서 비롯된 것이다. 인간과 동물은 모두 입과 눈 등의 감각기관의 욕망을 가지고 있으며 그러한 욕망을 실현하기 위하여 외부로 표현하며 목적의식을 가지고 행위를 하기 때문에 자연적이라고 하지 않는다. 그러나 천체는 감각기관이 없기 때문에 어떠한 욕망이나 작위가 없다는 것이다. 만일 천체가 의지나 어떤 목적의식을 가지고 만물을 창조하고 생성시켰다면 만물은 스스로 생성된 것이 아니기 때문에 이러한 만물을 주관하고 제어하기 위해서 천체는 많은 인위적인 수단과 방법이 필요할 것이다. 그러나 천체는 인위적인 수단과 방법을 가지고 있지를 않다는 것이 왕충의 견해이다. 그래서 그는 다음과 같이 말했다.

---

39) 『論衡』, 「自然」, "何以知天之自然也? 以天無口目也. 案有爲者, 口目之類也. 口欲食而目欲視, 有嗜欲於內, 發之於外, 口目求之, 得以爲利, 欲之爲也. 今無口目之欲, 於物無所求索, 夫何爲乎?"

> 봄은 만물의 생장을 지켜보고 가을은 만물의 성숙을 지켜본다. 이러한 것을 천지가 의식적으로 만든 것일까? 아니면 만물이 스스로 생성되는 것일까? 만일 천지가 그러한 것들을 만들었다고 생각한다면 그러한 제조행위에는 손이 필요할 것인데 어떻게 천지에 그렇게 많은 손이 있어서 수많은 사물을 만들어낼 수 있다는 말인가?[40]

실제로 만일 만물이 천지의 의지에 의해서 생성되었다는 것을 긍정한다면, 천지가 만물을 창조하는 데는 반드시 손이 필요하지는 않다. 이러한 부분이 바로 왕충이 물질적인 측면에 매몰되어 정신적인 작용을 간과한 병폐라고 지적할 수 있는 것이다.[41]

또한 왕충은 설사 천체가 이목구비 등의 감각기관이 있어서 의지를 가지고 어떤 일을 도모하고자 해도 천체와 인간의 크기는 서로가 현저한 차이가 있고, 상호간에 너무 많이 떨어져 있는데 어떻게 서로 감응할 수 있겠느냐고 의문을 제기한다. 더 나아가 왕충은 천체가 과연 어떻게 인간에 대하여 좋아함과 싫어함을 길흉으로써 나타낼 수 있느냐고 의문을 제기하며 다음과 같이 해답을 제시한다.

> 인간은 천체가 무엇을 하고자 하는지를 모르는데, 천체가 어떻게 인간이 무엇을 하고자 하는지 알 수 있겠는가?[42]

이상과 같이 볼 때, 왕충은 도가와 순자의 천도사상을 계승발전 시

---

40) 『論衡』, 「自然」, "春觀萬物之生, 秋觀其成, 天地爲之乎? 物自然也? 如謂天地爲之, 爲之宜用手, 天地安得萬萬千千手, 並爲萬萬千千物乎?"
41) 陳拱, 『王充思想評論』, 臺中, 東海大學出版部, 1968년, 58쪽 참조.
42) 『論衡』, 「自然」, "人不曉天所爲, 天安能知人所行?"

켜 독특한 만물자생론을 만들었음을 발견할 수 있을 것이다. 여기에서 우리는 왕충이 주장한 천은 물질적인 실체임을 분명하게 알 수 있으며,[43] 아울러 그는 목적론적인 천을 자연무위의 천으로 환원시켜 천인감응의 가능성을 철저하게 단절시켰음을 발견할 수 있는 것이다.

4. 맺는 말

이상과 같은 논거들을 종합해보면 다음과 같다.

왕충은 '천'이 물질실체라는 것을 긍정한다. 즉 그는 하늘과 땅이 모두 물질실체라는 것을 반복적으로 강조하고 있으며, 이 둘은 모두 이목구비로 대표되는 감각기관이 없으므로, 그에 상응하는 어떠한 지각능력도 생성해낼 수 없는 존재이기 때문에 인간과는 어떠한 교감도 가질 수가 없다는 것이다. 더나가 그는 하늘과 땅은 어떠한 신비주의적 요소를 갖추고 있지 않다고 하였는데, 예를 들어 '천'이 '기'라는 설정을 통해서 '천'의 신비주의적 요소를 무력화시킨다. 즉 '기'라는 것은 구름이나 연기와 같은 것으로서 어떠한 지각능력도 가지고 있지 않다고 주장하였다.

왕충은 이러한 사실들을 근거로 '천'의 신비주의적 특성과 감각적 성질 그리고 의지적 성질을 부정하여 '천인감응론'의 이론적 근거를 무력화시킨다. 왕충이 강조한 '천'은 물질실체이지 '기'가 아니라는 주장을 다음과 같이 했다.

먼저, 천은 '기'라고 하는 견해는 본래 한대의 유학자들이 주장한 것으로, 그들은 음양가의 관점을 답습하여 우주가 조성된 구조를 음양오행의 체계를 운용하여 해석하였다. 또한 그들은 이러한 음양의

---

43) 侯外廬, 『中國古代思想學說史』, 上海, 國際文化服務社, 1950년, 157쪽 참조.

'이기(二氣)'의 운용을 통하여 천인관계를 관통시킴으로써 모든 재앙과 상서로운 일에 대한 해석의 근거를 만들었다. 그러나 왕충은 하늘에 인간과 감응할 수 있다는 '기'가 존재한다는 사실에 대한 부정을 통하여 '천인감응'의 이론적 허구를 신랄하게 비판한다.

또한 왕충은 '천'을 물질실체로 분명하게 규정하여, '천'에 대하여 어떠한 신비주의적인 색채도 없게 만들어버렸다. 이와 같이 왕충은 '천'을 '기'라고 하여 신비주의적인 색채가 짙은 한대 유학자들이 가장 잘 사용하는 하늘과 사람이 서로 관통한다고 하는 수식어를 철저하게 봉쇄시켜버렸다.

그리고 왕충은 천도(天道) 자연무위의 사상으로써 만물이 스스로 생장한다는 원칙을 다음과 같이 세웠다. 즉 천체의 운행은 단지 '기(氣)'의 작용일 뿐으로, 이러한 '기'의 작용을 거친 후에 만물은 스스로 생성되고 성장하고 결실을 맺게 된다는 것이다.

다시 말하면 천체의 운행은 '기'의 작용일 뿐으로 어떠한 목적을 가지고 만물을 생성하고 성장시키는 것이 아니라 만물 자체가 스스로 생성하고 성장할 수 있다는 것이다. 그러므로 우주 속에 있는 만물은 모두 천 아래서 목적이 없이 사물자체가 스스로 생성되고 성장되는 것이다. 이러한 목적이 없는 생성과 성장은 만물 스스로의 생성과 성장으로 천도자연과 무위로써 그 가운데에는 초자연적인 주재나 목적 그리고 의지의 작용이 없다는 것이다.

천체의 운행과 '기'의 작용은 본래 특정한 목적이 없이 만물을 낳고 성장시키는 것이었지만 결국은 만물이 스스로 낳고 성장할 수 있게 되었다. 이것이 바로 천도가 자연과 무위가 되는 까닭으로 낳지 않고 성장시키지 않는다는 것이 아닌 어떤 목적이 없이 낳고 성장시킨다는 것이다. 그러므로 이러한 견해는 왕충이 독자적으로 창출해낸 새로운 견해로 '자생론(自生論)'이라고 할 수 있을 것이다. 즉 왕충은 자연의 법칙에 의거하여 만물이 초자연적인 힘에 의해 지배되거나 생산된다는 기존의 견해를 부정하고, 물질세계는 어떠한 초자연적인 의지와 관계없이 생성되는 것이라고 생각한 것이다.

참고문헌

『老子道德經河上公章句』, 北京, 中華書局, 1993.
劉寶楠, 『論語正義』, 『續皇淸經解』 本.
朱　熹, 『四書章句集注』, 海淵閣明刻本.
孫詒讓, 『墨子閒詁』, 北京, 中華書局, 1954.
王先謙, 『荀子集解』, 北京, 中華書局, 1992.
郭慶藩, 『莊子正義』, 北京, 中華書局, 1993.
蘇　輿, 『春秋繁露義證』, 北京, 中華書局, 1992.
王　充, 『論衡』, 上海, 上海人民出版社, 1974.
蔡仁厚, 『孔孟荀哲學』, 臺北, 臺灣學生書局, 1990.
侯外廬, 『中國古代思想學說史』, 上海, 國際文化服務社, 1950.
徐復觀, 『兩漢思想史』, 卷二, 臺北, 臺灣學生書局, 1985.
周桂鈿, 『秦漢思想史』, 石家莊, 河北人民出版社, 2000.
田昌五, 『王充及其論衡』, 北京, 三聯書店, 1958.
陳　拱, 『王充思想評論』, 臺中, 東海大學出版部, 1968.
李維武, 『王充與中國文化』, 貴陽, 貴州人民出版社, 2000.
周桂鈿, 『天地奧秘的探索歷程』, 北京, 中國社會科學出版社, 1988.
王友三, 『中國無神論史綱』, 上海, 上海人民出版社, 1982.
黎惟東, 「王充思想研究」, 臺北, 中國文化大學 哲學研究所 博士學位論文, 1984.

제7장

위진남북조시기의 영혼과 육체의 관념

1. 시작하는 말

중국의 육조(六朝)시기에는 대부분의 사상가들이 인간의 육체와 영혼의 관계에 대하여 언급하였다. 또한 이 시기는 중국 철학사에 있어서 육체와 영혼의 관계를 가장 집중적으로 논의한 시기라고 할 수 있다. 당시 사회저변에 걸쳐 청담(淸談)사상의 기풍이 만연한 가운데, 사상가들은 하나의 주제에 대하여 여러 차례의 논쟁을 벌이는 것을 관행처럼 여겼다. 이러한 상황 속에서 인간의 육체와 영혼의 관계에 대한 문제는 당시 사상가들 간의 첨예한 논쟁으로 발전하였다. 사상가들 상호간에 첨예하게 대립하는 과정 속에서 당사자들은 논쟁의 상대방의 이론을 매섭게 공격하였다.

당시의 사상가들 가운데 일부는 불교에서 주장하는 생사윤회의 영향을 받아서 "영혼은 소멸되지 않는다"는 관념을 형성했다. 다른 사상가들은 "영혼은 소멸된다"라고 하여 불교의 입장과는 반대되는 의견을 제시하였다. 이러한 육체와 영혼의 관계에 대한 논쟁은 결국은 "영혼은 소멸되는가? 소멸되지 않는가?"라는 논쟁으로 발전하게 된다.

육체와 영혼의 관계에 대한 문제가 첨예한 논쟁으로 발전하기 전에는 단지 순수하게 양생관념에 기초한 육체와 영혼의 논의만 있었는데, 바로 혜강(嵇康)의 『양생론』(養生論)이 그 대표적인 예다. 『양생론』에서 혜강은 육체와 영혼의 관계 속에서 양생의 도리를 언급하고 있다. 혜강은 양생이란 반드시 육체와 영혼을 같이해야 한다는 데서부터 착수하여 입고 먹어서 육체를 키우고, 애증은 정서에 깃들이지 않게 하고, 근심과 기쁨은 마음에 남기지 않고, 정신으로 하여금 온화한 곳에 닿게 하여 욕심이 없고 평정한 마음이 되어야 한다고 했다. 또한 그는 육체와 정신은 상호 의존적인 존재이기 때문에 어느 것 하나라도 없어서는 안 된다는 것이다. 그러므로 "육체와 정신은 친근하여야 하고, 겉과 속이 가지런해야 한다"라고 하는 것이며, 이때 비로소 완전한 양생의 효용이 생기는 것이다. 그렇기 때문에 양생에서의 '생'이 가리키는 것은 사실 육체와 정신 모두를 포함하고 있는 것이다.

또한 육체와 영혼은 상호 의존적인 존재라는 관계 외에도 주종의 구별이 있다. "영혼이 육체에 있는 것은 마치 나라에 군주가 있는 것과 같다. 영혼이 조절 능력을 상실하게 되면 육체가 외적으로 해를 입게 되는데, 이것은 마치 군주가 어리석으면 나라의 백성들이 어지럽게 되는 것과 같다."[1] 그러므로 "영혼"을 제대로 파악하고 있으면 "육체"를 조절할 수 있는 것이다. 이렇게 볼 때 영혼은 육체를 조절하는 것이다. 그러나 육체를 과도하게 혹사시키면 영혼 역시 피폐해지게 되는데, 이것은 마치 나라가 혼란에 빠지면 군주 역시 자신의 안위를 돌볼 수 없게 되는 것과 같은 이치이다. 즉 정신과 육체는 상호 의존적인 관계이기 때문이다.

1) 嵇康, 『嵇中散集』 卷三, 「養生論」, 臺北, 臺灣中華書局, 1987년.

2. 양진시기의 육체와 영혼의 관계 문제

동진(東晉)시기는 불교와 도교가 비약적으로 발전하던 시기라고 할 수 있다. 이 시기의 불교와 도교는 점진적으로 신앙의 단계에서 교리를 더욱 정밀하게 만들어 이론적인 무장을 하게 된다. 또한 현학(玄學)의 발전 역시 최고조에 달한다고 할 수 있는데, 왕필(王弼)의 귀무론(貴無論) 배위(裵頠)의 숭유론(崇有論) 곽상(郭象)의 독화론(獨化論) 등이 이시기에 출현하여 현학의 최고 전성기를 구가한다. 이러한 현학의 최고 전성기를 고비로 당시의 학술계에는 새로운 영역으로 관심이 쏟게 된다. 즉 종교적인 영역으로 토론의 관심이 집중되고 또한 종교문제에 대한 토론이 새로운 풍조로 자리잡게 되는 것이다.

종교적 문제가 현학의 자리를 대신하여 당시의 종교사상은 급속한 발전을 이룩한다. 또한 불교와 도교는 서로 교류하는 가운데 영향을 주고받으며 융합의 형태를 띠어간다. 남조시기의 유명한 사상가 갈홍(葛洪)은 『포박자』(抱朴子)를 저술하여, 유교와 도교의 조화를 도모한다. 그러나 갈홍은 도교사상을 위주로 유교와 도교의 조화를 도모했으며, 그는 책 속에서 불로장생과 신선이 되는 도교의 이론을 언급하는 과정에서 육체와 정신의 관계에 대하여 서술하고 있다. 갈홍의 육체와 영혼의 관계에 대한 견해는 다음과 같다.

> 육체라는 것은 영혼의 집이다. 그러므로 제방에 비유할 수 있는데, 제방이 무너지면 물이 남아있지 않게 되는 것이다. 또한 촛불에 비유할 수 있는데, 초가 없으면 불이 있을 곳이 없게 되는 것이다. 육체가 피곤하면 영혼이 흐려지게 되고, 기가 다하면 생명이 끝나게 되는 것이다. 뿌리가 다했는데 가지가 무성한 것은

> 푸른 나무만 그렇다. 기가 피폐하면 끝나려고 하게 되는 것이다. 즉 영혼이 육체를 떠나가게 되는 것이다.[2]

갈홍은 "촛불" 및 "제방의 물"로 육체와 영혼을 비유하였는데, 그는 육체를 영혼이 거주하는 집으로 여겨 만일 육체가 소멸되면 집도 소멸되기 때문에 영혼을 그 거주지를 상실하게 되어 본래부터 거주하던 육체를 떠나간다고 보았다. 그러므로 영혼을 항상 존재시키기 위해서는 육체를 훼손시키지 않아야 한다고 했다. 바로 이러한 것이 도교에서 일관되게 주장하는 연단술이다.

또한 갈홍은 영혼이 육체를 조절한다고 생각하였는데, 이러한 사실을 군주와 신하의 관계를 비유로 든다.

> 영혼은 군주와 같고, 피는 신하와 같으며 기는 백성과 같다. 그러므로 육체를 잘 파악한다면 국가를 통치할 수 있고 백성들을 사랑할 수 있어 나라를 안정시킬 수 있는 것이다. 기를 잘 양성하는 길이 바로 육신을 온전히 보전하는 길이 된다. 백성들이 흩어져 떠나면 국가는 망하게 되는 것이며, 기가 소진되면 육체는 죽는 것이니 죽은 것은 삶이라고 할 수 없고, 망실된 것은 존재하는 것이라고 할 수 없다.[3]

위의 인용문은 군주와 국가 그리고 백성이라고 하는 세 가지 요건을 가지고 영혼과 혈액과 '기(氣)'의 관계를 설명한 것이라고 할 수 있다. 그리고 영혼이 주인이 되고 육체가 종복이 된다고 하는 의미가 내포되어 있기도 하다. 이러한 것 이외에도 갈홍은 '기'의 관념에 대

2) 王明, 『抱朴子內篇校釋』 卷五, 「至理」, 北京, 中華書局, 1988년.

3) 王明, 『抱朴子內篇校釋』 卷五, 「地眞」, 北京, 中華書局, 1988년.

하여 언급했는데, '기'를 양성한다고 하는 것 역시 매우 중요한 방법론의 하나로 자리 매김 하게 된다. 즉 "만일 올바른 '기'를 쇠락하게 만들지 않으려고 한다면 영혼과 육체가 서로 절도에 맞아서 그것을 상하게 하지 않아야 한다."4)

동진시기의 본격적인 육체와 영혼의 관계에 대한 논쟁은 라함(羅含)과 혜원(慧遠)에 의해서 시작된다고 할 수 있는데, 이제부터는 본격적으로 이 문제에 대하여 논의해보도록 하겠다.

역사문헌의 기록에 의하면 라함은 송나라 사람이었으며, 환온 밑에서 '정서참군'이라는 벼슬을 역임하였으며 후에 환온이 남군공에 봉해지자 라함은 '낭중령'에 임명된다. 그의 저서로는 문집 세 권이 전해져 내려오는데, 그 가운데 『갱생론』(更生論)이 세상사람들의 주목을 받고 있다고 한다.

『갱생론』에서 라함은 만물은 다시 태어나거나 새롭게 태어난다고 주장했는데, 이러한 관점은 불교에서 언급하는 윤회와 상당부분 유사하다고 볼 수 있다. 그러나 『갱생론』 전편을 다 찾아보아도 불경을 인용한 부분은 찾아볼 수 없으며 오히려 처음 시작 부분부터 향수가 주석한 장자의 말을 인용하고 있는데 다음과 같다. "천이란 무엇인가? 만물의 총칭이다. 인간이란 무엇인가? 만물가운데의 하나이다." 또한 문장의 끝 부분 역시 『장자』에서 주장한 삶과 죽음은 하나라는 관점으로 마무리를 한다.5)

이와 같이 볼 때 라함의 학문적 기초는 도가사상 가운데 장자의 사상이 그 저변에 깔려있다고 할 수 있으며, 불교의 교리는 전혀 그 흔적을 찾아볼 수 가 없다고 말할 수 있는 것이다. 그러나 후대의 사람

---

4) 王明, 『抱朴子內篇校釋』 卷五, 「極言」, 北京, 中華書局, 1988년.

5) 『莊子』, 「齊物論」, "生死無變於已." 郭象注曰 : "與變爲體, 故死生若一."

들은 라함의 '갱생이론'을 가지고 불교의 윤회설과 결부시켜 말하기도 하는데 이는 그다지 큰 호소력이 없다고 여겨진다. 이러한 주장의 선봉에 선 사람은 다름 아닌 손성(孫盛)이었다. 손성은 『라군장에게 보내는 답신』에서 정신이 소멸한다고 하는 주장에 대하여 반대의 입장을 분명하게 밝힌다. 이에 대하여 라함은 『손안국에게 보내는 답신』에서 손성의 의견과 반대의 입장을 견지한다는 사실을 분명히 밝히고 '갱생이론'에 대하여 재차 설명을 한다. 이와 같이 오고 가는 논쟁 속에서 육체와 영혼의 관계에 대한 논쟁의 서막이 천천히 올라가고 있었으며 점차 영혼은 소멸하는 것인가? 아니면 영원히 존재하는 것인가? 라고 하는 부분으로 초점이 모여지고 있었다.

이러한 육체와 영혼의 관계에 대한 문제는 위진남북조시기에 형성된 상호간의 서신교환 속에서 논쟁이 시작되었으며, 그들의 관심사는 삶은 어디에서 왔으며 죽음은 어디로 가는가의 문제와 영원히 존재하는 영혼은 있는가? 영혼은 윤회를 하는 것인가? 하는 문제를 필두로 하여 육체와 영혼의 관계에 대한 문제로 초점을 맞춰갔다.

라함은 자신이 스스로 갱생이론의 기초를 만들고 그 이론적 근거에 입각하여 자신의 주장을 펴나간다. 그러나 손성 같은 경우는 라함의 이론에 반대의 입장을 분명하게 취하는데, 즉 인간이 죽으면 영혼 역시 소멸된다고 주장한다. 그는 "육체가 분산되면, 인식능력 역시 분산되는 것이다."라고 하였는데, 이는 육체가 소멸되면 그에 수반하여 정신의 인식능력 역시 같이 소멸된다고 하는 말이다.

인과응보의 문제 역시 이 시기의 논쟁 주제 가운데 하나였다. 당시에는 인과응보 및 윤회론에 대하여 많은 사람들이 반대의 입장을 견지하고 있었는데, 특히 대규(戴逵)가 그 가운데 일익을 담당하고 있었다. 대규는 본래 불교도였으나, 인과응보설에 늘 의혹을 품고있었기 때문에 결국은 『석의론』(釋疑論)을 저술하여 현실 속에서 많은 선행을 한 사람들이 복을 받지 못하고 또한 악행을 한 사람들이 벌을 받지 않는 사실에 대하여 문제제기를 한다.

대규는 비록 불제자였지만 인과응보설에 대하여 늘 의혹을 품고 있었기 때문에 다음과 같이 말한다. "현명하고 어리석고 선하고 악하고, 부유하고 가난하고 모두는 각자의 운명에 따른 것이지 행위가 쌓여서 된 것은 아니다." 이와 같이 대규는 당시 불교의 인과응보설에 대하여 분명하게 반대의 입장을 견지한다.

이러한 대규의 『석의론』에 반대하여 혜원은 『삼보론』(三報論)을 저술하여 불교의 인과응보설을 천명한다. 이러한 '삼보론'을 통하여 혜원은 불교의 인과응보설을 명확하게 설명할 뿐만 아니라 선행에 대한 보답이 없고 악행에 대한 징벌이 없다는 의혹에 대하여 해명을 한다. '삼보론'에서 말하는 '삼보'는 '현생보' '내생보' '후내생보'를 의미한다.

> 불경에서는 업보에는 세 가지가 있다고 한다. 하나는 현생보이고 또 하나는 내생보이며, 마지막 하나는 후내생보이다. 현생보라는 것은 선행과 악행이 내 육신에 있는 것으로 지금의 내가 받는 업보라는 것이다. 내생보라는 것은 다음 생에서 받는 업보라는 것이다. 후내생보는 다음의 다음 혹은 백생이나 천생 뒤에 받는 업보라는 것이다.[6]

'현생보'는 지금의 생에 쌓인 업보로 인하여 현생에서 받는 업보를 말한다. '내생보'는 현생에서 쌓인 업보로 인하여 다음 생에서 받는 업보를 의미한다. 또한 '후내생보'는 현생에서 쌓인 업보로 인하여 다

6) 道宣輯, 『廣弘明集』 卷五.

음의 다음 생이나 백 번째 생이나 혹은 천 번째 생에서 받는 업보를 의미한다. 이와 같이 업보를 받는 시간을 늘려놓음으로써 현생에서의 악행이 징벌로 돌아오지 않는 인과응보설의 약점을 보완한다.

혜원의 입장에는 당시의 많은 사람들이 인관응보와 윤회사상에 대하여 의혹을 가지고 있었고 또한 육체가 죽으면 정신 역시 소멸된다고 하는 주장을 하며 불교의 교리에 반대하는 대다수의 학자들의 이론에 맞서기 위해서 불교의 교리를 옹호하는 새로운 이론체계의 구축이 필요했으리라고 본다. 그래서 그는 「육체가 죽어도 정신을 소멸하지 않는다」라는 논문을 써서 불교의 교리에 반대 입장을 견지하는 학자들과 대립한다.

논문 속에서 혜원은 정신에 대하여 심도 있는 분석을 하는데, 그는 정신을 당시에 일반인들이 알고 있는 의미의 영혼이 아니라 '매우 정밀하고 영험한 것'으로 설명한다. 이는 당시에 일반적으로 통용되던 명사가 아니었지만 그렇다고 영혼이나 인식능력을 지칭하는 것은 아니었다. 이와 같이 혜원은 당시의 사람들에게 불교에서 언급하는 윤회가 영혼불멸의 의미가 아니라는 것을 인지시키고자 했다.

3. 남북조 시기의 육체와 영혼의 관계 문제

남북조 시기는 육체와 영혼의 관계에 대한 논쟁이 가장 활발했던 시대이다. 특이한 점은 이러한 논쟁에 당시의 군주까지도 참여했다는 점이다. 범진(范縝)이 저술한 『신멸론』(神滅論)에 대하여 양(梁)나라의 무제(武帝)가 직접 문제제기를 한 것 외에 신하들에게 범진의 이론을 반박할 만한 새로운 이론 토대를 구축할 것을 명령하기도 한다. 『홍명집』(弘明集)권10에는 당시 예순 두 명의 인사들이 범진의 『신멸론』에 대항하기 위한 논문을 발표했다는 기록이 보인다. 또한 유명한 승려들과 명사들이 당시의 논쟁의 장에 참여하는 가운데 자연스럽게 집단적인 토론대회가 형성되기도 했다. 이러한 육체와 영혼의 관계에 대한 논쟁은 매우 성황리에 진행되었으며 그 이전에는 찾아 볼 수 없는 현상이었다. 그러나 수·당시기에 이르면 이러한 육체와 영혼의 관계에 대한 논쟁은 점차 자취를 감추게 되는데, 그 이유는 불교가 중국화 되어 새로운 모습을 보여주는 한편 교리 역시 더욱 정밀해지고 내용 또한 매우 광범위해진다. 그렇기 때문에 더 이상 생사윤회를 가지고 문장을 쓰는 학자나 명사들이 나타나지 않게 되는 것이다. 그러므로 남북조 시기를 육체와 영혼의 관계에 대한 논쟁의 최고 황금기라고 말할 수 있는 것이다. 또한 남북조 시기의 육체와 영혼의 관계에 대한 논쟁은 사실 남조에서만 유행했을 뿐 북조에서는 거의 다루어지지 않았는데, 그 이유는 당시의 지식인들이 대거 남방으로 이주했기 때문이다. 현학의 명사들이 대거 남방으로 옮겨감에 따라 남조와 북조의 학풍이 다른 모습을 보이게 되고 불교의 발전 양상 역시 다르게 나타난다.

당시 북방에는 구마라집(鳩摩羅什)과 그의 제자들이 주가 되어 공종(空宗)이론에 심취되어 있었다. 남방에서는 현학의 영향아래 축도생(竺道生)의 열반학(涅槃學)과 불성론(佛性論) 등이 일세를 풍미하고 있었다. 그렇기 때문에 육체와 영혼의 관계에 대한 문제에서 취하는 입장 역시 다를 수밖에 없었다. 탕용동(湯用彤) 같은 경우 다음과 같이 말하고 있다. "북조의 배불론은 격렬하기는 했지만 논쟁은 매우 적었다. 또한 배불은 정치원리에 따라 결정되어 남조처럼 학술적으로 활발하게 진행되지는 못했다."[7)]

7) 湯用彤, 『漢魏兩晉南北朝佛教史』 下冊, 臺北, 臺灣商務印書館, 1991년, 531쪽.

남조 송나라 때의 육체와 영혼의 관계에 대한 논쟁은 하승천(何承天)에 의하여 시작되었다고 할 수 있으며, 하승천 혼자 세 방향에 걸쳐 논쟁을 주도해간다. 하승천은 먼저 혜림(慧琳)이 저술한 『백흑론』(白黑論)을 가지고 종병(宗炳)과 논쟁을 벌인다. 『백흑론』에서 혜림은 유학과 도교를 '백학도사'로 표현하고 불교를 '흑학도사'로 표현하여 자신의 이론을 전개해나간다.

> 백학 선생이 있어, 중국성현의 경륜은 백세에 이른다고 하고, 그 덕은 매우 크고, 지혜는 두루 미쳐 온 천하의 이치를 다 알고 있으며, 도는 숨김이 없어 가르침이 촘촘하여 총명하고 지혜로운데, 어찌 다른 이론을 받아들일 수 있겠는가! 흑학도사가 있는데 운명의 길을 비출 줄 모르고 내생의 조화에 이르지 못하여 비록 마음을 비우는 것을 숭상하여 헛된 일을 하지 않는데도 서역의 깊이 있는 가르침에 이르지 못하는구나![8]

위의 인용문에서 백학선생과 흑학도사는 불교에서 말하는 '공(空)'과 '내생설(來生說)' 그리고 '인과(因果)' 등의 문제를 다루고 있으며, 마지막에서는 유학 이론의 의문점에 대해서는 언급하지 않고 석가의 변론은 부실하다는 뉘앙스를 풍겨 억불숭유의 모양새를 보이는데, 이에 대하여 종병은 『하형양에게 보내는 답신』을 통하여 혜림과 하승천의 견해를 정면으로 반박한다. 이것과 관련하여 임계유(任繼愈)는 『중국철학발전사』에서 다음과 같이 말한다.

> 종병이 『백흑론』을 받고 하승천과 몇 차례의 서신을 교환하는 가운데 주의 할만한 곳은 다음과 같은 세 곳이다. 먼저 불교이론

---

8) 『全宋文』 卷六十三, 收錄在, 『全上古三代秦漢六朝文』, 北京, 中華書局, 1995년.

특히 인과응보설, 영혼불멸 등은 진정하게 믿을 수 있는 것인가? 둘째, 땔나무와 불의 비유로 육체와 영혼의 관계를 어떻게 이해해야 하는가? 셋째, 공(空)의 의미를 어떻게 이해해야 하는가?[9]

위의 인용문을 통해서 우리는 하승천과 종병의 논쟁 초점이 영혼은 소멸하는가의 여부에 있다는 것을 알 수 있으며, 윤회문제와 육체와 영혼의 관계문제의 관련에 대하여도 일정부분 손을 대고 있음을 알 수 있다. 또한 그 가운데 땔나무와 불의 비유를 인용하였는데 이는 혜원의 비유를 계승한 것으로 볼 수는 있지만 결론은 영혼은 소멸하는 것이다 라는 점이다.

종병은 하승천과의 서신 상의 논쟁 이외에도 『명불론』(明佛論)을 저술하여 자신의 주장을 적극적으로 피력함과 동시에 체계적으로 영혼은 소멸하지 않는다고 하는 이론을 언급하면서 "온 천하에 신령함이 있는 것은 영혼이 소멸하지 않는다는 것을 분명히 보여주는 증거다."라고 주장한다.

마찬가지로 하승천 역시 『달성론』(達性論)을 저술하여 자신의 이론적 토대를 더욱 견고하게 만든다. 또한 하승천은 생사윤회의 문제점을 지적하는 것 이외에도 인과응보설에 대해서도 불신의 입장을 견지한다. 그래서 그는 『보응문』(報應問)을 저술하여 불교의 인과응보설을 비난한다. 임계유의 견해에 의하면 하승천이 비록 왜 『보응문』을 저술했는지 명확하게 설명을 하지 않았다고는 하지만 종병의 인과응보에 대한 견해에 대하여 문제 제기를 하기 위해서 이다라고 말할 수 있는 것이다. 그러나 종병은 하승천의 『보응문』에 대하여 어떠한 태도도 보이지 않는다. 또한 하승천과 여러 불교도들 간의 논쟁

9) 任繼愈主編, 『中國哲學發展史』(魏晉南北朝), 北京, 人民出版社, 1988년, 781쪽.

가운데 우리는 중국전통사상과 외래문화의 일대 충돌을 발견할 수 있었다.

정도자(鄭道子)가 『신불멸론』(神不滅論)을 저술한 원인은 세상사람들 모두가 '육체와 정신은 소멸된다'라고 생각하기 때문에 불교의 교리가 일반 사람들에게 받아들여지지 않음을 직시한 것에 있다고 할 수 있다. 그는 다음과 같이 말하고 있다.

> 많은 사람들이 육체와 정신이 함께 소멸되는 것으로 생각하고 있는데 그렇게 생각하는 까닭이 과연 타당한 것인가? 오래 전에 주공과 공자가 만들어 놓은 인의 예교의 가르침이 이미 그들의 마음에 각인되어 있어, 불교의 신령한 근본이 끊어져 언급하지 않는 것이다. 그러므로 사람들에게 느낌을 본체로 하여 스스로의 육신으로 돌아갈 수 있도록 불교의 가르침을 제창하고 있지만 백성들이 오래도록 믿지 않는 것이다.

정도자는 세상 사람들이 주공과 공자의 예교(禮敎)의 영향 때문에 불교에서 말하는 교리를 용납할 수 없다고 생각하였다. 그래서 자신이 이미 몸으로 체득한 도리로써 불교의 교리를 변호하면서, 정신은 소멸하지 않는다는 이론을 세상 사람들이 받아들일 수 있도록 기획하였다. 이러한 점은 새로운 사상이 구질서로 대표되는 과거의 문화에 진입하는 과정 속에서 발생하는 충격과 여파를 표시한다고 할 수 있을 것이다.

남조 송나라 시기의 육체와 영혼의 관계에 대한 논쟁은 임계유의 다음과 같은 언급으로 종결을 할까한다.

불교의 입장에서 언급한다면 '삼보론'은 혜원이 제기한 이후 이와 같은 논쟁을 거치는 가운데 진일보 발전하여 그 이론적 토대를 더욱 공고히 한다. 또한 종병이 대표가 되어 인간의 정신현상의 본질에 대하여 좀더 심도 있는 토론과 연구가 이루어진다. 종병은 인간의 정신을 더욱 발전된 형태로 인식하여 과거에 주장되었던 일종의 기의 소박한 형태로 보는 관념과는 동떨어진 새로운 시각 즉 정신과 육체는 본질이 다르다는 점을 주장한다. … 그리고 당시 정신의 본질에 대하여 좀더 심도 있게 논의한 사람은 정도자와 그의 『신불멸론』이다.[10)]

남조 제나라와 양나라 시기는 육체와 영혼의 관계에 대한 논쟁이 최고의 전성기를 구가하던 시기였다고 할 수 있다. 위로는 왕을 비롯한 대신들로부터 아래로는 일반 관리들을 비롯하여 명사들과 일반서민들에 이르기까지 심지어는 황제까지 논쟁에 참여하는 사태가 발생한다. 양나라 무제는 신하들뿐만 아니라 전국의 학자들에게 영혼은 소멸한다고 하는 이론에 대하여 반박할 이론적 근거를 수립하라고 친히 명령을 내린다. 이러한 상황은 불교가 점차 융성해져 사찰이 우후죽순처럼 늘어나고 승려들이 증가하고 제왕이 불교를 신봉했던 점과 밀접한 관련이 있다고 할 수 있다.

남조 제나라의 경릉왕(竟陵王) 소자량(蕭子良)은 자주 연회를 개최하여 천하의 학자들을 초빙하였으며, 일찍이 학사들에게 오 백가의 경서를 베끼게 했으며, 고승들을 초청하여 불교의 교리에 대하여 강론을 하게 했다는 기록이 보인다. 범진 역시 일찍이 소자량의 연회에 초청된 바 있는데, 한번은 연회에서 소자량과 범진이 인과응보의 문

---

10) 任繼愈主編, 『中國哲學發展史』(魏晉南北朝), 北京, 人民出版社, 1988년, 797쪽.

제에 대하여 토론한 적있었다. 그 때 소자량은 범진에게 다음과 같이 말했다.

> 소자량이 "그대는 인과응보설을 믿는 않는데, 세상에는 어째서 부유하고 고귀한 사람이 있으며, 또한 어째서 가난하고 천한 사람이 있는가?"라고 묻자 범진이 "인간의 삶은 한 송이의 꽃에 비유할 수 있습니다. 같은 가지에서 피어나지만 바람이 불면 떨어지게 됩니다. 어떤 것은 고급스러운 방석에 떨어지기도 하고, 어떤 것은 당장 넘어 변소에 떨어지기도 합니다. 고급스러운 방석 위에 떨어진 꽃은 전하와 같은 분이고, 변소 위에 떨어진 꽃은 저와 같은 사람입니다. 귀함과 천함의 경로가 다른데 인과응보가 과연 어디에 있겠습니까?"[11]

이와 같이 범진은 세상에서 회자되고 있는 인과응보와 같은 현상은 절대로 없다는 입장을 견지하고 있다는 신념아래 '빈부귀천'은 단지 우연의 소치일 뿐이라고 주장하여 소자량의 불만을 자아낸다. 후에 범진은 돌아가 『신멸론』을 저술하여 자신이 주장한 이론을 더욱 견고하게 만드는 한편 영혼은 소멸한다고 하는 사상을 내놓는다. 범진의 논문 가운데 '육체는 본질이고, 영혼은 쓰임이다'와 '육체와 영혼은 서로 분리할 수 없는 존재다'라는 명제로써 육체와 영혼이 분리되는 즉 인간이 죽은 뒤에도 영혼은 계속 존재한다고 하는 주장에 대하여 비판을 한다.

또한 범진은 '칼과 칼날의 비유'를 통하여 육체와 영혼의 관계에 대하여 새로운 해석을 시도한다. 즉 인간의 육체는 칼과 같으며 영혼은

---

11) 『梁書』 列傳第四十二, 「范縝傳」.

칼날과 같은 것이기 때문에 칼이 없으면 칼날 역시 존재할 수 없는 것과 마찬가지로 육체가 소멸되면 영혼 역시 소멸된다고 하는 주장이다.

남조 양나라 무제 소연(蕭衍) 역시 독실한 불교도였다. 역사문헌의 기록에 의하면 양나라 무제는 여러 차례에 걸쳐 자신을 사찰에 팔았을 정도로 적극적인 불교 옹호론자였다. 그는 범진이 『신멸론』을 저술하여 세상에 발표하자 바로 조정의 문무백관을 동원하여 범진의 주장을 꺾을 수 있는 이론적 토대를 만들라고 독려하는 한편 대규모 학술대회의 장을 마련한다. 당시의 대신들 및 저명한 학자들이 범진의 『신멸론』을 반박하기 위해 예순 두 명이 반대입장을 견지하는 논문을 일흔 다섯 편 발표했으나 결국은 어느 누구도 범진의 이론을 깨트릴 수는 없었다. 결국에 가서는 양나라 무제가 논쟁을 중지시키는 것으로 정리가 된다.

4. 맺는 말

중국의 육조시기에 발생한 육체와 영혼의 관계 문제에 대한 논쟁은 중국의 전통사상과 외래문화의 충돌과 융합이라는 형태를 띠고 있다. 이러한 사상의 대립과 융합은 표면적으로는 문화적 차이점만을 부각시킨 것처럼 보이지만 내면적으로는 문화의 융화적 측면을 드러내놓고 있다고 할 수 있다.

파주(巴宙) 같은 학자는 당시에 발생했던 일련의 상황들에 대하여 다음과 같이 말하고 있다. "서기 5세기에서 6세기에 이르는 시기의 중국불교 내부에서 발생한 사후 영혼불멸의 논쟁에 관하여 주의 할 만한 점은 영혼불멸을 주장하고 지지한 사람들 대부분은 불교의 지식인들이라는 것이다. 이러한 학자들은 한편으로는 대승불교 학설의 영향을 받았을 것이었으며, 다른 한편으로는 장자(莊子)와 도교의 불로장생 사상의 영향을 받았을 것으로 생각한다. 그들은 범진의 『신멸론』을 배격하기 위해서 노력하는 한편 인도불교와 중국불교의 영혼문제에 대하여 견지하는 관점을 비교하여, 인도불교도들이 숭상하는 석가모니의 가르침에 의거하여 유아(有我) 혹은 영혼론에 대하여 반대한다."[12] 이와 같이 볼 때 인도불교에서는 '무아(無我)'를 주장하며 영혼의 관념에 반대한다는 사실을 알 수 있다. 그러나 이러한 인도불교의 이론이 중국에 들어와서 윤회와 인과응보를 설명하기 위하여 중국문화의 훈도를 받은 불교사상가들에 의하여 영혼불멸의 이론이 불교 옹호의 중요한 논점의 하나로 자리를 매김 하게 된다는 것이다. 또한 이러한 사태가 발생하게 된 배경은 바로 중국사상의 입장에서 불교사상을 흡수한 까닭이라고 할 수 있는 것이며, 한편으로는 불교의 교리를 정확하게 이해하지 못한 소치라고 할 수 있을 것이다.

중국의 육조시기는 중국문화가 중대한 시험에 직면한 시기였다고 말할 수 있다. 유구한 역사와 전통을 가진 문화가 새로운 문화와 접촉하는 과정 가운데는 강력한 충돌이 발생하는데, 이러한 충돌을 반응하는 가운데 그 문화가 가진 유연성을 발견할 수 있는 것이다. 그리고 중국의 전통사상이 불교의 도전에 직면하여 그것에 대한 반응은 당시의 모든 사람들에게 있어서 주목의 대상이었다. 이점에 대하여 사계충(史繼忠)은 다음과 같이 말하고 있다. "배불투쟁은 동진시기에 그 서막이 올랐는데, 당시의 배불론자들은 유가의 명교(名敎)이론으로써 주요한 논거를 삼아서 불교의 '영혼은 소멸하지 않는다'는 이

12) 巴宙, 「中國佛教內關於靈魂不滅的爭論」, 收錄在 『佛光學報』 第三期, 臺北, 佛光學報社, 1978년, 107쪽.

론과 '인과응보'이론을 공격한다. 남북조시기의 하승천, 범진 등은 위로는 왕충(王充)의 '삶과 죽음은 기의 작용에 의한다'는 이론을 계승하는 한편 유가의 『五經』을 무기로 삼아 체계적인 영혼 소멸의 이론을 내놓는다. 그들은 '사람이 죽으면 영혼도 소멸하고, 삼세 윤회는 없다'라고 하는 주장과 '진정한 부처를 보지 못했다'라는 주장을 하여 철학사에 있어서 반신학적 이론 기초를 수립한다."[13]

참고문헌

『宋書』.
『梁書』.
『北史』.
『南史』.
『隋書』.
『莊子』.
僧祐輯, 『弘明集』.
道宣輯, 『廣弘明集』.
『法句經』.
桓譚撰, 『新語』, 北京, 中華書局, 1991.
王冰注, 『補注黃帝內經素問』, 上海, 上海古籍出版社, 1993.
劉文典撰, 『淮南鴻烈集解』, 北京, 中華書局, 1989.
王明, 『抱朴子內篇校釋』, 北京, 中華書局, 1988.
嵇康, 『嵇中散集』, 臺北, 臺灣中華書局, 1987.

---

13) 史繼忠, 「儒道佛的紛爭與融合」, 收錄在 『貴州民族學院學報』(社科版), 貴州民族學院出版社, 1993년, 49쪽.

嚴可均,『全上古三代秦漢三國六朝文』, 北京, 中華書局, 1995.
慧皎撰, 湯用彤校注,『高僧傳』, 北京, 中華書局, 1996.
任繼愈主編,『中國哲學發展史』(魏晉南北朝), 北京, 人民出版社, 1988.
湯用彤,『漢魏兩晉南北朝佛敎史』下冊, 臺北, 臺灣商務印書館, 1991.
『佛光學報』第六期, 臺北, 佛光學報社, 1981.
『貴州民族學院學報』(社科版), 貴州民族學院出版社, 1993.

제8장

퇴계 사상에 있어 선(善)의 가능근거와 그 실현의 문제

1. 시작하는 말

퇴계 이황(1501~1570)은 율곡 이이(1536~1584)와 더불어 한국성리학을 대표하는 사상가이다. 그의 주된 관심은 인간다움은 무엇인가를 규명하고, 이것을 어떻게 실현할 것인가에 있다. 즉 인간이 인간다울 수 있는 존재원리와 존재방식은 무엇이고, 이에 따라 인간이 다른 존재와 구별되는 내용은 무엇이며, 그래서 어떻게 하면 인간답게 살 수 있을까하는 문제에 골몰하였다. 이것은 인간의 본질에 대한 물음이며 삶의 태도에 대한 고민으로서, 그가 문제삼고 있는 핵심과제가 윤리적 삶에 있음을 보여주는 것이다.

퇴계에 있어 이처럼 윤리의 문제가 그의 의식중심에 자리하게 되는 것은, 그가 살았던 시대적 상황과 밀접한 관계가 있다. 퇴계가 생존하였던 때는 사화로 점철된 시대라고 하여도 결코 과장된 것이 아니다. 그가 생존하였던 시대에 조선의 4대 사화 중 셋이 발생하였기 때문이다. 4세에 갑자사화가 있었고, 19세에 기묘사화, 45세에는 을사

사화가 있었다.[1)]

사화란 겉으로는 명분을 내세운 싸움이지만, 사실은 목숨을 담보로 하는 투쟁이다. 따라서 내가 살기 위해서는 대립하고 있는 상대를 제거해야만 하는 것이기 때문에, 많은 사람들의 희생이 뒤따르는 것은 필연적인 결과라 할 것이다. 이러한 사람과 사람의 관계에서 일어나는 현상, 그 목숨을 걸고 싸우는 현실을 목도하면서, 퇴계는 근원적인 문제에 의식을 집중하게 된다. 퇴계의 관심 즉 해결의 과제는 살아가는 현실에서 어떻게 도덕성이 실현된 유토피아를 이룰 수 있는가에 있다. 이것은 이상적 세계에 대한 막연한 동경이 아니라, 지극히 절박하고도 간절한 현실의 문제 그 상생을 위한 염원의 발로인 것이다.

퇴계 철학사상의 근원적 출발은 공자에서 비롯된 것이고 그 뼈대를 이루고 있는 것은 주자의 사상이라고 할 수 있다. 그러나 앞선 사상의 수용과 추종만이 퇴계 사상의 내용이라고 할 수는 없다. 퇴계에게서는 그 나름의 시대적 과제와 문제의식이 자신의 사상을 형성하게 한 것이다.

본문은 퇴계가 이해하고 있는 인간의 본성에 대한 내용은 무엇인가를 살피기 위한 것이다. 도덕성 즉 선의 가능근거를 어디에서 찾고 있으며, 인간의 행위 속에 나타나는 악은 어떻게 해명되고 있는가를 정리하기 위한 것이다. 이러한 문제들은 인간을 어떤 존재로 보는가 하는 인간존재원리에 대한 규명인 동시에, 어떻게 살아가야 할 것인가 하는 삶의 방향을 설정하는 것이다.

이제 이러한 문제를 풀어가기 위해서 먼저 선의 근거와 악의 가능

1) 무오사화 역시 퇴계가 태어나기 3년 전인 1498년에 발생하였으니, 실로 퇴계의 생애는 사화의 거대한 물줄기 그 소용돌이 속에 있었다고 하겠다.

성은 어디에 있는지 살펴보고, 선을 보존하고 악을 제거하기 위한 방법과 그것이 실현된 의미는 무엇인가를 차례로 정리해 보고자 한다.

2. 선(善)의 존재론적 근거

성리학의 이론적 특징은 인간 본성 그것의 도덕성을 존재론적으로 확립하고 있다는 것이다. 즉 성리학은 본성의 선함과 악의 가능성을 리(理)와 기(氣)라는 개념에 기초하여 설명해 내고 있다. 이것은 인간의 존재 구조를 이기(理氣)로 설명하고 있다는 것이고, 세부적인 인간론인 심성론 역시 이기론의 기초 위에서 성립되고 있음을 의미한다. 따라서 퇴계에 있어 선 즉 도덕성에 대한 문제 역시 이기(理氣)의 의미와 관계를 살피는 것에서 그 해명의 토대를 찾을 수 있다.

그런데 퇴계가 리와 기를 바라보는 기본논조는 합간(合看)과 이간(離看) 즉 종합적 관점과 분석적 관점을 모두 지향하는 것이다. 이것은 비단 리와 기에 대한 이해에만 적용되는 것이 아니라, 학문에 대한 기본관점이 되는 것이다.

> 학문을 강함에 있어 분석을 싫어하고 합일만을 힘써 말한 다면 옛사람이 이것을 골륜탄조라 하니, 그 문제가 적지 않다.[2]

> 분개해야 할 곳에서는 분개하여 보되 혼륜을 해롭게 하지 않고, 혼륜할 곳에서는 혼륜해 보되 분개를 해롭게 하지 않는다. 사사로운 생각으로 왼쪽으로 당기거나 오른쪽으로 밀치지 않고, 분개를 합하여 혼륜하며, 혼륜을 분개함이 오래한다면 점차 그 조

2) 『退溪全書』, 권16, 「書 · 答奇明彦, 論四端七情 第一書」, "夫講學而惡分析無合爲一說, 故人謂之鶻圇呑棗, 其病不少."(이하 『퇴계전서』는 『전서』로 약칭함)

> 리가 있고 혼란하지 않게 되며 성현의 횡설과 수설이 각기 타당함과 서로 방해되지 않음을 볼 것이다.[3]

나누어 보아야 할 때는 나누어 보고 섞어 보아야 할 때는 섞어 보아야 한다 분석과 종합적 시각을 견지하는 것이, 퇴계가 존재와 세계를 조망하는 기본관점이다. 그러면 퇴계가 존재의 기본 구조로 제시하고 있는 리와 기에 대한 이해는 어떻게 나타나는지 살펴보자.

리와 기의 관계에 대한 퇴계의 기본관점은 주자가 설정한 내용을 그대로 반영한 것이다. 즉 개념적으로 리와 기는 분명하게 구분되는 것이지만, 구체적인 존재에 있어서는 하나로 있다고 본다.[4]

퇴계가 리와 기의 의미를 구분하는 대표적인 내용은 다음과 같다.

> 이 리(理)는 지극히 높아서 맞섬이 없으니, 사물에 명할 뿐이고 사물로부터 명을 받지 않기 때문이다.[5]

이것은 퇴계가 존재의 가장 근원적인 위치에 리(理)를 상정하고 있음 보여주는 것이다. 이것은 존재 자체의 구조에 대한 이해라는 의미를 지닌 동시에 윤리문제 해결의 열쇠라는 점에서도 의의를 갖는 것이다. 그런데 이러한 리(理)가 인간의 도덕성 즉 윤리문제에 연결되어 있다는 것은, 리(理)에 함축된 내용이 무엇인가를 확인하게 되면

---

3) 『전서』, 권16, 「書・答奇明彦 後論」, "分開看而不害有渾淪, 渾淪說處作渾淪, 渾淪說處作渾淪看而不害有分開. 不以私意左牽右掣合分開而作渾淪, 離渾淪而作分開, 如此久久自然漸見其有井井不容紊處, 漸見得聖賢之言橫說竪說, 各有攸當不相妨礙處.

4) 『전서』, 권41, 「雜著・非理氣爲一物辨證」, "朱子答劉叔文曰理與氣決是二物, 但在物上看, 則二物渾淪不可分開各在一處. 然不害二物之各爲一物也."

5) 『전서』, 권13, 「書・答李達 李天機」, "此理極尊無對, 命物而不命於物故也."

보다 분명하게 드러난다.

퇴계는 하늘은 곧 리(理)라고 전제하고, 천덕(天德)인 원형이정(元亨利貞)이 인간에 자리한 것이 본성이며, 이것의 구체적인 덕목이 인의예지신(仁義禮智信)이라고 주장하고 있다. 따라서 하늘과 인간은 하나의 리(理)로 일관되어 있다고 보게 되는 것이다.[6] 인간의 도덕 문제를 하늘과의 연계성 속에서 찾는 이러한 시각은 도덕적 천명사상에 뿌리를 두고 있는 것이다. 이것은 『시경』과 『상서』에서 보여지는 인간에 대한 도덕적 존재 규정에 기초한 것으로서,[7] 공자와 맹자를 중심으로 한 유가 전통의 인간관이라고 하겠다.

그런데 퇴계의 리(理)에 대한 이해 내용 중에 특기할 만한 것은 리(理)의 능동성을 강조하고 있다는 점이다. 이러하기 때문에 주자가 무정의(無情意), 무조작(無造作)이라 한 것은 리(理)의 체(體)를 말한 것이라 하고, 그 용(用)의 측면에서 보면 발현함이 이르지 않음이 없다고 주장하게 된다. 본체의 무위함만을 보고 오묘한 작용을 알지 못하여, 리(理)를 죽은 것으로 보는 것은 문제가 있다는 입장이다.[8]

> 태극이 동정한다고 하는 것은 태극이 스스로 동하고 정하는 것이며, 천명이 유행하는 것은 천명이 스스로 유행함을 말하는 것

6) 『전서』, 續集, 권8, 「雜著·天命圖說·第一節論天命之理」, "天卽理也, 而其德有四 曰元亨利貞是也. … 故當二五流行之際, 此四者, 常寓於其中而爲命物之源, 是以凡物受陰陽五行之氣, 以爲形者, 莫不具元亨利貞之理, 以爲性, 其性之目有五曰 仁義禮智信, 故四德五常, 上下一理, 未嘗有間於天人之分."

7) 『尙書』, 「商書·湯誥」, "惟皇上帝, 降衷于下民."
『詩經』, 「大雅」, "天生蒸民, 有物有則, 民之秉彝, 好是懿德."

8) 『전서』, 권18, 「書·答奇明彦 別紙」, "無情意造作者, 此理本然之體也. 其隨寓發見而無不到者, 此理之神之用也. 向也但有見於本體之無爲, 而不知妙用之能顯行, 殆若認理爲死物, 其去道不亦遠甚乎."

이니, 어찌 다시 그렇게 시키는 것이 있겠는가! 다만 무극과 음양 오행이 묘합하여 엉기고 만물이 화생하는 곳에 나아가 본다면 마치 주재하고 운용하여 그것을 이와 같이 하게 하는 것이 있는 것 같으니, 그것은 상서에 이른바 상제께서 아래 백성에게 충을 내려 주셨다 라고 한 것과 정자가 이른바 주재하는 것을 제라고 한 것이 이것이다. 대개 이와 기가 합하여 사물을 명하니 그 신묘하게 운용됨이 스스로 이와 같을 따름이지 천명이 유행하는 곳에 또한 그렇게 시키는 것이 따로 있다고 말할 수는 없는 것이다. 이(理)는 지극히 높아 상대가 없으니 사물을 명할 뿐 사물로부터 명을 받지 않기 때문이다.[9)]

리(理)의 동(動)을 주장하게 되는 것은 리우위론적(理優位論的) 혹은 주리적(主理的) 관점이 근저에 있기 때문이다. 그리고 이기양발(理氣兩發)을 주장하게 되는 것은 이체기용(理體氣用)의 논리만을 가지고는 이것을 심성론에 적용할 때, 인간의 선한 본성의 실현이라든지 선의지의 능동성 등을 해명함에 있어 야기되는 난제를 극복하기 위한 토대를 마련하기 위한 것이다.[10)] 이와 같이 리(理)에 대한 주재적 능동성을 인정하게 되는 것에서 인간이 도덕성 실현을 위한 자발적 의지 또한 긍정되는 것이다.

리(理)와 기(氣)에 대한 종합적 관점의 대표적인 내용은, '리 없는

---

9) 『전서』, 권13, 「書·答李達李天機」, "太極之有動靜, 太極自動靜也, 天命之流行, 天命之自流行也. 豈復有使之者歟, 但就無極二五妙合而凝, 化生萬物處看, 若有主宰運用而, 而使其如此者, 卽書所謂惟皇上帝降衷于下民, 程子所謂以主宰, 謂之帝是也, 蓋理氣合而命物, 其神用自如此耳. 不可謂天命流行處, 亦別有使之者. 此理極尊無對, 命物而不命於物故也."

10) 서용화, 『퇴계의 인간관 연구』, 서울, 학연문화사, 1998년, 105쪽 참조.

기 없고 기 없는 리는 없다.'[11]는 것이다. 이것은 개별적 존재의 구조 양상에 대한 인식이라 할 수 있다. 즉 구체적인 존재들은 리와 기로 이루어져 있다는 것에 대한 설명인 것이다.

퇴계가 견지하고 있는 리와 기의 관계에 대한 포괄적인 논리는 '리와 기 하나이면서 둘이고, 둘이면서 하나이다.'라고 하는 것이다.[12]

그런데 이와 같은 퇴계의 이와 기에 의한 존재이해 속에는 늘 인간의 도덕성에 대한 타당성 확보의 문제가 자리잡고 있다. 즉 어떻게 하면 선한 인간의 본성을 잘 지키고 또 이것을 길러낼 수 있으며, 여타의 존재와 인간을 구별하게 하는 윤리를 지킬 수 있을 것인가 하는 문제가 중심에 자리고 있는 것이다.

이러하기 때문에, 인간을 존재론적으로 분석하는 데 있어서도 인간의 도덕적 근원으로 제시되는 리(理)에 보다 많은 관심을 갖게 된다. 윤리의 절대성을 어떻게 확보할 것인가가 퇴계가 갖는 문제의식이며, 이것은 이기론(理氣論)에 그대로 투사되고 있다.

퇴계의 리기의 관계에 대한 이해는 주자가 설정한 기본관점 즉 '나누어 둘이 되지만 일찍이 떨어져 있지 않음을 해치지 않고, 합하여 하나가 되지만 실은 서로 섞이지 않는다'[13]고 하는 것에 기초를 둔 것이다. 이와 같이 퇴계는 리와 기의 관계에 대해 이른바 '하나이면서 둘이고, 둘이면서 하나다'라는 기본적인 골격을 유지하면서, 궁극적으로는 기보다는 리를 우위에 놓는 입장에 서 있다. 리(理)를 우위에 놓

---

11) 『전서』, 권36, 「書 · 答李宏仲問目」, "天下無無理之氣, 無無氣之理."

12) 『전서』, 권32, 「書 · 答禹景善問目」, "古今學者理與氣, 或太分而爲二, 或太合而爲一, 殊不知一而二, 二而一矣, 此無他故也. 學問之公, 未能居敬窮理, 而盡精微也."

13) 『전서』, 권16, 「書 · 答奇明彦 論四端七情第一書」, "分而爲二, 而不害其未嘗離, 合而爲一, 而實歸於不相雜."

는 관점은 단순히 가치론적 관점에만 머물지 않고 존재론적 혹은 생성론적 측면에서도 마찬가지이다. 이러하기 때문에 리가 기를 낳았다는 이른 바 '이생기(理生氣)'라는 논리로 전개될 수 있는 것이다.[14]

그러나 기(氣)에 앞선 리(理)를 말하는 것은, 기에 영향 받기 이전의 리를 인정하는 것으로서 여기에는 악이 생기기 이전의 순수선의 존재를 확보하려는 목적의식이 있다고 보아야 한다.

퇴계는 세계에 대한 존재론적 분석에 관심을 두고 이와 기의 의미에 접근한 것이 아니라, 윤리 즉 인간본성의 선함을 어떻게 확보할 것인가 하는 문제에서부터 출발하였다. 따라서 리의 내용에 있어서도 사물의 존재원리 즉 소이연지고(所以然之故)보다 윤리법칙인 소당연지칙(所當然之則)에 더 관심을 갖게 된다.

리와 기의 관계를 가치론적으로는 장수와 병졸, 왕과 신하로 비유하여, 상과 하의 관계성을 분명히 하고 있다.[15] 그래서 궁극적으로는 리는 귀하고 기는 천하다는 '이귀기천(理貴氣賤)'과 리는 높고 기는 낮다는 '이존기비(理尊氣卑)'의 논리를 정립하게 되는 것이다.

퇴계는 인간존재의 구성원리는 천지의 존재구조로부터 비롯된 것이라 생각한다. 이것은 태극도설의 소주를 인용하여 자신도 여기에 동의하는 데서 확인할 수 있는 것이다. 즉 천지의 태극이 인간에게는

---

14) 이것은 근본적으로는 理動의 문제와 결부된다. 윤사순은 퇴계가 '이가 동하면 기가 따라서 생한다.'라 한 것을 「태극도설」식으로 해석하고, 여기서 야기되는 몇 가지 문제점을 제시하고 있다. 그러나 퇴계의 理動說은 비록 이것이 원천적으로 그가 창안한 것은 아니지만 창안 못지 않은 것으로 태초생성설의 핵심이며, 이 이론의 합리화에서 창의성이 발휘되고 있다고 본다. (윤사순, 「퇴계의 이기철학에 대한 현대적 해석」, 『퇴계학보』 제110집, 퇴계학연구원, 2001년, 126~127쪽 참조.)

15) 『전서』, 續集, 卷8, 「雜著・天命圖說・第二節論五行之氣」, "理爲氣之師, 氣爲理之卒."

성이요, 천지의 동정음양이 인간에 있는 것이 심이라고 본다. 아울러 천지에 있어서의 금목수화토는 인간에 있어서는 인의예지신이며, 천지가 만물을 화생하는 것은 사람에게는 만사에 해당하는 것으로 이해하고 있다.[16] 이처럼 인간의 존재원리를 천지의 그것으로부터 도출해 내게 됨으로써, 인간에 있어서의 도덕성 또한 천지와의 연계성을 토대로 등장하게 된다.

그러면 천지와의 관계 속에서 인간의 도덕성을 이야기 할 때, 악의 가능성은 어디에서 기원한다고 말할 수 있을까? 퇴계는 이것을 리와 기의 관계성에 기초하여 다음과 같이 말하고 있다

> 리가 드러남에 기가 순응하게 되면 선하고, 기가 가림에 이가 기에 은폐되는 것이 악이다.[17]

이것이 퇴계의 이기론에 기초하여 내리고 있는 선악의 규정이다. 즉 리와 기의 관계성, 나아가 기의 존재형태로부터 악의 문제를 해명하고자 하는 것이다.

3. 악(惡)의 가능성

기(氣)보다 리(理)를 중시하는 입장은 인성론에도 그대로 이어져, '본연지성'을 강조하는 논조로 전개된다. 퇴계는 기질을 섞지 않고 말

16) 『전서』, 권22, 「書・答李剛而 別紙」, "天地之太極, 在人便是性, 天地之動靜陰陽, 在人便是心, 天地之金木水火土, 在人便是仁義禮智信, 天地之化生萬物, 在人便是萬事."

17) 『전서』, 권25, 「書・答鄭子中 講目」, "蓋合理氣統性情者, 心也, 故感動者, 雖是五性而其發也. 理顯而氣順則善, 氣揜而理隱則惡耳."

한 것이 본연지성이고, 기질에 나아가 말한 것을 '기질지성'이라 규정한다. 그런데 본연지성은 기질을 제외한 순수한 리(理)이므로 순수한 선(善)이 되지만, 기질지성은 기 또는 기질을 섞어 말하기 때문에 혹은 선할 수도 있고 악할 수도 있다고 본다. 퇴계는 윤리적 입장에 기초하고 있기 때문에, 본연지성의 순수한 선을 강조하고 그것을 기질지성의 상대적 선과는 구별하게 되는 것이다.[18)]

순선(純善)의 우위를 인정하려는 퇴계의 이러한 입장은 인심과 도심을 바라보는 관점에도 유효하다. 형기(形氣)에 기초한 것이 인심이고 성명(性命)에서 발원한 것이 도심이라고 한 주자의 개념설정에 동의하고 있지만, 인심과 도심에 대한 퇴계의 입장은 도심이 위주가 되는 것이라고 강조하는 데 있다. 그렇기 때문에 주자가 마음이 발동할 때에는 도심이 위주가 되고 인심은 그 명령을 따라야 한다고 한 점을 부각시키고 있다.[19)]

악의 가능성에 노출되지 않는 순선의 영역을 지켜내려는 퇴계의 노력은, 사단과 칠정을 바라보는 관점에서도 그대로 이어지고 있다. 퇴계의 사단칠정에 대한 관점은 8년이란 긴 시간 동안 고봉 기대승과의 논변을 통한 수정을 거쳐 종착점에 이르게 된다.

퇴계가 사단과 칠정에 대한 처음의 관점을 수정하고 맺은 결론은, 사단은 '이발이기수지(理發而氣隨之)'요 칠정은 '기발이이승지(氣發而理乘之)'라는 것이다. 이것은 인간의 정을 칠정하나로 보고 그 가운데 순선(純善)한 것이 사단이라고 보는 고봉과 율곡의 견해와는 합치되

---

18) 황의동,『한국의 유학사상』, 서울, 서광사, 1995년, 117~118쪽 참조.

19)『전서』, 권39,「書·答洪胖」, "分而言之, 人心固生於形氣, 道心固原於性命. 合而言之, 道心雜出於人心之間, 實相資相發而, 不可謂判然爲二物也. 故朱子言用功之際, 必曰道心爲主而人心聽命云云."

지 않는 것으로서, 선과 악의 구분 즉 악에 뒤섞이지 않는 선에 대한 퇴계의 집념이 보여지는 내용이다.

그러나 아무리 인간 본성의 선함을 주장한다 하더라도 피해갈 수 없는 문제는 현실적으로 드러나는 악의 문제를 어떻게 해명하느냐 하는 것이다. 퇴계는 이러한 인간에 있어서의 악의 문제를 인심과 인욕의 차이에 기초하여 설명하고 있다.

퇴계는 인욕을 인심이 말단으로 흐른 것이라 규정하고, 이것이 인심과 구분되는 이유에 대해서 다음과 같이 설명한다.

> 인심은 인욕의 본원이고, 인욕은 인심의 말류(末流)이다. 형기에서 나온 마음은 성인 또한 없을 수 없으므로 다만 인심이라 할 수 있지만 인욕이 되는 것은 아니다. 그러나 인욕이 일어나는 것은 이것에서 말미암은 것이므로 인욕의 본원이라 한 것이다. 물욕에 빠지는 마음은 사람들은 천리를 따르지 않아 그러한 것이니 이것을 인욕이라 이름하여 인심과 다르게 부른다. 인심의 처음은 본래 이와 같지 않음을 알았기 때문에 인심이 말단으로 흐른 것이라고 하였다. 이것은 인심이 먼저이고 인욕이 뒤선 것이며, 인심은 바르고 인욕은 그릇된 것이니 경중으로 말할 수 없는 것이다.[20]

퇴계가 인심과 인욕을 구분하는 중요한 기준은 정(正)과 사(邪)이다. 인심은 육체를 가진 인간이면 누구나 갖게 되는 것이다. 그런데

---

20) 『전서』, 권40, 「書·答喬姪問目」, "人心者, 人欲之本, 人欲者, 人心之流. 夫生於形氣之心, 聖人亦不能無, 故只可謂人心, 而未遽爲人欲也. 然而人欲之作, 實由於此, 故曰人欲之本. 陷於物慾之心, 衆人遁天而然, 故乃名爲人欲, 而變稱於人心也. 是知人心之初, 本不如此, 故曰人心之流, 此則人心先而人欲後, 一正一邪, 不可以輕重言也."

이것은 잘못 흐르는 경우가 있게 된다. 예컨대 물질적 욕심이 이것이다. 물욕은 천리를 거스르기 쉽고 이와 같이 문제가 되는 인심을 인욕이라 별도의 이름을 붙이게 된다. 퇴계는 부정적인 의미의 인욕을 인심이 말단으로 흐른 것이라 생각하고 있다. 바꾸어 말하면 악으로 드러난 것을 인욕이라 지칭한 것이라 할 수 있다.

그러면 이처럼 인심을 성인도 가지고 있는 보편적인 마음이라 인정한다면, 이것이 왜 악을 흘러가게 되는가? 퇴계는 인간의 마음에 선과 악이 생겨나는 이유를 마음이 작용한 의(意)가 무엇을 따르는가에 있다고 설명하고 있다.

> 의(意)는 마음이 작용한 것이며, 마음은 성정의 主이다. 그러므로 이 마음이 발하기 이전은 태극이 동정의 이(理)를 구유하고 있지만 아직 음양으로 구분되지 않은 것과 같다. 하나의 마음 안에 혼연한 하나의 성은 선하기만 하고 악하지 않다. 이 마음이 이미 발하는 때에 이르러서는 태극이 구분되어 동한 것은 양이 되고 정한 것은 음이 되는 것과 같다. 이때에 기(氣)는 용사하기 시작하게 되므로 정의 발현은 선악의 구분이 없을 수 없으며, 그 단서는 매우 미세하다. 의는 마음이 드러난 것인데 또한 정에 영향 받아 천리의 공평함을 따르기도 하고 인욕의 사사로움을 좇아 선과 악으로 나누어지는 지니, 작용에 따라 결정되는 것이다.[21]

---

21) 『전서』, 續集, 卷8, 「雜著・天命圖說・第八節論意幾善惡」, "意者心之所發, 而心者性情之主也. 故當此心未發之前, 如太極具動靜之理, 而未判爲陰陽者也. 一心之內渾然一性, 純善而無惡矣. 及此心已發之時, 如太極已判, 而動爲陽, 靜爲陰者也. 於斯時也, 氣始用事. 故其情之發, 不能無善惡之, 而其端緒甚微. 於是意爲心發, 而又挾其情, 而左右之或循天理之公, 或循人欲之私, 善惡之分, 由玆而決焉."

태극이 동정함에 따라 음양으로 나누어지지만, 그 동정하기 이전에는 음양의 이치를 내함하고만 있는 것처럼, 마음이 발동하기 이전은 본성이 마음에 온전히 갖추어져 있는 상태이기 때문에 선하기만 하고 악은 존재하지 않는다는 것이다.

그러나 태극이 동하여 양이 되고 정하여 음이 되는 것처럼, 정이 발동함에는 선악의 구분이 생겨나지 않을 수 없다는 것이다. 즉 마음이 드러나 움직임에 천리의 공평함을 따랐는가 아니면 인욕의 사사로움을 좇았는가에 따라, 선과 악으로 구분되어지는 것이라고 보는 견해이다.

이처럼 퇴계는 선과 악으로 구분되는 이유를 마음이 흘러가는 근거가 천리의 공평함인가 아니면 인욕의 사사로움인가에 달려있다고 보는 것이다. 마음에 자리한 본성은 순선한 것이지만 이것이 발용하여 정으로 드러날 때 무엇에 기초하느냐에 따라 선과 악이라는 가치적 차이가 발생하는 것이라고 본다. 어느 쪽을 따르는가 하는 문제에 대해 이것을 의지의 작용이라고 보는 것이 퇴계가 세밀하게 관찰한 점이다. 바꾸어 말하면 선과 악이라는 갈림길에 대한 선택은 마음이 작용한 의지에 있다고 하는 것이다.[22)]

그러면 마음이 작용할 때 왜 문제가 되는 것일까? 이것에 대해서 퇴계는 마음이 드러날 때에 기(氣)가 작용을 시작하기 때문에 정이 드러남에 선악의 구별이 없을 수 없다고 인식하고 있다.[23)]

---

22) 문제는 이러한 의지의 근원이나 출처에 대한 면밀한 분석이 없다는 것이다. 최진덕은 주자학이나 퇴계학의 이러한 문제는 동심원적 천인관에는 인간중심주의가 자리잡을 없었기 때문이라 분석하고 있다.(최진덕, 「퇴계 이기심성론의 탈도덕형이상학적 해석」, 『퇴계학보』 제112집, 퇴계학연구원, 2002년, 28쪽 참조.)

23) 그러면 이처럼 악의 가능성으로 氣가 제시되는 이유는 무엇인가? 氣에는 輕

그런데 인간의 의지가 어떻게 작용하느냐에 따라 선과 악을 구분하는 이러한 사고 저변에는 악은 인간에 있어 본래적인 것이 아니라는 의식이 자리하고 있다. 결국 이것은 문제가 되는 인욕이 인간에게 있어 근원적으로 주어진 것이 아님을 의미한다.

이러한 입장은 주자가 천리와 인욕에 대한 자신의 견해 제시하고 또 정자가 말한 바에 의미를 부여한 것을 그대로 받아들이고 있는 것이다. 즉 퇴계는 주자가 "천리 속에는 본래 인욕이 없고 다만 그 유행에 차이가 있어서 인욕이 생기는 것이니, 정자(程子)가 '선악은 모두 천리다' 하였는데, 악이라고 하는 것은 본래부터 악한 것이 아니고 다만 지나치거나 못 미치는 것이 이와 같을 뿐이다."[24]라고 말한 것을 그대로 인용하고 있다.[25] 이것은 퇴계가, 선과 악의 차이를 본질적으로 다른 것이 아니라 다만 과(過)와 불급(不及)으로 인한 것이라고 한 주자의 주장을 수용하여, 악의 실재성을 인정하지 않는 자신의 이론적 토대로 삼고 있는 것이다.

이러한 퇴계의 기본입장은 천리와 인욕의 구별을 중절(中節)과 부중절(不中節)의 차이로 인식하는 것에서 보다 분명하게 확인할 수

重·淸濁·粹駁과 聚散·屈伸·至歸·生滅의 성질을 가졌기 때문에 퇴계는 기의 특성을 有爲와 有欲이라 보고, 이러한 有爲·有欲性으로 인하여 악의 현상이 있다고 본다.(李圭澤, 「퇴계 이황의 윤리사상 연구」, 중앙대학교 교육대학원 석사학위 논문, 1990년, 14쪽 참조)

24) 『朱熹集』, 권40, 「書·答何叔京」, "熹竊以謂人欲云者, 正天理之反耳. 謂因天理而有人欲則可, 謂人欲亦是天理則不可. 蓋天理中本無人欲, 惟其流之有差, 遂生出人欲來. 程子謂善惡皆天理, 謂之惡者本非惡, 但過與不及便如此. 所引惡亦不可不謂之性, 意亦如此."

25) 『전서』, 권37, 「書·答李平叔」, "朱子答之曰 此問甚緊切熹竊以謂人欲云者… 謂因天理而有人欲則可, 謂人欲亦是天理則不可. 蓋天理中本無人欲, 惟其流之有差遂生出人欲來, 程子謂善惡皆天理, 謂之惡者本非惡, 但過與不及便如此."

있다.[26]

본성 긍정에 대한 이와 같은 사고는 공자와 맹자의 인간 이해에 뿌리를 두고 있는 것이며, 인간의 선은 단순히 행위와 그 결과에 따른 인간적인 영역에만 머물러 있지 않고, 천리 즉 우주의 법칙과 연계되어 있는 것이다. 이것이 유가 인간론의 특징이다. 인간의 생명과 성명(性命)의 근원을 하늘에 있다고 보는 것이 유가 인간론의 핵심적인 내용이다. 그리고 여기에서 하늘의 의미는 곧 공평함과 통하는 것이다.

천리의 공평함이라고 하는 것은 어떻게 보면 다소 불명확한 토대라고 볼 수도 있지만, 다른 측면에서 보면 천리의 공평함 그 생명의식에 기초한 원대하고 초 인류적인 종교의식에서 인간의 선 나아가 인간존재의 의미를 규정하려는 것이다.

이러한 선 혹은 인간의 존재의미에 대한 이해는 주자가 『논어』의 '극기복례'를 해석하는 것에서도 잘 드러나고 있다. 주자는 공자가 극복의 대상으로 설정하고 있는 己의 의미에 대해 자신의 이익만을 생각하는 사사로운 욕심 즉 사욕(私欲)이라 규정하고 있다. 아울러 되돌아가야 자리로 인정한 예(禮)에 대해서는 천리(天理)의 절문(節文)으로 이해하고 있다. 이것은 천리의 질서 즉 그 공평함에 가장 문제가 될 수 있는 것이 인간의 개인적 욕심임을 간파하고, 이러한 사사로운 욕심을 뛰어 넘어 공평함으로 귀의할 것을 강력히 촉구하는 것이다.

26) 『전서』, 권36, 「書・答李宏仲問目」, "然則天理人欲之判, 中節不中節之分, 特在乎心之宰與不宰."

4. 선(善) 실현의 방법과 그 의의

공맹을 위시한 유가의 인간 이해는 도덕적 인간으로의 규정이 그 근본을 이루고 있다. 문제는 본성이 선한 것이라고 규정할 때, 인간의 행위에서 드러나는 악은 어디에 근거를 두고 있는가에 대한 해명에 있다. 나아가 이론적인 해석에만 머물지 않고 어떻게 악의 가능성을 해소하고 본성을 온전히 실현할 것인가에 있다고 하겠다.

이러한 선과 악에 대한 존재구조의 이해와 문제해결에 대한 고민에서 선의 실현과 악의 제거라는 수양의 방법이 등장하게 되는 것이다. 퇴계가 제시하고 있는 도덕 실현을 위한 핵심적인 수양의 방법은 경(敬) 공부라 하겠다.[27] 그런데 이러한 경(敬)의 두 축을 이루는 것이 다름 아닌 '존양(存養)'과 '성찰(省察)'이다. 퇴계는 수양의 근본에 경이 있음을 강조하고 아울러서 마음이 드러나지 않은 때와 이미 드러난 때로 구분된 구체적인 공부의 내용을 아래와 같이 피력하고 있다.

> 군자의 공부는 이 마음이 발하지 아니하였을 때에는 반드시 경(敬)을 주로 하면서 존양 공부를 더하고, 이 마음이 드러난 때에는 반드시 경을 주로 하면서 성찰공부를 하여야 한다. 이것이 경학의 시작과 끝이며 체용을 관통하는 것이다.[28]

27) 『전서』, 권7, 「箚·經筵講義·啓義·大學經」, "敬一心之主宰, 而萬事之根本也."

28) 『전서』, 續集, 卷8, 「雜著·天命圖說·第十節論存省之要」, "君子之學, 當此心未發之時, 必主敬而加存養工夫, 當此心已發之際, 亦必主敬而省察工夫. 此敬學之所以成始成終而通貫體用者也."

퇴계의 경에 대한 이러한 견해는 주자가 확립한 공부방법론을 그대로 계승한 것이다. 물론 주자가 설명하고 있는 경 공부의 세부적인 내용들은 전현(前賢)의 설을 수용한 것이다. 특히 정이천(程伊川, 1037~1107)이 강조한 경의 내용을 수양론의 중심에 놓고 여타의 방법들 즉 사상채(謝上蔡, 1050~1103)의 상성성(常惺惺)과 윤화정(尹和靖, 1071~1142)의 수렴(收斂)을 끌어안은 것이다. 정이천의 정제엄숙(整齊嚴肅)과 주일무적(主一無適), 사상채의 상성성, 윤화정의 수렴 등은 그 표현은 서로 다르지만 근본은 하나로 보는 것이 주자의 입장이었고, 이러한 견해를 퇴계는 그대로 수용 계승하고 있는 것이다.[29]

위의 네 가지의 구체적인 내용 중에서 퇴계가 가장 중시한 것은 정제엄숙이다. 이것이 중심에 서면 나머지 주일무적, 수렴, 상성성은 그 안에 포섭되어지기 때문에 각각의 개별적인 것에만 치우치는 공부는 필요치 않다고 본다.[30] 정제엄숙을 중시하는 퇴계의 입장은 이것을 경의 제(體)와 용(用)으로 이해하고 있는 데서도 확인할 수 있다. 고요할 때 엄숙한 것은 경의 체(體)요, 움직일 때 가지런히 하는 것은 경의 용(用)이라는 것이다.[31] 그런데 주목해야 할 것은 정제와 엄숙을 동정과 관련해서 말할 때, 정제는 동과 엄숙은 정과 연결된다는 것이다. 즉 일과 사물에 대한 접촉이 없어 마음에서 감응이 일어나지 않을 때 엄숙한 것이고, 어떠한 일과 대상과 만나는 움직임에 있을 때 일관된 마음과 질서에서 벗어나지 않도록 정제한다는 것이다.

---

29) 『전서』, 권29, 「書・答金而精」, "三先生四條說雖不同, 朱子嘗曰其實只一般, 又曰若從一方入, 三方入處都在這裏."

30) 『전서』, 권29, 「書・答金而精」, "外嚴肅而中心一, 卽所謂主一無適, 所謂其心收斂不容一物, 所謂常惺惺者, 皆在其中, 不待各條別做一段工夫也.

31) 『전서』, 권36, 「書・答李宏仲」, "靜而嚴肅, 敬之體也, 動而齊靜, 敬之用也."

경의 근본적인 의미는 움직일 때와 고요히 있을 때 모두에 일관된다는 것이고, 이것은 닦음과 실천을 동시에 아우르는 것임을 의미하기도 한다. 그러면 이와 같이 행위의 유무 양상에 따라 동과 정을 나눔에 있어 경의 구체적 실천 내용은 어떻게 구분되는 것인가? 이것에 대해서 퇴계는 고요히 함에는 천리의 본연을 잘 보존하고, 움직일 때에는 인욕이 일어나는 기미를 살펴 결단하는 것이라 설명하고 있다.[32)]

그런데 퇴계는 동정을 관통하는 수양 공부인 경의 중요성을 인지하고 이것을 적극수용하면서, 다른 한편 궁리의 중요성에 대해서도 피력하고 있다. 인륜을 살피고 사물의 이치를 밝히는 궁리를 겸비하지 않고 경에만 몰두하는 것은 한쪽에만 치우친 것으로 인식하고 있다. 사실 퇴계의 이러한 견해는 거경궁리를 수양론의 핵심으로 놓았던 전통의 방법을 고수한 것에 지나지 않는다.[33)]

퇴계의 수양론은 주자가 수양의 명제로 제시하였던 '존천리 멸인욕'으로 귀결된다고 하겠다. 퇴계는 사사로움은 마음을 해치는 해충이며 모든 악의 뿌리라고 규정하고 있다. 예로부터 몸을 망치고 나라가 망하는 것은 군주가 사욕을 제거하지 못하였기 때문이고, 이러한 악의 근원을 제거하는 것은 천리의 순수함으로 돌아가는 것이며, 이와 같은 공부는 애쓰지 않으면 안 되는 것이라 역설하고 있다.[34)]

---

32) 『전서』, 권28, 「書 · 金惇敍」, "靜而涵天理之本然, 動而決人欲於幾微, 如是眞積力久, 至於純熟, 則靜虛動直.… 程子曰入道莫如敬"

33) 『전서』, 권29, 「書 · 答金而精 別紙」, "敬貫動靜之說甚善, 敬而至於動靜無違, 則酬酌萬變可謂無難矣. 然亦不可以一槪斷之若, 必要盡其道非窮理之至有以察倫明物兼有其才未易言也. 況至於富貴貧賤威武鼎鑊不撓其心者, 亦須有許大志氣許大力量可以當之然 則平時所學所養可不晟哉. 不言窮理而徒守敬字陷於一偏正是如此."

34) 『전서』, 권7, 「箚 · 經筵講義 · 啓義 · 戊辰經筵啓箚二」, "私者人心之蟊賊, 而

그러면 천리를 보존하는 것, 다른 말로 선을 실현한 궁극의 경지는 과연 어떠한 것인가? 이것은 인간존재의 가치 실현은 무엇인가를 밝히는 것이며, 동시에 포괄적인 인간행위의 내용은 어떠한 것인가를 규명하는 작업이다. 인간의 본성을 긍정하는 유가의 전통은 인간본성을 도덕성으로 보는 것이며, 그 도덕성의 구체적인 내용은 인의예지라 하는 것이다. 그러면서도 이 네 가지의 덕성 중에서도 인을 가치적 중심에 세우고 있다. 이러한 점에서 인의 구체적 의미로 무엇을 제시하고 있는가를 파악하는 것은, 인간본성의 구체적 실현은 어떻게 이루어지는가를 이해하는 토대가 된다고 하겠다.

퇴계는 주자가 정명도의 말은 원용한 '인(仁)은 천지가 물(物)을 낳는 마음이며, 사람이 이것을 얻어서 마음으로 삼은 것이다.'[35]라고 한 것을 그대로 수용하면서, 사덕을 포괄하는 중심의 자리에 인(仁)을 포진시키고 있다.[36] 인에 대한 의미 규정은 인간본성 즉 사람다움의 실현은 어떠한 인간의 행위를 통하여 이루어지는가를 알 수 있게 하는 것이나. 따라서 천지가 만물을 낳는 마음이 인간에 자리 한 것이 인(仁)이라고 하는 것은, 인간의 존재의미나 인간의 역할은 천지와 떨어질 수 없는 관계에 있음을 보여주는 것이다. 아울러 인간은 존재하는 것들을 다채롭게 하기 위한 하나의 존재물에 불과한 것이 아니고, 천지의 화육을 돕는 만물 가운데 으뜸의 자리에 위치하게 되는 것이라 하겠다.

萬惡之根本也. 自古國家治日常少亂, 日常多馴致於滅身亡國者, 盡是人君不能去一私字故也. 然欲去心賊拔惡根, 以復乎天理之純, 不深籍學問之功不可, 而其功亦難."

35) 『朱子語類』, 권95, 「程子之書1」, "仁者, 天地生物之心, 而人物所得以爲心."

36) 『전서』, 권7, 「箚・經筵講義・啓義・仁說」, "朱子曰 仁者天地生物之心, 而人之所得以爲心. 未發之前四德具焉, 而惟仁則包四者."

이러한 인의 실천은 유학의 궁극적인 목적이며, 이것의 올바른 실천이 이루어질 때 천지만물 일체는 실현 가능해지게 되는 것이다.[37] 인의 의미를 천지만물과의 연계성 속에서 이해할 때, 여기서 부각되는 것이 공(公)이다. 사사로운 욕심의 제거는 도덕성 즉 인의 실현을 의미하는 것이고 이것은 곧 공평함의 실현을 말하는 것이다. 퇴계가 이처럼 공의 실천을 통해서 인의 실현을 이해하고 있음은 주자 「인설(仁說)」의 내용을 수용하고 있는 점에서 확인할 수 있다.[38]

인의 구체적인 실천으로 公이 강조되는 동시에 경계의 대상으로 등장하는 것이 개인의 사사로운 욕심이다. 그래서 공자가 '극기복례위인(克己復禮爲仁)'이라 하였고, 주자는 이것에 대한 주석에서 기(己)를 사욕이라 풀이하게 된 것이다. 뿐만 아니라 주자는 공은 인을 실천하는 방법이라고 구체적으로 제시한 바 있다.[39] 퇴계는 이러한 기존의 인과 공에 관련된 이해내용을 적극 수용하면서 자신의 인간관을 정립하고 있다.

천지의 생물지심을 달리 말한다면 공평무사일 것이다. 따라서 천지의 생물지심에 기초한 인간의 본연은 공평무사한 행위를 통하여 온전히 실현될 수 있는 것이다. 천지의 마음에 기초한 유가의 인간 이해는 개인의 욕구실현이나 인간종족 내에서만 그 의미가 규정되는 것이 아니다. 이것은 세상 가운데에서 천지의 역할을 돕고 그것을 대행하는 것으로 인간의 존재의미나 인간의 역할을 설정함을 의미한다. 그렇게 때문에 퇴계는 장횡거(張橫渠)의 「서명(西銘)」을 인용하여 인

37) 『전서』, 권7, 「箚·經筵講義·啓義·西銘」, "蓋聖學在於求仁, 須深體此意, 方見得天地萬物一體, 眞實如此處, 爲仁之功, 始親節有味."

38) 『전서』, 권7, 「箚·經筵講義·啓義·仁說」, "公者所以體仁, 猶言克己復禮爲仁也."

39) 『朱子語類』, 卷3, 「性理3·仁義禮智等名義」, "公是仁之方法."

간은 천지의 뜻과 일을 알고 실천해야 한다고 주장하게 되는 것이다.[40)]

그러면 인간은 어떻게 천지의 마음을 구체적으로 실천하게 되는 것인가? 부모에 대한 효의 실천, 형에 대한 공경, 다른 존재에 대한 恕의 실천이 바로 이것이다. 천지에 있어서의 이 끝없는 생물지심(生物之心)이, 사람에 있어서는 사람을 사랑하고 다른 존재를 이롭게 하는 마음으로서 사덕(四德)을 포괄하고 사단(四端)을 통관하는 것이다.[41)]

인간 안에 있는 이러한 생물지심의 실현은 곧 천인합일을 의미하는 것이며, 이것을 사심 없이 실현할 수 있는 존재는 곧 성인인 것이다. 따라서 인간수양의 궁극적 목적은 바로 성인이 되고자 하는 것이다.

5. 맺는 말

인간의 삶은 생존을 위한 본능적 행동만이 아닌, 의식이 개입된 행위를 한다는데 의미가 있다고 하겠다. 그런데 인간의 행위는 그에 따라 필연적으로 다른 존재에게 영향을 미치게 되며, 그것은 도움이 되

---

40) 張橫渠의 「西銘」은 "하늘을 아버지라 일컫고, 땅을 어머니라 일컫는다. 나는 조그만 모습으로 뒤섞인 가운데에 처한다. 그러므로 천지에 가득 찬 것은 나의 몸이요, 천지가 거느리는 것은 나의 性이니, 백성은 나의 동포요 物은 나와 함께 하는 것이다."(『張載集』, 「正蒙·乾稱」, "乾稱父, 坤稱母, 予玆藐焉, 乃混然中處. 故天地之塞, 吾其體, 天地之帥, 吾其性. 民吾同胞, 物吾與也.")라 하여, 천지와 인간의 관계 나아가 인간과 만물과의 관계를 일원적 입장에서 말한 것이다.(『전서』, 권7, 「箚·經筵講義·啓義·西銘」)

41) 『전서』, 권7, 「箚·經筵講義·啓義·仁說」, "又曰事親孝事兄悌及物恕, 則然所以行此心也, 此心何心也, 在天地則坱然生物之心, 在人則溫然愛人利物之心, 包四德而貫四端者也."

는 것 아니면 해가 되는 결과를 초래한다. 이러하기 때문에 인간의 행위에 대해서는 끝없는 선악의 평가가 이루어지게 되는 것이다. 이와 같이 윤리는 현실의 삶 속에서 필요로서 요청되는 것이기도 하다 윤리에 대한 발생론적 혹은 경험론적 규정 외에, 이것을 인간다움이라고 하는 선천적이고 필연적 의미로 설정하기도 한다. 그래서 선의 가능근거는 무엇이며, 행위결과로 드러나는 악의 가능성은 어디에 기초한 것인가 하는 원초적인 문제가 제기되는 것이다.

일찍이 이러한 문제에 골몰하여 자신이 처한 시대적 난제를 극하려 하였던 것이 퇴계이다. 인간을 윤리적 존재로 규정하는 것이 퇴계가 이룩한 인간이해의 결과물이자, 해결하고자 했던 문제의식이라고 하겠다. 그래서 먼저 윤리 즉 선의 가능 토대를 존재이해의 기본 틀이라 할 수 있는 이기론에 기초하여 해명하고 있다.

퇴계는 선의 가능근거를 인간의 존재원리 즉 본성에 있다고 함으로써, 인간성에 대한 절대긍정의 관심을 견지하고 있다. 이것은 인간을 형성하고 있는 존재구성의 원리인 리(理)의 내용이 다름 아닌 도덕성이라고 보고 있음을 말하는 것이다. 리(理)를 존재법칙인 동시에 당위법칙으로 인정함으로써 도덕성의 절대성을 확보하고 있다. 문제는 인간본성에 대한 절대적 긍정에도 불구하고, 인간의 행위에는 선(善)만 있는 것이 아니라 엄연히 악(惡)도 존재한다는 것이다. 퇴계는 악의 가능성을 기(氣)의 속성에 기초하여 해명하고 있다. 즉 기에는 경중(輕重)과 청탁(淸濁) 그리고 수박(粹駁)이라는 차별적인 양상이 존재하고, 유위(有爲), 유욕(有欲)함이 있기 때문에 악이라는 현상이 나타나게 된다는 것이다.

인간을 구성하고 있는 기의 이러한 면 때문에, 필연적으로 수양이 요청되는 것이다. 퇴계가 수양의 방법으로 제시하고 있는 핵심적인 내용은 경(敬)이다. 퇴계는 이러한 경을 통하여 본성으로 본래 주어진 선의 실현을 역설하였다. 이는 유학이 이상적 인간상으로 제시하는 성인의 경지에 이르기 위한 것이며, 이것은 개인적인 차원에서 선을 행하는 데 그치는 것이 아니라, 천지와의 연계성 속에서 인간의 역할을 완수함을 의미하는 것이다.

고도로 발달된 과학기술과 나날이 쌓여져 가는 수많은 지식들 속에서, 인간으로 태어난 것에 가슴 충만한 기쁨을 느끼기보다는 '도대체 인간은 무엇인가?'라는 원초적인 고민과 끊임없이 만나는 오늘날의 우리 삶에 있어서도, 퇴계가 그토록 매달리다 던지고 간 과제는 새삼스럽게 다가온다.

참고문헌

『張載集』.

『朱子語類』.

『朱熹集』.

『退溪全書』, 서울, 성균관대학교 대동문화연구원, 1978.

권오영, 「퇴계의 심성이기론과 그 사상사적 위치」, 『퇴계학보』 제109집, 퇴계학연구원, 2001, 4.

금장태, 『퇴계의 삶과 철학』, 서울, 서울대학교 출판부, 1998.

서용화, 『퇴계의 인간관 연구』, 서울, 학연문화사, 1998.

예문동양사상연구원 · 윤사순 편저, 『퇴계 이황』, 서울, 예문서원, 2002.

유명종, 『퇴계의 일생과 철학체계』, 서울, 현대미학사, 2000.

윤사순, 「퇴계의 이기철학에 대한 현대적 해석」, 『퇴계학보』 제110집, 퇴계학연구원, 2001.

李圭澤, 「퇴계 이황의 윤리사상 연구」, 중앙대학교 교육대학원 석사학위 논문, 1990.

최진덕, 「퇴계 이기심성론의 탈도덕형이상학적 해석」, 『퇴계학보』 제112집, 퇴계학연구원, 2002, 12.

황의동, 『한국의 유학사상』, 서울, 서광사, 1995.

제9장

율곡 철학에 있어 도덕교육의 방법과 의의

1. 시작하는 말

인간의 본질에 대한 탐구와 논의는 줄기찬 철학의 과제이다. 이러한 문제를 끝없이 논의하게 되는 것은 기존의 답변들이 모든 사람이 공감할 만큼 명쾌하지 않았기 때문이라기보다는, 개별적인 인간이 자신의 삶을 살아가면서 지속적으로 만나게 되는 실존의 문제이기 때문일 것이다.

유학에서 인간 본성에 대한 논의와 결부되는 핵심적인 내용은 바로 윤리 즉 도덕성이다. 공자이전에서부터 보여졌던 도덕적 천명사상은 공자에 이르러 인(仁) 개념으로 집약되어지고, 이러한 논리적 토대 위에서 인간본성의 선함을 논증한 것이 맹자의 성선설이다. 주자는 선유들의 인간에 대한 도덕적 존재규정을 수용하고, 나아가 선의 토대와 악의 가능성을 존재론적으로 해명하는 데 주력하였다.

그런데 이러한 윤리의 문제가 계속적으로 제기는 되고 있는 이유 가운데 하나는, 이것이 개념정의의 문제가 아니라 실천과 관련된 것이기 때문이다. 아울러서 사람과 사람이 서로 얽혀 형성한 관계망에 있어 그것의 긴장과 화합이라는 조율자가 필요하고, 이러한 기능 수행의 적임자가 윤리라는 기대 때문일 것이다.

인류의 문명이 다른 존재에 비해 발전할 수 있었던 데에는 여러 가지의 이유가 있었을 것이다. 높은 지능과 도구를 이용할 수 있는 능력, 언어를 구사할 수 있는 등등의 것 말이다. 그러나 이런 면들만 있다고 해서 인류의 역사가 위대하다고 말할 수만은 없다. 높은 지능과 언어 구사 능력은 남을 속이는 사기꾼을 만들 수 있고, 도구를 이용할 수 있는 능력은 다른 존재를 처참하게 살육하게 만들 수도 있기 때문이다. 인류의 문명이 발전하였다고 말할 수 있고, 인간이 다른 존재에 비해 위대하다고 할 수 있는 것은, 양심에 기초한 자기 반성 의식과 자신의 잘못을 수정해 나가는 자정의 노력을 할 줄 알기 때문일 것이다.

이러하기 때문에 편리한 삶을 도모하기 위한 기술의 발전 못지 않게, 인간의 도덕심을 유지해 나가도록 하는 교육 역시 지속적인 관심의 영역일 수밖에 없는 것이다.

한 개인이 아무리 도덕적인 삶을 산다 하더라도, 이 한 사람의 인생이 세상의 완전한 행복을 만들기에는 역부족일 수밖에 없다. 또한 자신이 아무리 도덕적이라 하여도 자신의 행복을 온전히 지켜낼 수도 없다. 왜냐하면 비도덕적인 수많은 사람들과 부딪히며 살아 갈 수밖에 없기 때문이다.

따라서 행복한 세상을 만들기 위해서는 개인은 자신의 도덕성 실현에 노력해야 할 뿐만 아니라, 다른 사람의 도덕적 문제에도 관심을 가져야 한다. 이것은 한 개인의 행위 결과가 전적으로 그 자신에게만 영향을 미치는 것이 아니기 때문이다. 이러한 인간의 사회적 관계성 때문에 개개인의 도덕성 실현을 위한 도덕교육이 지속적으로 요청되는 것이라 하겠다.

이 논문은 율곡 철학에 있어 도덕교육이 요청되는 이유와 그 방법 그리고 이것의 궁극적 목적이 무엇인가를 밝히기 위한 것이다.

2. 도덕교육이 요청되는 이유

인간은 어떤 존재인가 하는 인간 본질에 대한 규정은, 어떻게 사는 것이 인간다운 것인가 하는 삶의 문제해결을 위한 선결과제이다. 물론 삶의 태도에 대한 문제는 본질에 대한 이해를 토대로만 결정되는 것은 아니다. 인간이 어떤 존재인지 규정되지 않는다고 해서, 인간 삶의 방법 내지 방향이 정하여지지 않는 것은 아니다.

그렇다면 율곡은 기본적으로 인간을 어떤 존재로 보았기에 도덕교육이 필요하다고 말하게 되는가? 인간에게 수양 내지 도덕교육이 필요한 이유는 기질(氣質)의 차이에서 비롯된다고 하겠다. 율곡은 보통 사람과 성인은 본성의 측면에서 보면 같으나 기질에는 청탁(淸濁), 수박(粹駁)의 차이가 있다고 본다.

> 一氣의 근원은 湛然淸虛한 것인데, 오직 그 陽이 動하고 陰이 靜함에 상승하기도 하고 하강하기도 하다가, 어지럽게 날아다니는 사이에 합하여 質을 이루게 되어 고르지 못하게 되는 것이다. 사물이 치우치고 막힌 것은 다시 이것을 변화시킬 방법이 없으나, 오직 사람은 비록 淸濁과 粹駁의 같지 않은 것이 있다 하더라도 마음이 虛明하여 변화시킬 수 있다.[1)]

1) 『栗谷全書』, 권21, 「聖學輯要3 · 矯氣質」, 468쪽, "一氣之源, 湛然淸虛, 惟其

이와 같이 율곡은 사람에 있어 존재 양상의 차이는 기질의 '청탁'과 '수박'에 의한 것이라 설명한다. 그러나 보다 중요한 것은 이러한 기질의 탁함과 잡박함은 변화될 수 있다는 것이다. 왜냐하면 본래 근원적인 기로 말한다면 맑고 깨끗한 것이기 때문이다. 근원적인 기가 동정하는 과정에서 청탁과 수박의 차이가 있게 되는데, 근본적인 문제는 탁함과 잡박함이며, 이러한 면이 수양 혹은 공부의 요청을 있게 하는 것이다.

그러나 율곡은 이것이 근본적인 문제가 된다고 생각하지 않는다. 왜냐하면 바르게 알고 실천하여 오래된 때를 제거하고 그 본성의 모습으로 돌아간다면, 모든 선(善)이 갖추어지게 된다고 인식하고 있기 때문이다. 그래서 이처럼 구염(舊染)을 제거하고 본성으로의 회복을 강조하게 되는 것이다.[2)]

그러면 인간의 본성은 어떤 것이라서 율곡은 이처럼 '복기성(復其性)'을 말하는 것일까? 이것에 대한 율곡의 입장은 간명하다. 즉 성은 본래 선한다는 것이다.[3)] 이와 같은 인간본성에 대한 긍정적 사유는 유가 인간론의 대세라 말할 수 있다.

이른바 도덕적 천명사상[4)]을 단초로 한 인간에 대한 도덕적 존재

陽動陰靜, 或升或降, 飛揚紛擾, 合而爲質, 遂成不齊. 物之偏塞, 則更無變化之術, 惟人則雖有淸濁粹駁之不同, 而方寸虛明, 可以變化."(이하 『율곡전서』는 『전서』로 약칭함.)

2) 『전서』, 권27, 「擊蒙要訣 · 立志」, "蓋衆人與聖人其本性則一也. 雖氣質不能無淸濁粹駁之異, 而苟能眞知實踐去其舊染而復其性初, 則不增毫末而萬善具足矣."

3) 『전서』 권10, 「書2 · 答成浩原」, 203쪽, "性本善而氣質之拘, 或流而爲惡."

4) 도덕적 천명사상이란 『尙書』 「商書 · 湯誥」의 "惟皇上帝, 降衷于下民."과 『詩經』 「大雅」의 "天生蒸民, 有物有則, 民之秉彝, 好是懿德."에 기초하여, 인간의 도덕성은 하늘로부터 부여받은 것이라 이해하는 것이다.

규정은 공자의 인(仁) 사상으로 이어지고, 이것은 다시 인간 본성의 선(善)을 논증한 맹자에게로 계승되고 있다. 이러한 유가의 인성에 대한 논의는 주자에 이르러 보다 체계적으로 설명되고 있다.[5)]

그러나 문제는 이와 같이 본성이 선한 것이라 하더라도 인간의 행위에는 악이 존재한다는 것이다. 악의 가능성에 대한 구조적 분석과 이것에 대한 제어를 강조하고 있는 것이 성리학이라 할 수 있다. 청탁, 수박, 경중(輕重)의 기질적 편차에 따라 본성이 온전히 실현될 수도 있고 그렇지 않다고 보는 것이 성리학의 일반적인 내용이며, 이러한 기본 논리를 율곡 역시 수용하고 있다. 그래서 공부의 중요한 내용으로 교기질(矯氣質) 즉 기질을 바로 잡는 것을 강조하게 된다.[6)]

일찍이 주자는 기질지성의 문제와 이것을 바로 하는 학습의 중요성을 역설한 바 있다. 주자는 공자가 "性相近, 習相遠"이라 한 것을 주석하여, "기질지성은 美惡의 차이가 있으나 그 처음 말하면 크게 다르지 않다. 다만 善에 마음을 두면 선하고 악에 마음을 두면 악하게 되니, 여기에서 시작과 멀어지게 되는 것이다."라고 설명하고 있다.[7)] 율곡은 이러한 내용을 「聖學輯要」의 '矯氣質'장에 인용함으로써 습관 혹은 학습이 갖는 의미가 무엇인가를 보여주고 있다.[8)]

5) 주자는 『論語集註』 「學而」, "子曰 學而時習之, 不亦說乎."장 주석에서 "人性皆善, 而覺有先後, 後覺者必效先覺之所爲, 乃可以明善而復其初也."라 하여, 인간본성을 善으로 규정하고, 그 근본으로의 회복을 강조하고 있다. 뿐만 아니라 하늘의 이치가 인간에 내면화된 된 것을 性이라 하고, 이것의 구체적 내용을 仁義禮智라 하여 본성이 지니는 성격을 밝힌 바 있다.

6) 『전서』, 권21, 「聖學輯要3·矯氣質章第6」, 465쪽, "臣按旣誠於爲學, 則必須矯治氣質之偏, 以復本然之性, 故張子曰 爲學大益在變化氣質."

7) 『論語集註』, 「陽貨」, "子曰 性相近也, 習相遠也."('此所謂性, 兼氣質而言者也. 氣質之性, 固有美惡之不同矣. 然以其初而言, 則皆不甚相遠也. 但習於善則善, 習於惡則惡, 於是始相遠耳.')

3. 도덕교육의 선결과제와 방법

1) 도덕교육의 선결 과제 : 立志

무슨 일을 함에 있어서 그것을 왜 해야 하는지 하는 방향설정과 목표의식이 올바르고 확고할 때, 제대로 성취할 수 있다. 이러하기 때문에 율곡은 배움에 있어서 가장 먼저 힘써야 하는 것이 뜻을 세우는 것(立志)이라 주장한다.[9)]

그러면 학문을 통하여 이루고자 하는 것은 무엇인가? 배움을 통해 이루려 하는 표는 다름 아닌 성인(聖人)이다.[10)] 여기서 율곡이 이루고자 하는 배움은 다름 아닌 도덕교육 즉 인격완성에 있음을 알 수 있으며, 인격의 완성을 의미하는 성인의 경지는 이것에 도달하려는 뜻이 먼저 세워져야 성취 가능한 것이다. 이러한 입지의 중요성을 율곡은 아래와 같이 피력하고 있다.

> 인간의 본성은 본래 선한 것이라, 예나 지금이나 현명하거나 어리석다는 차이는 없다. 성인은 어찌 홀로만 성인이 되고 나는 어찌 보통 사람이어야만 되는가! 이것은 뜻이 서지 않아 앎이 분명하지 못하고 실천은 돈독하지 않았기 때문일 뿐이다. 뜻을 세움과 앎의 분명함, 실천의 독실함은 모두 나에게 있는 것이니, 어찌 다른 것에서 구하겠는가! 안연은 '순은 어떤 사람이고 나는 어떤 사람인가'하고 말하였다. 이루려 하는 자는 이와 같으니, 나는

---

8) 『전서』, 권21, 「聖學輯要3 · 矯氣質」, 465～466쪽.

9) 『전서』, 권20, 「聖學輯要2 · 立志」, 428쪽, "臣按學莫先於立志, 未有志不立而能成功者, 故修己條目而立志爲先."

10) 『전서』, 권27, 「擊蒙要訣 · 立志」, 82쪽, "初學先須立志必以聖人, 自期不可有一毫小退託之念."

안연이 순과 같이 되려했던 포부를 본받고자 한다.[11]

율곡은 인간 본성에 대한 절대적 신뢰를 갖고 있다. 물론 이때 본성의 내용은 도덕성 즉 선함을 의미하는 것이다. 따라서 현명하다거나 어리석다고 하는 지적 수준은 별로 중요하지 않다. 그래서 본성을 실현하려는 뜻만 있으면 누구나 성인이 될 수 있다고 보는 것이다.

이러하기 때문에 입지가 중요하다고 강조하게 되는 것이다. 그래서 뜻이 서지 않음으로써 생기는 세 가지의 병폐에 대해서 율곡은 힘주어 말하고 있다. 첫째의 문제는 믿지 않는 것이다. 성현의 말을 따라 노력하면 성인 혹은 현인이 될 수 있다. 그러나 이것을 불신하고 성현의 말을 그저 권하는 말 정도로만 생각하여, 성현의 글을 말하기만 할 뿐이고 실천하는 것은 이와 동떨어진 세속적인 행위를 하게 된다는 것이다.[12]

둘째는 不智의 문제이다. 사람이 타고나는 기품은 만 가지로 다르지만 힘써 알고 힘써 행하면 성공하는 것은 한 가지이다. 그러나 어리석은 자는 스스로 자질이 부족하다고 여기고는 퇴보에 안일하여 한 걸음도 나아가려 하지 않는다. 특히 나아가면 성인도 되고 현인도 될 수 있으며, 물러서면 어리석은 자가 되거나 불초한 자가 됨이 모두 스스로 하는 것에 달려 있음을 알지 못한다. 이러하기 때문에 그 보는 것은

---

11) 『전서』, 권27, 「擊蒙要訣 · 立志」, 82쪽, "人性本善無古今智愚之殊, 聖人何故獨爲聖人, 我則何故獨爲衆人耶. 良由志不立知不明行不篤耳, 志之立知之明行之篤皆在我耳, 豈可他求哉. 顔淵曰舜何人也予何人也. 有爲者亦若是, 我亦當以顔之希舜爲法."

12) 『전서』, 권20, 「聖學輯要2 · 立志」, 431쪽, "志之不立其病有三, 一曰不信二曰不智三曰不勇, 所謂不信者, 聖賢開示後學明白諄切, 苟因其言循序漸進, 則爲聖爲賢理所必至, 爲其事而無其功者未之有也. 彼不信者以聖賢之言, 爲誘人而設, 只玩其文不以身踐, 是故所誦者聖賢之書, 而所蹈者世俗之行也."

성현의 글이지만, 지키는 것은 기품에 구애 된 것뿐이라는 것이다.[13)]

세 번째의 문제는 용기 없는 것이다. 용기 없는 사람은 성현의 말은 자신을 속이는 것이 아니고 기질 또한 바꿀 수 있다는 것을 조금은 알지만, 늘 태만한 상태로 정체되어 있으면서 힘써 분발하지 않는다. 이에 어제 한 일을 개혁하기 어렵고, 오늘 좋아했던 것을 내일 고치기를 꺼려한다. 이와 같이 미적미적하여 나아가는 것은 한 치요 퇴보하기는 한 자이니, 이것은 용기가 없기 때문이다. 그래서 읽는 것은 성현의 글이지만, 구습에 안주하게 된다는 것이다.[14)]

2) 도덕 교육의 방법

율곡이 修己를 위한 방법으로 내세우는 중요한 내용은 거경, 궁리, 역행 세 가지이다. 이러한 입장은 「만언봉사」, 「성학집요」, 「격몽요결」 등 곳곳에 나타나 있다.[15)] 특히 「만언봉사」에서 궁리, 거경, 역행에 대한 세부적인 설명을 하고 있다.

---

13) 『전서』, 권20, 「聖學輯要2 · 立志」, 431쪽, "所謂不智者, 人生氣稟有萬不齊而勉知勉行則成功一也. … 彼不智者, 自分資質之不美, 安於退託不進一步, 殊不知進則爲聖爲賢, 退則爲愚爲不肖, 皆所自爲也. 是故所讀者聖賢之書, 而所守者氣稟之拘也."

14) 『전서』, 권20, 「聖學輯要2 · 立志」, 431쪽, "所謂不勇者, 人或稍知聖賢之不我欺, 氣質之變化, 而只是恬常滯, 故不能奮勵振發, 昨日所爲今日難革, 今日所好明日憚改, 如是因循進寸退尺, 此不勇之所致, 故所讀者聖賢之書, 而所安者舊日之習也."

15) 『전서』, 권5, 「疏箚3 · 萬言封事」, 103쪽, "學問之術, 布在謨訓, 大要有三, 曰窮理也居敬也力行也, 如斯而已."
『전서』, 권20, 「聖學輯要2 · 總論修己」, 428쪽, "臣按 修己之功, 不出於居敬窮理力行三者."
『전서』, 권27, 「擊蒙要訣 · 持身」, 80쪽, "居敬以立其本, 窮理以明乎善, 力行以踐其實三者, 終身事業也."

(1) 窮理

율곡이 말하는 궁리는 크게 두 가지로 나누어진다. 궁리하면 사물의 이치 탐구만을 일반적으로 생각하기 쉽지만, 율곡에 있어서의 궁리는 행위와도 결부시켜 이야기되고 있다. 사람이 보고 듣고 말하고 행위 하는 데 있어서의 법칙과, 사물에 있어서는 초목과 조수가 마땅한 바에 거함을 궁구 하는 것이 율곡이 말하는 궁리의 내용이다. 이렇게 안과 밖 즉 몸과 사물이 궁리의 대상이 되는 것이다. 그런데 율곡에 있어 궁리는 탐구의 의미 보다 실천과 보다 밀접하게 관련되어 있다. 그래서 구체적으로 거가(居家), 접인(接人), 처사(處事), 독서(讀書)에서 실천해야할 내용들을 제시하고 이것이 궁리의 요체라고 설명하고 있다.

> 궁리 또한 다만 한 가지의 실마리만 있는 것이 아니다. 안으로는 몸의 이치를 궁구하는 것이니, 보고 듣고 말하고 행동함에 각각 그 법칙이 있는 것이다. 밖으로는 사물의 이치를 궁구하는 것이니, 초목과 금수가 각각 마땅한 바에 거하는 것이다. 가정에서는 부모에게 효도하고 아내에게는 모범이 되며 두터운 사랑과 바른 윤리의 이치가 마땅히 있어야 할 바에 있고, 사람을 접대함에는 현명함과 어리석음, 그릇됨과 바름, 깨끗함과 흠, 솜씨 있음과 서툴음의 구별을 마땅히 분별하며, 일을 처리함에 있어서는 옳음과 그름, 얻음과 잃음, 편안함과 위태로움, 다스려짐과 어지러움의 기미를 마땅히 살피며, 책을 읽는데 있어서는 반드시 옛것을 살펴서 증험하여야 하니, 이것이 궁리의 요체이다.[16]

16) 『전서』, 권5, 「疏箚3 · 萬言封事」, 103쪽, "窮理亦非一端內而窮在身之理, 視聽言動各有其則, 外而窮在物之理, 草木鳥獸各有攸宜居, 居家則孝親刑妻篤恩正倫之理在所當察, 接人則賢愚邪正醇疵巧拙之別在所當辨, 處事則是非得失

위의 인용에서 확인할 수 있는 것처럼, 율곡에서의 궁리는 사물의 존재원리에 대한 탐구만이 아니라, 행위의 마땅함에 대한 것까지 포함되고 있음을 알 수 있다. 물론 이것은 율곡만이 갖는 독특한 견해는 결코 아니다. 왜냐하면 주자가 이미 리(理)의 내용을 '所以然之故'와 '所當然之則'이라 하여, 존재원리와 당위법칙으로서의 리(理)를 말하였기 때문이다. 일반적으로 성리학자들에 있어 앎의 주된 내용은 도덕지(道德知)로서 윤리적 성격이 강한 것이 사실이다.[17] 율곡도 이러한 맥락을 같이하기 때문에 위의 인용문에서 보이는 것처럼, 부모에 대한 효와 아내에 대한 모범 등 인간사에서 실천해야할 내용들을 기술하고 있는 것이다.

율곡이 말하는 궁리의 내용에는 사물의 존재원리에 대한 것도 포함되고 있지만, 보다 많은 비중은 인간 당위의 실천에 있다고 보아야 할 것이다. 이러한 관점은 "간사함을 분별하는 데는 궁리보다 나은 것이 없고, 현인을 알아보는 데는 公心보다 더 나은 것이 없다. 궁리와 공심은 과욕이 근본이 된다."[18]라고 말하고 있는 것에서 확인 가능하다.

(2) 居敬

거경(居敬)이라는 말은 『논어』의 '居處恭, 執事敬'[19]에서 연원 한 것이다. 그리고 경의 수양론적 의미는 공자가 '修己以敬'을 말한 것에

安危治亂之機在所當心, 必讀書以明之稽古以驗之, 此是窮理之要也."

17) 황의동, 『율곡사상의 체계적 이해 1』, 서울, 서광사, 1998년, 291쪽 참조.

18) 『전서』, 권15, 「雜著2 · 東湖文答」, 323쪽, "辨姦莫善於窮理, 見賢莫善於公心, 窮理公心, 以寡欲爲本."

19) 『論語』, 「子路」, "樊遲問仁. 子曰 居處恭, 執事敬, 與人忠. 雖之夷狄, 不可棄也."

서 잘 드러나 있다. 그런데 이러한 공자에 있어서의 敬은 오랫동안 그 의미가 제 바로 인식되지 못하다가 정이천에 이르러 올바로 인식되었다.[20] 공자가 이미 경의 덕목들을 언급하였으나 그것을 하나로 묶는 작업은 없었고, 정이천에 와서야 총괄적인 의미로서의 경이 제시된 것이다.[21] 이러한 정이천의 경에 대한 위상 정립은, 경을 통한 修己가 安人, 安百姓에 까지 이름을 말한 공자의 뜻을 깊게 통찰한 결과이다.[22] 공자로부터의 비롯됨과 정이천에 의한 세밀화를 수용하여, 보다 확고한 공부의 방법으로 자리 매김 시킨 것은 주자라 할 수 있다.[23]

이처럼 도덕교육의 방법으로서의 거경은 그 시원의 장구함은 물론이요, 의미에 있어서도 중요한 위치를 점하고 있는 것이다. 율곡은 경(敬)이 지닌 의미와 역할의 긍정성을 적극 수용하여, '경은 성학(聖學)의 시작과 끝이다'라 말하고 있다.[24]

율곡은 거경(居敬)은 움직일 때나 고요히 있을 때 모두에 일관되는 것이라 전제한다. 고요할 때에는 잡념이 일어나지 않게 하여 맑고 고요히 깨어 있게 하며, 움직일 때에는 일에 임함에 전일 집중하여 마음이 조금도 어긋남이 없게 하는 것이라 한다. 이렇게 몸은 整齊嚴肅하고 마음은 戒愼恐懼하는 것이 거경의 핵심이라고 율곡은 말하고

20) 『朱子語類』, 卷12, 「學6・持守」, "敬字, 前輩都輕說過了, 唯程子看得重."

21) 『朱子語類』, 卷12, 「學6・持守」, "因說敬, 曰 聖人言語, 當初未曾關聚. 如說出門如見大賓, 使民如承大祭等類, 皆是敬之目. 到程子始關聚說出一箇敬來教人."

22) 『朱子語類』, 卷12, 「學6・持守」, "因歎敬字工夫之妙, 聖學之所以成始成終者, 皆由此, 故曰 修己以敬. 下面安人安百姓, 皆由於此."

23) 최정묵, 「주자철학에 있어 경의 의미와 위상」, 『동서철학 연구』 제22호, 한국동서철학회, 2001년, 171쪽 참조.

24) 『전서』, 권20, 「聖學輯要2・收斂」, 431쪽, "臣按敬者, 聖學之始終也."

있다.[25)]

그런데 이러한 경은 수렴에서 시작하여 마음을 바로 하는 것으로 매듭을 짓는다.[26)] 그러면 수렴은 구체적으로 무엇을 말하는 것인가? 율곡은 먼저 용모에 대해서 말하고 있다. 공자가 '군자는 무겁지 않으면 위엄이 없고 배움 또한 견고하지 못하다.'라고 한 말을 인용하여,[27)] 행위와 외양의 중요성에 대해서 강조하고 있다. 율곡은 수렴에 가장 절실한 것이 九容이라 하여 행위와 용모에 대해 세부적으로 언급하고 있다.

> 마음과 몸을 수렴하는 데에는 九容보다 더 절실한 것이 없다. 이른바 구용이라 하는 것은 발거동은 무겁게 하고, 손은 공손히 하며, 눈은 단정히 하고, 입은 다물 줄 알며, 소리는 고요하고, 머리는 곧게 하며, 기운은 엄숙하게 하고, 서는 데는 덕 있게 하며, 낯빛은 씩씩하게 해야 한다.[28)]

둘째는 말을 수렴하는 것이다. 율곡은 말의 중요성에 대해서 『시경』, 「대아」의 "너의 말하는 것을 삼가고 너의 몸가짐을 조심하며, 부드럽고 아름답게 하라. 흰 옥의 흠은 갈면 되지만 이 말의 티는 어찌 할 수 없다. 근거 없이 함부로 말하지 말고 구차하게 이르지 말라. 나의

---

25) 『전서』, 권5, 「疏箚3 · 萬言封事」, 103쪽, "居敬通乎動靜, 靜時不起雜念湛然虛寂而惺惺不昧, 動時臨事專一不二不三而無小過差, 持身必整齊嚴肅, 秉心心戒愼恐懼, 此是居敬之要也."

26) 『전서』, 「聖學輯要3 · 正心」, 472쪽, "第三章收斂, 敬之始也, 此章敬之終也."

27) 『전서』, 권24, 「聖學輯要2 · 收斂」, 431쪽, "子曰 君子不重則不威, 學則不固."

28) 『전서』, 권27, 「擊蒙要訣 · 持身」, 83쪽, "收斂心身, 莫切於九容, … 所謂九容者, 足容重, 手容恭, 目容端, 口容止, 聲容靜, 豆容直, 氣容肅, 立容德, 色容莊."

혀를 잡아 줄 이가 없으니 함부로 입 밖에 말을 내지 말라."[29]라고 한 것과 『주역』, 「계사」에서 "군자가 집에 거처하며 그 말이 선(善)하면 천리의 밖에서도 호응이 있으니 하물며 가까운 사람이야. 집에 거처하며 그 말이 선하지 않으면 천리의 밖에서도 위배하니, 하물며 가까운 사람이야. … 언행은 군자가 천지를 움직이는 것이니, 삼가지 않을 수 있겠는가!"[30]라고 한 말을 인용하여 말을 삼가는 것(愼言)의 중요성을 설명하고 있다.

인간이 다른 존재와 구별되는 이유 가운데 하나는 언어를 구사한다는 것이다. 그런데 사람의 말은 혀를 움직이고 소리를 내어 뜻을 전한다는 기능적인 측면에서만 의미를 지니는 것은 아니다. 한 사람의 말은 수많은 사람들을 살리기도 하고 죽이기도 한다. 이러한 말의 힘 때문에 혀는 사람을 해치는 도끼와 같다고 하는 그 해악에 대한 극단적인 표현까지 등장하게 되는 것이다. 이러한 점을 고려할 때 말에 대한 수렴을 강조하는 것은 큰 의미가 있는 것이라 아니할 수 없다. 율곡의 신언(愼言)에 대한 생각은 다음의 글에서 극명하게 드러나고 있다.

> 넷째는 말을 삼가는 것이다. 배우는 자가 선비의 행실을 닦으려면 반드시 樞機를 삼가야 한다. 사람의 과실은 말에서 나오는 것이 많으니, 말은 반드시 정성스럽고 미덥게 하고 반드시 때에

29) 『전서』, 권20, 「聖學輯要2 · 收斂」, 432쪽, "詩曰. 愼爾出話, 敬爾威儀, 無不柔嘉. 白圭之玷, 尙可磨也, 斯言之玷, 不可爲也. 無易由言, 無曰苟矣, 莫捫朕舌, 言不可逝矣."

30) 『전서』, 권20, 「聖學輯要2 · 收斂」, 432-433쪽, "君子居其室出其言善, 則千里之外應之況其邇者乎. 居其室出其言不善, 則千里之外違之況其邇者乎. … 言行君子之所以動天地也, 可不愼乎."

맞추어 하여야 한다. 수락하는 말을 신중히 하고, 말투를 정숙하게 하며, 농담을 하지 말고 떠들지 말아야 한다.[31]

셋째는 마음의 수렴이다. 이것은 마음을 고요히 하여 어지러운 생각이 없게 하는 것이며, 늘 깨어있어 혼미하지 않도록 하는 것이다.[32] 율곡은 맹자가 '개와 닭이 집을 나가면 그것을 찾으려하면서 마음이 나가있는 것에 대해서는 구할 줄 모른다. 학문은 다른 것이 아니라 放心을 求하는 것이다.'라고 말한 구절과 주자의 주를 인용하여 마음 수렴의 중요성과 또 그것의 구체적 내용이 구방심(求放心)임을 보여주고 있다.[33]

(3) 力行

율곡은 역행이란 자신의 한계를 극복하여 기질의 병을 고치는 것이라고 설명한다. 그래서 여린 사람은 강하게 되고 나약한 사람은 의지가 굳건하게 교정되는 것이라 한다. 사나운 사람은 조화로움을 배우고, 급한 사람은 너그러움으로 조절하며, 욕심이 많으면 맑게 하여 청정하게 하고, 이기적인 사람은 바로잡아 공평함에 나아가게 하며, 날마다 노력하여 게으름이 없는 것, 이것이 역행에 있어 긴요함이라 율곡은 주장한다.[34]

---

31) 『전서』, 권15, 「雜著2・學校模範」, 330쪽, "四曰愼言. 謂學者欲飭儒行, 須愼樞機. 人之過失, 多由言語, 言必忠信, 發必以時. 重然諾, 肅聲氣, 毋戱謔, 毋諠譁."

32) 『전서』, 권27, 「擊蒙要訣・持身」, 84쪽, "此心收斂, 使寂寂無紛起之念, 惺惺無昏昧之失可也."

33) 『전서』, 권20, 「聖學輯要2・收斂」, 423쪽, "人有雞犬放, 則知求之, 有放心, 而不知求. 學問之道無他, 求其放心而已矣."

34) 『전서』, 권5, 「疏箚3・萬言封事」, 103쪽, "力行在於克己以治氣質之病, 柔者

역행을 강조하는 율곡의 이러한 입장은 實에 힘쓰는 務實 사상에 기초한 것이다. 사실 실천을 강조하는 무실의 정신은 역행에만 관계되는 것이 아니라 율곡 수양론의 전체의 기저가 되는 것이다. 이러한 점은 「東湖問答」'論務實爲修己之要'에서 확인할 수 있다.

> 아침이 다 지나도록 밥상만 차려놓고 배 한번 불러 보지 못하는 것과 같이 빈말뿐이고 실효가 없다면 어떻게 일을 할 수 있겠습니까![35]

위의 말은 뜻을 세운 후에 무엇을 할 것인가에 대한 답변이다. 제목 자체에서 이미 무실은 수기의 요체라고 밝히고 있는 것처럼, 율곡은 실천하지 않는 헛된 말뿐이 아닌 실질적인 행위 실천이 수기의 핵심이 된다고 역설하고 있는 것이다.

율곡이 이와 같이 실질적인 실천을 강조하는 것은 당시 성리학자들 가운데 修己의 진정한 뜻이 실제적으로 참된 '사람됨'을 지향함에도 불구하고, 수기의 지식으로 오히려 공론과 虛文에 일삼아 참된 사람으로 자기 자신의 기질을 변화시키지 못하고 있음을 보아, 임금과 신하 모두가 수기의 참뜻인 기질변화를 구하고 이것을 통하여 나라의 시정도 기질변화 하듯이 그 근본을 세워 保民의 길을 자각하도록 하는데 그 목적이 있다.[36]

矯之以至於强, 懦者矯之以至於立, 厲者濟之以和, 急者濟之以寬, 多欲則澄之必至於淸淨, 多私則正之必至於大公, 乾乾自勖日日不懈, 此是力行之要也."

35) 『전서』, 권15, 「東湖問答 · 論務實爲修己之要」, 320쪽, "曰 志旣立矣, 當何所事. 主人曰, 立志之後, 莫如務實. 客曰, 何謂也. 主人曰, 終朝設食, 不得一飽, 空言無實, 豈能濟事."

36) 송석구, 『율곡의 철학사상연구』, 서울, 형설출판사, 1986년, 184쪽 참조.

이러한 실질적인 실천의 내용과 이것을 통한 궁극적 목적이 평천하에 있음을, 대학의 8조목과 연관하여 10가지 실천 내용을 제시하고 있다. 格致, 誠意 正心, 修身, 孝親, 治家, 用賢, 去姦, 保民, 敎化의 구체적 실천 내용에 대해서 상세히 언급하고 있다.[37]

(4) 矯氣質

앞에서 이미 언급한 것처럼 역행의 구체적인 내용은 다름 아닌 기질의 변화이다. 율곡에 있어 기질변화는 공부하는 목표이자 실천의 내용이라고 할 수 있다. 이러하기 때문에 학문을 성실히 하였다면 반드시 치우친 기질을 바로잡아 본연의 성을 회복하여야 한다고 주장하게 되는 것이다. 일찍이 장횡거는 이러한 기질의 변화를 학문의 주된 목표로 설정한 바 있고,[38] 주자 또한 기질변화와 본연지성의 회복을 피력한 바 있다. 이러한 선유들의 공부 내용을 수용하여 기질을 바로잡는 것의 중요성을 율곡은 강조하고 있다.

율곡의 교기질에 대한 내용은 「성학집요」 '교기질'장에 정리되어 있는데, 구체적으로 기질을 바로잡는 방법에 대해서는 克己와 勉强으로 나누어 설명하고 있다.[39] 극기에 대해서는 공자가 '克己復禮爲仁'이라 한 말과 程子와 주자 등의 설명을 정리하고 있다.

---

37) 『전서』, 권15, 「東湖問答 · 論務實爲修己之要」, 320~321쪽, "如欲格物致知, … 以盡其格致之實. 如欲誠意, … 以盡其誠意之實. 如欲正心, … 以盡其正心之實. 如欲修身, … 以盡其修身之實. 如欲孝親, … 以盡其孝親之實. 如欲治家, … 以盡其治家之實. 如欲用賢, … 以盡其用賢之實. 如欲去姦, … 以盡其去姦之實. 如欲保民, … 以盡其保民之實. 如欲敎化, … 以盡其敎化之實."

38) 『전서』, 권21, 「聖學輯要3 · 矯氣質」, 465쪽, "臣按旣誠於爲學, 則必須矯治氣質之偏, 以復本然之性, 故張子曰 爲學大益在變化氣質."

39) 『전서』, 권21, 「聖學輯要3 · 矯氣質」, 465~468쪽 참조.

주자는 공자가 극복의 대상이라고 말한 己를 몸의 私欲이라 하였는데, 율곡이 이것을 '교기질'장에 수록함으로써, 바꾸어야 기질의 내용이 다름 아닌 몸에서 나오는 사사로운 욕구 혹은 욕심임을 보여주고 있다. 인간의 사사로운 욕망은 천지의 질서를 깨뜨리는 가장 근원적인 문제라 할 수 있다. 그래서 주자는 공자가 되돌아야 할 대상으로 말한 예(禮)를 천리의 절문(節文)이라 설명한 것이고, 율곡 역시 이러한 견해를 수용하는 의미에서 글을 수록한 것이다.

율곡은 기질을 바로잡는 방법으로 克己 외에 勉强을 제시하고 있다. 그러면 면강은 무엇에 힘을 쓰는 것인가? 면강의 내용은 다름 아닌 기질의 변화이다. 기질을 바꾸기 위한 구체적 방법으로 율곡이 제시하고 있는 것은 『중용』의 博學, 審問, 愼思, 明辨, 篤行이다.[40] 『중용』에서 제시하고 있는 이 다섯 가지를 내용 면에서 정리한다면 知와 行으로 집약된다. 그래서 율곡은 기질과 지행을 관련시켜, 기질을 변화시켜야 하는 당위성과 이것을 변화시킬 수 있는 방법에 대해서 아래와 같이 피력하고 있다.

> 氣가 맑고 質이 순수한 사람은 知와 行을 힘쓰지 않고도 능하게 되어 더할 것이 없다. 기가 맑고 질이 잡박한 사람은 알 수는 있어도 능히 행할 수는 없는데, 만일 躬行에 힘써서 반드시 성실하고 반드시 독실하면, 행실이 이루어지고 유약한 사람이라도 강하게 될 수 있다. 질이 순수하고 기가 탁한 사람은 능히 행동할 수는 있으나 잘 알 수는 없는데, 만일 묻고 배우는 데 힘써, 반드시 성실하고 반드시 정밀하게 하면 지식을 통달할 수 있으며 어리석은 자라도 명석하여질 수 있다.[41]

40) 『전서』, 권21, 「聖學輯要3・矯氣質」, 466쪽, "博學之, 審問之, 愼思之, 明辨之, 篤行之."

율곡은 앎의 차이를 기(氣)의 청탁(淸濁)의 차이로, 실천상의 차이를 질(質)의 수박(粹駁)의 구별에서 비롯된 것으로 이해하고 있다. 그러나 율곡이 강조하고 있는 것은 지행 상의 차이에 대한 근거 설명에 있는 것이 아니라, 이것은 변화가 가능하다는 것이다. 그래서 질이 잡박하여 행하지 못하는 사람은 좀 더 실천에 마음을 두고 성실히 하면 능히 행할 수 있는 사람이 되고, 기가 탁하여 앎이 어두운 사람은 배우는데 힘을 기울이면 명석한 사람이 된다는 것이다. 인간의 위대함은 이미 주어진 상황에만 안주하지 않고 적극적으로 문제를 해결하수 있는 의지와 능력이 있기 때문이라 할 수 있을 것이다. 이런 점에서 율곡은 기질 상의 한계 극복을 강조하는 것이다.

4. 도덕교육의 목표

율곡이 도덕교육을 통해서 도달하고자 하는 삶의 모습은 어떤 것인가? 여기에 율곡이 그리는 이상적인 인간 삶의 모습이 있을 것이다. 이상적 인간이란 인간의 본질을 온전히 실현한 존재를 의미하는 것이다.

그러면 전통적으로 유학이 꿈꾸었던 가장 인간다운 존재는 어떤 것이며, 이것과 율곡이 마음을 둔 이상적 인간상은 어떤 관계를 갖는가? 유학에서 제시하고 있는 인간 이상향은 다름 아닌 성인(聖人)이며, 율곡이 교육의 최종 목표로 잡고 있는 것 또한 이것이다. 이러한

41) 『전서』, 권21, 「聖學輯要3 · 矯氣質」, 468쪽, "氣淸而質粹者, 知行不勉而能, 無以尙矣. 氣淸而質駁者, 能知而不能行, 若勉於躬行, 必誠必篤, 則行可立而柔者强矣. 質粹而氣濁者, 能行而不能知, 若勉於問學, 必誠必精, 則知可達而愚者明矣."

입장에 있었기 때문에 앞장에서 살펴 본 것처럼 학문을 하는 데 가장 근본이 되는 입지(立志)의 내용이 성인이 되는 것이다. 그래서 그토록 이것에서 조금도 물러서려 해서는 안 된다고 역설하였던 것이다.

그러면 율곡이 말하는 성인은 어떤 존재인가? 성인은 타고난 기질 맑고 순수하며, 그 본성의 체가 온전하여 조금도 인욕의 사사로움이 없다. 그래서 마음이 일어나는 대로 행위 해도 법도에 벗어남이 없으며 성인의 인심은 도심과 같다고 설명하고 있다.[42] 여기서 성인을 설명하고 있는 중요한 요소는 두 가지이다. 하나는 맑은 기질이고 다른 하나는 본성을 온전히 보존하고 있다는 점이다.

그런데 위의 두 가지 즉 본성과 기질이라는 측면에서 성인이 설명되어진다면, 이와 관련한 점에서 보통 사람은 어떠한 모습을 지닌 것인가? 이것은 보통 사람이 성인과 무엇이 같고 무엇이 다른가를 자각함으로써만 목표로서의 성인의 경지에 이를 수 있음을 의미한다. 이런 면에서 성인과 보통 사람의 동질성과 상이점을 밝혀야 할 것이다.

먼저 도덕 교육의 목적으로 성인이 설정될 수 있으려면, 모든 사람이 여기에 도달할 수 있다는 가능성이 열려 있어야 할 것이다. 율곡은 자신이 설정한 도덕교육 목적의 타당성을 본성의 측면에서 설명하려 한다. 왜냐하면 본성이라는 면에서 성인과 보통 사람이 동질적이지 않다면, 모든 사람이 성인이 될 수 있다고 할 수 없을 뿐만 아니라, 수양론 자체의 의미도 사라지게 될 것이기 때문이다. 이러하기 때문에 율곡은 미발의 본성에서 보면 성인과 보통사람은 다르지 않다고 역설한다.

---

42) 『전서』, 권10, 「書2・答成浩原」, 203쪽, "聖人氣質淸粹, 性全其體, 無一毫人欲之私. 故其發也, 從心所欲不踰矩, 而人心亦道心也."

> 아직 발하지 않은 것은 성의 본연이요 태극의 묘이며, 中이요 大本이다. 여기에도 선하지 않은 싹이 있다고 하면, 성인만 홀로 대본이 있고 보통사람은 대본이 없게 되고, 맹자가 본성이 선하다고 말한 것도 헛된 말에 불과할 것이며, 사람들은 요순과 같이 되지 못할 것이다.[43]

기본적인 바탕이 이미 무엇을 이룰 수 없는 상태라면, 어떠한 노력이 더해진다 하더라도 그 근본자체는 바뀌지 않을 것임은 자명한 일이다. 이런 점에서 율곡은 본성의 측면에서 말한다면 성인과 보통 사람은 구별되지 않는다고 하는 것이다. 이러한 논점은 본성의 선함을 인정하는 공맹을 위시한 유가 인간론의 핵심을 그대로 수용하고 있음을 보여주는 것이다.

그러나 본성에서의 동질성을 인정한다 하더라고 이것만으로 성인과 보통 사람들을 완전히 같은 존재라고 규정할 수는 없다. 그러면 그 구분 점은 무엇이며, 성인이라는 단어 속에 담겨져 있는 그 위대함은 어떠한 면에서 찾을 수 있는 것인가? 이것은 율곡이 말하는 성인에 대한 개념 규정과 다르지 않다. 먼저 그는 성인은 자신의 본성을 다하고, 나아가 그 역할과 관련해서 볼 때는 다른 사람이 자신의 본성을 깨닫고 이를 실천할 수 있도록 하는 것에 있다고 말한다.[44] 왜냐하면 성인은 천지가 만물을 낳고 기르는 일에 동참하여 돕는 자이기 때문이다. 그래서 성인은 노력하지 않아도 적중하고 생각하지

---

43) 『전서』, 권9, 「書2・答成浩原」, 194쪽, "未發者, 性之本然也, 太極之妙也, 中也, 大本也. 於此亦有不善之萌, 則是聖人獨有大本, 而常人無大本也, 孟子性善之說, 爲駕虛之高談, 而人不可以爲堯舜矣."

44) 『전서』, 拾遺 권6, 「雜著3・化策」, 572쪽, "聖人者, 能盡己之性, 而能盡人之性者也."

않아도 아는 존재라 하며, 이러할 수 있는 까닭은 정성, 즉 眞實無妄하기 때문이라 설명하고 있다.[45)]

본성의 동질성을 강조함에도 불구하고 성인과 보통사람으로 구분되는 이상, 여기에 대한 구별은 무엇에서 기인한 것인지 밝혀져야 한다. 이것에 대한 답변이 앞서 잠시 거론되었던 기질의 문제인 것이다. 성인을 기질이 淸粹한 존재로 규정하는 데에는 일반 사람은 그렇지 못하다는 전제가 깔려있는 것이다. 뿐만 아니라 이러한 성인과 보통사람의 차별적 양상에서, 수양의 필요성이 등장하게 되는 것이다. 이런 점에서 기질의 탁함을 제거하여 본성의 선함을 온전히 하기 위한 도덕 교육의 목적은, 성인이라는 이상적 인간에 있게 되는 것이다.

그러면 이상적 인간인 성인을 저러한 존재로 보고 있다면, 인간의 역할 혹은 존재의미를 어떻게 이해하고 있는 것일까? 유가는 세상을 이루는 핵심적인 존재를 하늘과 땅 그리고 사람이라고 인식하고 있다. 이런 만큼 인간은 여타 개별적 사물들과는 차원이 다른 존재의미를 지닌 것이다.

유학에서 인간의 역할은 천지의 화육에 참여하여 이것을 돕는 것이다.[46)] 이것이 사람이 해야 할 일이며, 이러한 임무를 온전히 실현하는 존재가 바로 성인이다. 율곡은 하늘의 化育의 功과 사람의 感通의 效는 다름 아닌 誠이라 규정하고, 이를 온전히 실현하는 것이 성인이라 설명하고 있다.

---

45) 『전서』, 拾遺 권6, 「雜著3 · 誠策」, 570쪽, "若聖人則不勉而中不思而得, 其所以參天地贊化育者, 乃至誠之所致也."

46) 『中庸』, 22장 "唯天下至誠, 爲能盡其性, 能盡其性, 則能盡人之性, 能盡人之性, 則能盡物之性, 能盡物之性, 則可以贊天地之化育, 可以贊天地之化育, 則可以與天地參矣."
『朱子語類』, 卷64, 「中庸3 · 第22章」, "聖人贊天地之化育."

하늘은 實理로 化育하는 功을 이루고, 사람은 實心으로써 感通하는 효를 이루니, 이른바 실리와 실심이라는 것은 誠에 불과하다. 그러므로 天理에 순수하여 誠의 온전함을 얻은 자가 성인이다.[47]

이와 같이 성인이 天理를 있는 그대로 실현할 수 있는 것은 형기의 사사로움에 제약받지 않기 때문이다.

그러면 이러한 성인의 경지는 모든 사람이 다 도달할 수 있는 것일까? 공자는 『논어』에서 이상적 인간의 모습을 대부분 君子라는 말로 표현하고 있고, 聖人에 대한 언급은 두 번 밖에 하지 않았다.[48] 이런 점에서 현실에서 이룰 수 있는 실질적 이상 인간상은 군자로 생각될 수도 있을 것이다.

그러나 율곡은 공부를 통한 성인의 경지 도달에 아주 강한 확신을 갖고 있다. 성인의 덕은 하늘과 더불어 하나이어서 神妙不測하기 때문에, 성인의 경지에 도달할 수 없을 것 같지만, 誠의 공부가 쌓이게 되면 이르지 못할 것이 없다고 율곡은 굳게 믿는다.[49] 이러하였기 때문에 율곡은 애초부터 학문의 목적을 성인에 두었던 것이다. 이와 같은 사고는 인간 본성에 대한 절대적 긍정과 교육을 통한 인간 이상향 완성에 강한 신념의 표출이라고 할 것이다.

---

47) 『전서』, 拾遺 권6, 「雜著3 · 誠策」, 570쪽 "對天以實理而有化育之功, 人以實心而致感通之效, 所謂實理實心者, 不過曰誠而已矣. 純乎天理而得誠之全者聖人也."

48) 『論語』, 「述而」, "子曰 聖人, 吾不得而見之矣, 得見君子者, 斯可矣."
「季氏」, "孔子曰 君子有三畏, 畏天命, 畏大人, 畏聖人之言."

49) 『전서』, 권22, 「聖學輯要4 · 修己功效」, 498-499, "聖人之德, 與天爲一, 神妙不測, 雖似不可企及, 誠能積累工夫, 則未有不至也."

이러한 인간 이상향 실현은 곧 이상사회의 건설을 의미한다. 율곡의 추구한 이상사회는, 인간의 자연성이 완전히 회복되어 인간 상호간은 물론 인간사회를 포함한 대자연이 하나의 대 조화를 연출하는 낙원을 의미하는 것이라 하겠다.[50)]

5. 맺는 말

율곡은 인간의 본성에 도덕적 존재 규정이라는 유학의 줄기찬 인간관을 수용하고, 인간본성의 실현을 어떻게 이루어 낼 것인가 고민하였다. 인간 본연의 성이 선한 것이라 하더라도 악의 가능성은 여전히 남아있다. 이러한 점을 율곡 역시 인식하고 있었기 때문에 도덕교육의 필요성을 강하게 드러내게 되는 것이다.

율곡이 도덕교육의 목적을 완성하기 위한 전제로 강조하는 것은 확고한 목표설정 이른바 立志이다. 입지는 궁극적으로 도달하여야 할 종착지가 어딘가를 분명히 하는 것이다. 율곡이 제시하는 학문 즉 도덕교의 목적 혹은 목표는 성인이 되는 것이다. 성인은 기질의 한계를 극복하고 인간본연의 모습을 온전히 실현하는 존재를 의미한다.

이러한 성인이 되기 위해서는 문제가 되는 점을 해결하고 한계를 극복하여야 가능하다. 그래서 필연적으로 동반되는 내용이 성인에 이르는 방법이다. 이것이 곧 도덕교육인 것이다. 율곡이 성인되기 위한 방법 즉 도덕교육의 방법으로 제시하는 대표적인 내용들은 거경, 궁리, 역행, 교기질이다.

도덕교육은 율곡이 살았던 당시에만 중요한 의미를 지니는 것은

50) 이기동, 「율곡 수기론의 인성교육적 의미」, 『율곡사상연구』 제3집, 율곡학회, 1997년, 270쪽 참조.

결코 아니다. 현대는 눈부신 과학 기술의 발달로 광활한 우주의 탐사는 물론 인간 몸의 미세한 세포에 대한 분석까지 가능한 시대이다. 그러나 인간사에 문제가 되는 것은 과학기술의 부족함 때문이 아니라, 윤리의식의 부재에 있다.

한 개인이 성인이 되기 위한 노력과 그것에 뜻을 세우는 것은 지극히 개인적인 문제라 할 수 있다. 그러나 개인은 자신의 삶에 대한 목표의식과 이를 성취하기 노력을 기울여야 할 뿐만 아니라, 다른 사람에 대한 관심과 도덕적 선도를 위한 노력에도 힘을 기울여야 한다. 왜냐하면 개인이 아무리 양심적으로 살면서 행복을 지키려 애쓴다 하더라도, 비양심적이고 비윤리적인 사람들의 행위에 따른 피해로부터 완전히 벗어날 수는 없기 때문이다. 이것이 자신의 수양에서뿐만 아니라 다른 사람을 올바로 이끄는 도덕교육이 요청되는 현실적인 이유이다.

현대는 사람과 사람의 관계가 보다 밀접하게 형성되어 있는 사회이다. 한 사람의 행위결과는 그 당사자에만 돌아가는 것이 아니라, 주변의 많은 사람들에게 영향을 미치고 있음을 고려할 때, 개개인의 인격완성을 위한 도덕교육의 필요성은 더더욱 절실하게 되는 것이다.

참고문헌

『栗谷全書』(성균관대학교 대동문화연구원, 1978).

『朱子語類』.

박재주, 『동양의 도덕교육 사상』, 성남, 청계, 2000.

손인수, 「율곡의 교육사상 연구」, 『율곡사상연구』 제1집, 율곡학회, 1994.

송석구, 『율곡의 철학사상연구』, 서울, 형설출판사, 1986.
이기동, 「율곡 수기론의 인성교육적 의미」, 『율곡사상연구』 제3집, 율곡학회, 1997.
이문원, 「율곡의 교육사상」, 『율곡사상연구』 제1집, 율곡학회, 1994.
이영경, 「율곡의 도덕교육론」, 『국민윤리연구』 제46호, 2001.
정병련, 「율곡의 인성교육론」, 『율곡사상과 21세기』, 2000.
진영석, 「도덕교육의 이상으로서의 천인합일」, 『도덕교육연구』 제9집, 한국교육학회 도덕교육연구회, 1997.
최정묵, 「주자철학에 있어 경의 의미와 위상」, 『동서철학 연구』 제22호, 한국동서철학회, 2001.
황의동, 『율곡사상의 체계적 이해 1』, 서울, 서광사, 1998.

제10장

윤증 심론의 주자학적 성격

1. 시작하는 말

철학이 던지는 두 가지의 커다란 문제는, 객관 세계에 대한 분석적 이해와 인간 자신에 대한 존재 물음이다. 이러한 문제에 대한 성리학에서의 답변은 이기론(理氣論)과 심성론(心性論)이라는 범주로 정의되고 있다.

인간론이라 할 수 있는 심성론에 있어서, 심(心)과 성(性)에 대한 이해의 내용은 곧 인간 존재의 의미를 규정하는 것이다. 따라서 심과 성에 대한 개념규정은 사상적 특성을 구명하는데 있어 중요한 문제가 된다.

성리학에서 심을 어떻게 이해하는가 하는 문제는 학문의 특성을 구분하는데 있어 중요한 비중을 차지하고 있는 것이다. 주자학과 양명학으로 구분되는 관건 역시 심에 대한 이해의 차이에 있다.

본문은 심에 관련된 명재(明齋) 윤증의 이해 내용을 정리함으로써, 명재의 학문적 특성이 어디에 있는가를 규명하기 위한 것이다.

주지하는 바처럼 명재는 조선 당쟁사에 있어 중요한 비중을 차지하고 있는 인물이다. 왜냐하면 서인 계열에서 노론과 소론으로 구분되는 기점에 그가 서있기 때문이다. 그런데 송시열을 중심으로 한 노론과 길의 방향이 달라지게 된 이유가 무엇이었는가를 밝히는 것은 중요한 문제이다. 이것에 대한 규명은 결코 쉽지 않은 과제이다. 근본적으로 추구했던 사상의 노선 차이가 정치적인 입장에 있어서도 다르게 된 것인가? 아니면 특정한 사건과 관련이 대립적이었고 그래서 사상적 노선까지도 달라지게 된 것인가? 하는 것이 문제이다. 이것은 단편적인 현상만을 갖고 접근할 수 없는 매우 복잡한 고리들이 서로 연계되어 있는 것이다.

명재의 학문적 정체성에 대한 종합적 이해를 본 논문에서는 목표로 삼지 않았다. 다만 송시열과 대립적 입장을 취하게 된 이유가 과연 사상적 노선이 다르기 때문이었는가 하는 가정을 설정하고, 이것에 대한 답변을 찾아가기 위한 첫 번째의 시도에 불과하다.

명재를 성리학자로 볼 것인가? 아니면 양명학자로 볼 것인가를 구분하는 관건은 역시 심에 대한 이해에 있다. 따라서 본 논문은 심에 대한 명재의 이해내용을 위주로 하여 살펴보고자 한다.

명재 사상의 학문적 특성을 규정하기 위해서는, 사상의 범주를 어디까지 할 것인가 설정해야만 한다. 명재의 사상에 대한 일차적 접근은 그가 남긴 글을 통해서 가능한 일이다. 그래서 문적을 통해서만 그의 사상을 규정할 것인지, 아니면 만약 글과는 다르게 마음속으로만 뜻을 두고 있었던 것까지 포함할 것인지 전제를 달아야 할 것이다.

명재 사상은 양주음왕의 모습을 지니고 있다고 말할 때,[1] 양주란

1) 김길락, 이은순 등은 명재의 사상이 陽朱陰王의 이중성을 지닌 것으로 파악하고 있다.

과연 어디까지인가가 분명하지 않기 때문이다. 그가 남긴 모든 글의 내용은 주자의 견해를 따르고 있지만 실제 마음은 그렇지 않다는 것인지, 아니면 글 속에서도 주자와는 판연히 다른 그래서 양명학적 사유를 지니고 있는 것인지 분명히 하지 않으면 안 될 것이다.

만약 글에 남겨진 내용은 주자학적이라서 양명학적 요소가 발견되지는 않지만, 속마음으로는 양명학에 뜻을 두고 있었다면, 명재는 이중적인 인물이었다는 평가를 피할 수 없을 것이다. 그러나 이러한 문제는 쉽게 속단하기 어려운 것이다. 왜냐하면 명재 당시의 사상은 단순한 생각으로만 남겨지는 것이 아니다. 오늘날 특정한 사상을 연구하는 학자들이 반드시 그 사상을 추종하거나 신념처럼 생각하지는 않는 것과는 달리, 명재가 살았던 당시에서의 사상은 삶의 행위방식을 결정하고 이끄는 지표이자 원동력이었기 때문이다.

그러나 문제는 명재가 생존하였던 당시에 있어 사상의 차이는 정치적 노선을 달리하게 하고, 다른 노선의 선택은 죽음을 넘나드는 힘의 대결로 나아가게 한다는 것이다. 이러한 상황에 있었기 때문에 기득권과 다른 사상을 자유롭게 표출하는 데는 한계가 있음을 인정하지 않을 수 없다.

본문에서는 이러한 난해한 상황을 염두에 두었기 때문에 논의의 범위를 『명재유고』에 제한하고자 한다. 따라서 명재 학문의 정체성을 찾는 첫걸음의 의미로만 목적을 설정하고자 한다.

2. 心의 의미

명재의 심에 대한 언급은 크게 두 가지의 내용으로 집약된다. 하나는 심에 대한 직접적인 정의이고, 또 다른 하나는 인심(人心)과 도심

(道心)에 대한 정의 및 관계에 대한 설명이다. 인심과 도심의 관계에 대한 언급에 비해 심에 대한 직접적인 정의내용은 그다지 많지 않다.

먼저 명재는 이기론에 기초하여 심(心)을 기(氣)로 규정하고 있다. 이와 같이 심을 기로 규정하는데 문제가 없음에 대해서는 '기 위에 리를 구유하기 때문'이라고 말한다. 이러한 사고는 리와 기의 존재양상에 대한 이해에 기초한 것이다. 즉 명재는 리와 기를 기포리(氣包理) 즉 기가 리를 포괄한다는 논리로 이해한다. 따라서 마음이 기이지만 리를 갖추고 있다고 보는 것이다. 기와 리의 관계에 대한 전체적인 논조는 율곡이 제시한 '기발이승(氣發理乘)'의 논리체계를 따르고 있는 것으로 보인다.[2)]

명재는 심을 내용과 기능적인 측면에서 '衆理를 갖추고 萬事에 응하는 것', '神明不測한 것'으로 이해하고 있다.[3)] 이러한 명재의 심에 대한 의미규정은 대체로 주자의 이론을 수용한 것이다. 심을 뭇 이치를 갖고 만사에 응하는 것이라 함과 신명불측한 것으로 보는 견해는, 주자가 『맹사집주』, 「진심상」에서 심을 정의한 내용이다. 주자는 '心은 사람을 신명하게 하는 것이니, 衆理를 갖추고 만사에 응하는 것이다.'라고 규정한 바 있다.[4)]

---

2) 황의동, 「명재 사상의 성리학적 특성」, 『무실과 실심의 유학자, 명재 윤증』, 청계, 서울 2001년, 100～101쪽 참조.

3) 『明齋遺稿 中』, 卷25, 「書・答鄭萬陽葵陽」, "心固具衆理應萬事, 而若乃其形則氣也. 氣之上具理, 則以心爲氣, 有何病也. 雖以心爲氣, 自不害爲神明不測, 氣具理, 故神明不測耳."

4) 송석준은 『大學章句』 「經1章 朱子注」 즉 "明德者, 人之所得乎天而虛靈不昧, 以具衆理而應萬事者也. 但爲氣稟所拘, 人欲所蔽, 則有時而昏."의 내용을 인용하여, 주자는 명덕을 '여러 이치를 갖추고 만사에 응하는 것'이라고 규정하여, 명덕을 심으로 보지 않고 심의 본체인 리로 파악하였다고 한다. 반면 명재는 심을 '여러 이치를 갖추고 만사에 응하는 것'으로 파악하고 있다고

명재가 마음을 규정하는 또 다른 내용은 허령지각(虛靈知覺)이라고 보고 있는 것이다. 허령지각에 기초하여 인심과 도심 그리고 사단칠정을 통일적 선상에서 연계시키고 있다.[5] 심에 대한 이러한 이해 역시 주자사상의 영향이라 볼 수 있다. 주자는 심의 근본적인 모습을 허령(虛靈)으로 규정하였고, 이러한 특징에 기초하여 지각이 이루어지는 것이라고 보았다.[6] 이렇게 볼 수 있는 확실한 근거는 「중용장구서문」에서 보다 분명하게 드러나고 있다. 즉 명재가 '심은 허령지각일뿐이다'라고 한 규정내용은, 주자가 「중용장구서」에서 개념 규정한 내용을 그대로 인용한 것이다. 주자는 명재가 인용한 것처럼 심은 허령지각 하나일 뿐이라고 하였다.[7]

명재가 이러한 주자의 심 개념을 적극 수용하고 있다는 것은, 그의 학문적 경향을 규정하는데 있어 매우 중요한 사항이다. 명재의 사상이 양주음왕이라고 말하여 질 수 있으려면, 양명학적 요소 특히 심에 대한 규정의 내용이 있어야 할 것이다. 그러나 지금까지의 자료를 근

주장한다.(송석준, 「명재 윤증의 심학 사상」, 『무실과 실심의 유학자, 명재 윤증』, 청계, 서울 2001년, 189~190쪽 참조.) 그러나 이러한 주장은 『孟子集註』에서 주자가 규정한 심의 내용에 대해서는 고려하지 않은 것이다. 주자는 심을 '여러 이치를 갖추고 만사에 응하는 것'이라고 직접적으로 언급하고 있다.(『孟子集註』, 卷13, 「盡心上」, "心者, 人之神明, 所以具衆理而應萬事者也.")

5) 『明齋遺稿 上』, 卷24, 「書・答梁擇夫」, "心之虛靈知覺一而已矣. 人心道心四端七情皆從虛靈知覺中出來.

6) 『朱子語類』, 卷5, 「性理2・性情心意等名義」, "虛靈自是心之本體."
같은 곳, "耳目之視聽, 所以視聽者卽其心也, 豈有形象. 然有耳目以視聽之, 則猶有形象也. 若心之虛靈, 何嘗有物."
『朱子語類』, 卷15, 「大學2・經下」, "知與意皆從心出來. 知則生於別識, 意則主於營爲.

7) 『中庸章句』, 「序」, "心之虛靈知覺一而已矣."

거로 보면 주자의 심 개념과 다른 면은 찾기 어렵다. 오히려 명재의 심에 대한 개념규정은 주자의 이론을 그대로 수용하고 있는 것으로 보인다.

3. 人心 - 道心

명재의 심론에 있어 많은 비중을 차지하고 있는 것은 인심과 도심에 대한 언급이다. 주지하는 바처럼, 인심과 도심은 『상서』, 「대우모」에서 처음 논의된 것이다.[8] 그런데 이것은 사상가마다의 심 개념 정립에 있어 중요한 요소로 자리잡고 있다. 왜냐하면 인심과 도심에 대한 관계설정과 이해의 내용에 따라 心의 의미규정 내용이 달라지기 때문이다. 명재는 인심과 도심을 아래와 같이 언급하고 있다.

> 情이 形氣에 가려서 곧바로 性命의 本然을 이룰 수 없는 것을 인심이라 한다. 사람들에게 그 넘치고 부족함을 살펴 절제하도록 해야할 것이니, 절제하는 것은 道心이 하는 것이다. 形色은 천성이니, 인심 또한 어찌 선하지 않겠는가? 지나치고 부족함에 연유하여 악에 흘러 들어갔을 뿐이다. 만약 도심을 확충하고 인심을 절제하여 형색으로 하여금 각각 그 법칙에 따르도록 하면, 動靜云爲가 性命의 本然이 아님이 없게 된다.[9]

---

8) 『尙書』, 「大禹謨」, "人心惟危, 道心惟微, 惟精惟一, 允執厥中."

9) 『明齋遺稿 中』, 卷26, 「書・答或人」, "情之揜乎形氣, 而不能直遂其性命之本然者, 目之人心. 使人審其過不及而節制之, 節制之者, 道心之所爲也. 形色天性也, 人心亦豈不善乎. 由其有過不及而流於惡耳. 若能充擴道心, 節制人心, 使形色, 各循其則, 則動靜云爲, 莫非性命之本然矣."

명재는 인심을 형기(形氣)에 가려서 성명(性命)의 본연을 실현할 수 없는 것으로 이해하고 있다. 또한 인심에는 과불급이 있음을 인정하고 이것을 절제하도록 요구한다. 이때 인심을 절제하는 대상을 도심으로 이해하고 있다. 동시에 인심 그 자체는 악한 것이 아니라고 전제한다. 다만 드러나는데 있어 지나치고 모자람이 있게 됨으로써 악으로 흐르게 된다고 보고 있다.

다른 한편 명재는 도심으로 인심을 부린다는 것에 대해 이의를 제기한다.[10] 여기에서 명재가 제시하고 있는 인심과 도심의 관계는 모호해진다. 앞서 인심에는 과불급이 있어 절제가 필요하다고 하였고, 절제하는 것은 도심이 하는 것이라 하였다. 그리고 이제 다시 도심으로 인심을 부린다고 하는 것에는 반대하고 있는 것이다. 도심으로 인심을 부린다고 하면 마음이 두 개로 갈라진다고 보는 것인데, 이러한 생각은 마음은 하나라는 전제에 기초한 것이다. 이것은 마음은 하나라는 논리에 집착하여 문제되는 마음과 문제를 바로잡는 마음이 있음을 인정하지 않은 것이다.

그런데 주자가 인심과 도심의 차이를 인정한다고 마음의 분열을 지향하는 것은 결코 아니다. 이것은 한 마음 안에서의 구분일 뿐이기 때문이다. 사실 마음을 하나로 보는 것은 주자 심론의 근본이 되는 것이다. 다만 주자는 심의 기능상의 차이를 구분하여 인심과 도심의 가름을 말하고 있다. 주자는 마음은 본래 하나이지만 인심과 도심으로 구분되는 까닭은, 形氣의 사사로움에서 나왔는가 성명(性命)의 바

10) 『明齋遺稿 中』, 卷25, 「書・答鄭萬陽葵陽」, "但以道心使人心云者, 似未穩. 蓋其放出者, 雖是形氣之使然. 收回者, 雖是性命之良能, 然放者, 是心也. 收者, 亦是心也. 知其放而欲求之, 則心便在, 女操舍存亡之云耳, 心則一也. 非以此心求彼心也. 今謂以道心以求人心, 則有兩樣心, 以此求彼者然, 未知有先儒之說也, 恐未安."

름에서 근원 한 것이냐의 차이에 따라 지각의 내용이 달라지기 때문이라 설명한다.11)

인심과 도심에 대한 명재의 근본적인 견해는 이 두 가지는 뒤섞일 수 없는 것으로 보는 것이다. 그래서 '惟一'을 인심과 도심에 모두 연계시킨 「인심도심도」의 문제점을 지적하고 있는 것이다. '一'은 본심의 바름을 지켜 떠나지 않은 것을 의미함이며, 인심의 과불급이 없는 상태이다. 그런데 一을 인심에 연계시켜 놓은 것은 논리상 문제가 있다는 것이다. 본심의 바름은 도심일 뿐으로서, 이것을 다시 인심과 도심에 분속 시키는 것은 옳지 않다는 것이다.

> 「인심도심도」에서 惟一을 나누어 쓴 것은 옳지 못하다. 만약 인심을 惟一하고 도심도 惟一한다고 하면 中 또한 그러하다. 精은 이 두 가지의 사이를 살펴서 뒤섞이지 않게 하는 것이고, 一은 본심의 바름을 지켜 떠나지 않는 것이다. 이미 본심의 바름이라 말한 것은 인심의 과불급이 없는 것이니, 그래서 본심의 바름이라 말한 것이다. 본심의 바름이란 곧 도심이니, 어찌 인심과 도심에 분속되는 것이겠는가? 만약 진실로 분속된 후에도 옳다면 惟一이라 할 수 없는 것이다.12)

11) 『中庸章句』, 「序」, "以爲有人心道心異者, 則以其或生於形氣之私, 或原於性命之正, 而所以爲知覺者不同."

12) 『明齋遺稿 上』, 卷24, 「書・朴泰漢喬伯」, "人心道心圖, 分書惟一者, 終爲未安. 若謂人心也惟一, 道心也有惟一, 則中亦然矣. 精則察夫二者之間而不雜. 一則守其本心之正而不離. 旣曰本心之正, 則人心之無過不及者, 卽所謂本心之正. 本心之正, 卽道心也, 何可分屬於人心道心耶. 若果分屬而後可, 則非惟一也.".
김길락은 위의 원문에 기초하여 "원래는 본심 한 마음 뿐인데 혹 과불급이 발생할 경우에 인욕이 생긴다는 명재의 일심설"(김길락, 「명재사상의 육왕학적 특징」, 『무실과 실심의 유학자 명재 윤증』, 청계, 서울 2001년, 217쪽 인심과 도심을 구분하는 사고는 주자의 사고와 관련된 것이다. 이 점은 명재가 「중용장구서」에서 주자가 '정(靜)' 과 '일(一)'을 해석한 내용을 그대로 인용하고 있는 점을 보아서도 알 수 있다.[13] 이처럼 도심과 인심을 명확히 구분하는 명재의 사고는 다음의 글에서 보다 분명하게 드러나고 있다.

> 인심은 진실로 형기에서 생겨난 것인데, 마름질하여 절도에 맞는 것 또한 형기에 속하는 것인가? 비록 절도에 맞는다 하여도 인심은 인심일 뿐이니, 어찌 도심이라 하겠는가? 다만 이미 절도에 맞게 하였다고 하면 인심이 또한 도심으로 귀속되었음을 말한 것이다. 精이라고 말한 까닭은 이 두 가지의 사이를 살펴 섞이지 않게 하는 것이다.[14]

그러면 명재는 인심이 무엇을 하는 것으로 보고 있는가? 명재는 눈이 색을 욕구하고 귀가 소리를 욕구하는 것을 인심이라 한다. 여기서

참조)은 육왕학의 일심설을 수용한 것이라고 했는데 이것은 명재가 드러내고자 했던 본의와는 다른 것이다.

13) 주자는 인심과 도심은 모든 사람이 갖지 않을 수 없는 것이지만, 이 두 가지가 뒤섞여 있으되 다스리지 않으면 인심은 더욱 위태롭게 되고 도심은 더욱 은미해져서 천리의 공평함이 사사로운 욕심을 이기지 못한다고 말한다. 그래서 精을 두 가지의 사이를 살펴 섞이지 않게 하는 것이고, 一은 본심의 바름을 지며 떠나지 않게 하는 것이라 말하였다.(『中庸章句』, 「序」, "雖上智, 不能無人心, 亦莫不有是性, 故雖下愚, 不能無道心. 二者, 雜於方寸之間而不知所以治之, 則危者愈微, 而天理之公, 卒無以勝夫人欲之私矣. 精, 則察夫二者之間而不雜也. 一, 則守其本心之正而不離也."

14) 『明齋遺稿』, 卷24, 「書・朴泰漢喬伯」, "人心固生於形氣, 而裁制之, 使之中節者, 亦屬於形氣耶. 雖中節而人心, 則自是人心. 豈可喚做道心耶. 惟既使之中節, 則人心亦歸於道心云耳. 所以言精者, 察夫二者之間而不雜而已.

명재가 말하는 인심은 본능적 감각적 욕구임을 알 수 있다. 이러한 명재의 인심에 대한 이해는 다음의 글에서 확인 할 수 있다.

> 대저 눈이 색을 욕구하고 귀가 소리를 욕구하는 것은 인심이다. 마땅히 욕구할 것을 바라는 것은 인심의 본연한 모습(體段)이고, 부당한 욕구로 흘러가는 것이 인욕이다.[15]

명재는 인심을 감각적 욕구 내지 감각적 지각으로 이해하고 있다. 귀가 소리를 욕구하고 눈이 색을 욕구하되 절도에 지나치지 않는 것이 인심이라 한다. 이것은 보통사람과 성인이 다를 수 없는 것이며, 눈과 귀가 소리와 색을 욕구함에 절도에 벗어난 것은 인심이 아니라 인욕이라 규정한다.[16] 이와 같이 명재의 인심에 대한 의미 규정은 주자의 견해와 다르지 않다. 주자 역시 인심을 입이 맛을, 눈이 색을, 귀가 소리를 지각하는 것이라 규정한 바 있다.[17] 또한 명재가 '욕구함이 마땅하지 않은 것'을 인욕이라고 보는 것처럼, 주자 역시 악이 되는 것을 인욕이라 하여 문제가 되는 것을 인욕이라 하였다. 이것은 주자 수양론의 핵심이 '존천리-멸인욕'임을 상기하면 보다 분명해 진다. 물론 이때 주자가 말하는 인욕은 인간의 모든 본능적 욕구가 아니라 그릇된 욕구, 사사로운 욕심이다.

주자가 도심과 인심을 기능적인 측면에서 구분한 것과는 달리, 명

---

15) 『明齋遺稿 上』, 卷16, 「書・與李君輔」, "大抵目欲色耳欲聲者人心也. 欲其所當欲者人心本然之體段, 流於不當欲者是人欲也."

16) 『明齋遺稿 上』, 卷16, 「書・與李君輔」, "以爲耳欲聲目欲色而不過其節者, 人心之本然, 而凡聖之所同也. 耳欲聲目欲色而過其節者, 非人心乃人欲."

17) 『朱子語類』, 卷78, 「尙書・大禹謨」, "人心是知覺, 口之於味, 目之於色, 耳之於聲底, 未是不好, 只是危. 若便說做人欲, 則屬惡了, 何用說危."

재는 과불급의 문제로 도심과 인심을 나누어 이해한다. 이러한 명재의 생각은 아래의 글에서 분명하게 드러나고 있다.

> 인심에 과불급이 없는 것이 곧 이른바 본심의 바름이요, 본심의 바름은 곧 도심이다.[18)]

이와 같이 명재는 인심에 지나침과 모자람이 없는 것을 본심의 바름이라 규정하고, 이러한 본심의 바름(本心之正)은 곧 도심이라고 한다. 본심의 바름이라는 표현 역시 주자가 「중용장구서」에 말한 용어를 그대로 원용한 것이다. 주자는 『상서』에서 말하는 '惟一'에서의 一을 설명하여 본심의 바름(本心之正)을 지켜 떠나지 않게 하는 것이라고 설명하였다.[19)]

명재는 도심과 인심의 구분과 그 관계성을 '과불급'으로 설명하고 있는데, 그가 제시하고 있는 '인심의 과불급'이 어떤 의미를 갖는지는 다음과 같이 설명하고 있다.

> 形氣에 가려서 곧바로 性命의 本然을 이룰 수 없다는 말은, 형기의 사사로움에서 나와서 도심이 성명의 바름에 곧바로 근원한 것과 같지 않다는 것이다. 이른바 과불급이 있다는 것은 인심에 過와 不及이 있다고 말하는 것이 아니다. 인심이 하는 것에 말미암아 과불급이 있게 되어 악이 되는 것이라 말하는 것일 뿐이다. 도심 역시 과불급이 있다는 것은 다만 인심에서 말한 것이다. 과불급은 형기에서 생기는 것이니, 도심에 과불급이 있는 것은 모

---

18) 『明齋遺稿 上』, 卷24, 「書・答朴喬伯」, "人心之無過不及者, 卽所謂本心之正, 本心之正則道心也."

19) 『中庸章句』, 「序」, "一 則守其本心之正而不離也."

> 두 인심 때문이다. … 비록 上知라도 인심이 없을 수 없으며, 형색은 천성이니, 인심 또한 어찌 선하지 않다고 하겠는가?[20]

인심에 과불급이 있다는 말은 인심 자체에 과불급이 있다는 것이 아니라, 인심의 실현 결과에 과불급이 있는 것이라 한다. 인심이 드러나는데 지나침과 모자람이 있게 되는 것은 형기의 사사로움에서 기인하는 것이다.

명재는 인심에 과불급이 없는 것을 본심의 바름이라 하고, 본심의 바름은 도심이라고 설명하고 있다. 이것은 도심 즉 본심의 바름에서 벗어나 지나침과 모자람이 있는 것이 인심임을 의미하는 것이다. 그러나 이것은 도심에 과불급이 있다는 의미는 아니다. 다만 인심과 도심을 상호 연관되는 관계성에서 의미를 규정하기 위한 말이다. 결국 '인심의 無過不及 = 본심지정(도심)'은 '도심의 有過不及 = 인심'이라는 등식으로 설명될 수 있다.

그러나 명재가 인심의 무과불급을 본심지정이라 하고 본심지정을 도심이라 규정한다고 해서, 인심과 도심이 본심지정에 기초하여 일원화된다고 말할 수는 없다.[21] 왜냐하면 본심지정이 비록 인심과 도심에 이중으로 걸쳐져 설명되지만, 본심지정이 인심과 도심에 공통되는 요소는 아니다. 인심이 본심지정과 연계되어 말할 수 있는 것은 '과불

---

20) 『明齋遺稿 中』, 卷26, 「書 · 答或人」, "所謂拚乎形氣, 而不能直遂其性命之本然云者, 謂生於形氣之私, 而非若道心之直原於性命之正也. 所謂有過不及云者, 非謂人心便有過與不及也. 謂由其爲人心, 故有過不及而爲惡云爾. 道心亦有過不及, 而只言於人心者, 過不及生於形氣, 道心之有過有不及者, 皆人心故也. … 雖上知不能無人心, 卽形色天性人心, 亦豈不善之謂也."

21) 이 문제는 시각의 초점에 따라 견해가 달라진다. 왜냐하면 갈라지기 이전에 초점을 두느냐, 분기된 이후의 입장을 보느냐에 따라서 인심과 도심을 일원으로 볼 것인가 아니면, 구분되는 의미로 볼 것인가로 나누어지기 때문이다.

급이 없다'는 전제를 거쳐서만 가능한 것이다. 인심에 과불급이 없을 때 비로소 '본심의 바름'이라 말할 수 있는 것이지, 인심자체가 본심의 바름은 아니기 때문이다.

인심이 본심의 바름과 연계될 때는 반드시 전제가 있어야 하는 것이다. 이것을 무시하고 인심의 '어떠함(無過不及)'이 본심의 바름이라고 말하여졌다고 하여 인심과 본심의 바름(도심)이 일원화되는 것은 아니다. 인심에는 과불급이 있다는 말은, 도심과의 비교 또는 관계성 속에서 인심을 규정하는 것이다.

명재가 심을 이해하는데 있어 특징이라 할만한 것에는 삼층설(三層說)을 들 수 있다. 삼층설이라 말하는 것은 명재가 그렇게 표현하기 때문에 쓰는 용어지만 설이라고 할 만큼 구분의 논리가 치밀하거나 상세하다고는 볼 수 없다. 삼층이라고 말하는 것은, 마음을 도심과 인심, 인욕이라는 세 가지의 내용으로 구분하기 때문이다. 심에 대한 개념이해에 있어 주목하여야 할 것 중에 하나는 인심과 인욕의 관계를 어떻게 이해하고 있는가하는 것이다. 명재는 인심과 인욕의 구분에 대하여 다음과 같이 말하고 있다.

> 마땅히 욕구할 것을 바라는 것은 인심의 본연한 모습(體段)이고, 부당한 욕구로 흘러가는 것이 인욕이다.[22)]

명재는 인심을 마땅한 욕구로, 인욕을 부당한 욕구로 이해하고 있다. 인욕을 부정적인 것으로 보는 견해는 주자 역시 마찬가지이다.[23)]

---

22) 『明齋遺稿 上』, 卷16, 「書·與李君輔」, "大抵目欲色耳欲聲者人心也. 欲其所當欲者人心本然之體段, 流於不當欲者是人欲也."

23) 『朱熹集』, 卷13, 「奏箚·延和奏箚2」, "人欲者, 此心之疾疢, 循之則其心私而且邪."

그러나 주자가 부정한 인욕 역시 모든 인간의 욕구가 아니라 사욕(私欲)인 것이다.[24]

인심과 인욕의 관계에 대한 명재의 입장은 주자의 견해를 적극적으로 수용한 것으로 볼 수 있다.

> 주자만년정론은 인심과 인욕을 둘로 나누었다고 하는데, 아마 이와 같이 말하는 것은 옳지 않은 것 같다. 도심을 천리라고 말하면 인심은 마땅히 사욕이 될 것인데, 아마 그렇지 않을 것이니 인심만이 천리가 아니겠는가? 중용서문에서 말한 私는 獨自를 의미하는 것이지 私邪를 말한 것은 아니다. … 인심은 上智라도 없을 수 없는 것으로 순임금과 도척도 함께 행하는 것이니, 다만 그 뜻이 다를 뿐인 것이다.[25]

도심을 천리로 규정하여 인심을 사욕이라 여기는 견해는, 주자가 말한 사(私)의 의미를 잘못 해석한 데서 기인한 것이라고 명재는 생각한다. 중용서문에서 말한 '形氣之私'에서의 사(私)는 독자(獨自)를 의미하는 것이지 사사(私邪)로움을 말한 것이 아니라는 것이다. 이것은 주자가 부정의 대상으로 생각한 '멸인욕'에서의 인욕은 사욕이지

---

24) 주자는 천리와 인욕의 구분에 대하여, 마시고 먹는 것 그것은 천리요, 맛있는 것을 요구하는 것은 인욕이다라고 말하였다.(『朱子語類』, 卷13, 「學7 · 力行」, "問 飮食之間, 孰爲天理, 孰爲人欲. 曰 飮食者, 天理也. 要求美味, 人欲也.") 여기에서 주자가 말하는 인욕은 인간의 본능적 욕구가 아니라, 사사로운 욕심임을 알 수 있다.

25) 『明齋遺稿 上』, 卷15, 「書 · 答羅顯道」, "朱子末年定論, 以人心人欲分爲兩節, 恐不可如此說也. 來敎所謂道心卽天理, 則人心當爲之私欲者, 恐不然, 人心獨非天理耶. 中庸序所謂私者, 是獨自之義, 非私邪之謂也. … 如人心則上智不能無者. 舜與蹠同行, 而但異情耳."

만, 인심을 형기의 사(私)에서 나온 것이라 할 때의 사(私)란 독자(獨自)의 의미를 지닌 것이지 사사(私邪)로움의 의미는 아니라고 본 것이다. 이러한 명재의 견해는 주자가 설정한 도심과 인심 그리고 천리와 인욕에 대한 개념을 수용한 것이라 할 수 있다.[26)]

명재의 심론은 대체로 주자의 입장을 따르고 있다. 혹자는 명재가 인심과 도심을 일원적 입장으로 파악한 것을 양명학적 경향이 보이는 것이라 한다.[27)] 그러나 인심과 도심을 일원화하는 입장을 견지하였다 하여 이렇게 평가하는 것은 다소 문제가 있다. 왜냐하면 주자 역시 인심과 도심을 하나의 심으로 파악하고 있기 때문이다. 다만 기능적 측면에서 이 둘을 구별하고 있을 뿐이다. 즉 도리를 지각하는 것이 도심이라면, 소리와 색 그리고 냄새와 맛을 지각하는 것은 인심이다.[28)] 비록 마음을 기능적인 면에서 구분하고 있지만, 인심과 도심을 하나의 마음으로 규정하는 것은 주자 심론의 종지이다. 인심과 도심은 동일한 실천주체의 두 가지 다른 측면일 뿐 두 개의 병렬적인 주체는 아니라고 하겠다.[29)] 이러한 주자의 생각은 다음의 글에서 확인할 수 있다.

---

26) 『朱子語類』, 卷78, 「尙書 · 大禹謨」, "若說道心天理, 人心人欲, 卻是有兩箇心. 人只有一箇心, 但知覺得道理底是道心, 知覺得聲色臭味底是人心, 不爭得多."

27) 송석준, 「명재 윤증의 심학 사상」, 『무실과 실심의 유학자, 명재 윤증』, 청계, 서울 2001년, 163쪽 참조.

28) 『朱子語類』, 卷78, 「尙書 · 大禹謨」, "或問 人心道心之別 曰只是一箇心 知覺從耳目之欲上去 便是人心 知覺從義理上去 便是道心."
같은 곳, "道心人心, 本只是一箇物事, 但所知覺不同."

29) 문제는 인심과 도심을 일심으로 보느냐 하는 것으로, 주자학적이라 하거나 양명학이라 할 수 없다. 주자학과 양명학으로 갈리는 핵심적인 기준은 心을 본체의 개념으로 이해하는가 그렇지 않은가에 있는 것이다.(徐遠和 지음 · 손흥철 옮김, 『程 · 朱철학의 뿌리를 찾아서』, 동과서, 경기도, 2000년, 474쪽 참조.)

만일 道心은 天理이고, 人心은 人欲이라고 하면 도리어 두 개의 마음이 되지 않는가! 사람은 하나의 마음일 뿐으로, 다만 도리를 지각하는 것은 道心이고, 聲色臭味를 知覺하는 것은 인심이니 논쟁할 필요가 없는 것이다.30)

주자는 천리와 인욕의 관계는 모순 대립적인 것이라 보고, 천리의 보존과 인욕의 소멸을 강조한다. 이러한 입장에 있기 때문에, 도심과 인심을 천리와 인욕에 결부시키는 것을 인정하지 않는다.31)

주자 이후 등장하는 사상가들의 심론을 다룸에 있어, 性을 어떻게 이해하고 있는가를 파악하는 것 또한 중요한 문제이다. 심과 다른 성을 인정하느냐 하지 않느냐에 따라 학문적 특성을 달리하기 때문이다. 명재는 리(理)와 성(性)의 의미를 다음과 같이 언급하고 있다.

하늘에 있는 것을 理라 하고 사람에 있는 것을 性이라 말하니, 성을 말할 때는 이미 氣 가운데 떨어져 있은 뒤이다. 비록 氣 가운데 있다하더라도 理는 본래 선하므로, 善으로 본연지성을 삼는다.32)

리와 성에 대한 이러한 의미규정은 주자의 이론을 수용한 것이다.

---

30) 『朱子語類』, 卷78, 「尙書・大禹謨」, "若說道心天理, 人心人欲, 卻是有兩箇心. 人只有一箇心, 但知覺得道理底是道心, 知覺得聲色臭味底是人心, 不爭得多."

31) 명재는 천리와 인욕의 관계에 대해서 同行異情의 논리를 수용한다. 동행이정은 호오봉이 한 말이다. 그런데 명재가 호오봉의 천리와 인욕에 대한 동행이정설을 수용했다 하여 양명학적 경향이라 하는 것 역시 설득력이 없다. 왜냐하면 주자 역시 이것을 적극 인정하고 있기 때문이다. 『朱子語類』, 卷78, 「尙書1・大禹謨」, "嘗愛五峯云 天理人欲, 同行而異情, 此語甚好."

32) 『明齋遺稿 上』, 卷15, 「書・答羅顯道」, "在天曰理, 在人曰性, 纔說性時, 皆已墮在氣中之後也. 雖在氣中而理本善, 故以善爲本然之性也."

주자는 사람이 태어나면서 받은 리가 곧 건순오상(健順五常)의 덕목인데, 이것이 성이라고 말하고 있다.[33] 즉 인간에 내재한 리를 지칭하여 성이라고 표현한 것임을 알 수 있다. 성을 인정하고 있는 명재의 생각은 심을 물에 비유하여 성·정과의 관계를 말하고 있는 곳에서도 드러나고 있다.

> 심은 물과 같다. 아직 드러나지 않은 성은 물이 고요한 것이고, 이미 드러난 정은 물이 움직인 것이다.[34]

명재는 이와 같이 성은 마음이 아직 드러나지 않은 것이고, 정은 마음이 드러난 것으로 이해하고 있다. 심을 물에 비유하여 성과 정의 관계를 설명하고 있는 것은, 주자의 심과 성정에 대한 설명과 동일하다. 주자는 성은 물이 고요한 것이고, 정은 물이 흐르는 것이라고 말한 바 있다.[35]

4. 實心

명재의 문제의식을 한 마디로 말한다면 무실(務實)에 있다고 하겠다. 그래서 세인들이 무실하지 않는 것을 통탄하고, 먼저 진실과 근본이 있어야 하고 그런 후에 이것을 펼쳐나가야 한다고 주장한다.[36]

---

33) 『中庸章句』, 「第1章」, "人物之生, 因各得其所賦之理, 以爲健順五常之德, 所謂性也."

34) 『明齋遺稿 中』, 卷25, 「書·答鄭萬陽葵陽」, "心如水, 其未發之性, 水之情也. 已發之情, 水之動也."

35) 『朱子語類』, 卷5, 「性理2·性情心意等名義」, "心如水, 性猶水之靜, 情則水之流."

36) 『明齋遺稿 上』, 卷9, 「書·上草廬書」(己未), "近來彌覺不務實爲學者之大患. 須先有眞實根本而後, 可以充闡得去."

명재는 입지(立志)와 무실(務實)을 학문의 근본이라고 생각하고 있는데,[37] 이러한 점이 그의 학문적 특성을 실학[38]이라고 규정할 수 있게 하는 것이다. 명재의 실학은 참된 마음을 기초로 하는 것이다. 실심(實心) 즉 참된 마음이 있을 때 참된 성과가 있다고 곳곳에서 강조한다.[39] 이와 같은 실심의 강조가 그의 실학을 '실심 실학(實心 實學)'이라고 규정하게 하는 것이다. 그러면 이처럼 강조되고 있는 실심 즉 참된 마음은 무엇을 의미하는 것인가?

명재가 사용하고 있는 실심이라는 용어의 사용은 직접적으로는 율곡의 영향을 받은 것으로 보인다. 실심의 학문적 연원에 대한 이해나 개념정립은 다음의 글을 통해서 확인할 수 있다.

> 공자는 主忠信이라 하였고, 주자는 이를 해석하여 사람이 忠信하지 못하면 일이 모두 진실되지 않아 악을 짓기는 쉽지만 선을 하기는 어렵다고 하였다. 그러므로 배우는 자는 반드시 이것을 위주로 하여야 한다. 또한 이르기를 충은 마음을 참되게 하는 것

37) 『明齋遺稿 上』, 卷14, 「書・答羅顯道書」(戊辰 正月 29日).

38) 명재의 학문적 특성을 실학이라고 규정할 때에는 이것에 대한 정의와 그 적용범위를 밝힐 필요가 있다. 왜냐하면 무엇을 또 어디까지를 실학으로 규정할 것인가 하는 문제에는 입장에 따라 차이가 있기 때문이다. 대표적으로 윤사순은 명재의 실학을 성리학적 실학이라 하고, 조선 후기의 실학과는 다른 양상을 지닌 것으로 이해하고 있다.(윤사순, 「명재 윤증의 성리학적 실학」, 『무실과 실심의 유학자, 명재 윤증』, 청계, 서울 2001년, 496쪽 참조.)
한우근은 실학을 유형원을 기점으로 하는 조선후기만이 아니라 전 후기를 통틀어 사용한 것으로 인정하고 있다.(한우근, 「명재 윤증의 실학관」, 『무실과 실심의 유학자, 명재 윤증』, 청계, 서울, 2001년, 475쪽 참조.)

39) 『明齋遺稿 上』, 「補遺・書・答李翁書」(庚申), "有實心, 則自有實功."
『明齋遺稿 上』, 卷19, 「書・與閔彦暉」, "唯當以實心加實功."
『明齋遺稿 中』, 別集, 卷3, 「書・擬與懷川書」(辛酉夏), "夫有實心而後有實功, 有實功而後有實德, 有實德而後發於外者, 無往而不實."

이고, 信은 일을 참되게 하는 것이라 하였다. 율곡 선생은 이것을 펴서 하늘에는 참된 이치가 있고 인간에게는 참된 마음이 있다고 하였다. 사람에게 참된 마음이 없으면 천리를 거스른 것이다. 한 마음이 참되지 않으면 모든 일이 거짓되고, 한 마음이 진실로 참되면 모든 일이 진실하게 된다. 그러므로 주렴계 선생은 정성(誠)은 성인의 본령이라고 말한 것이다.[40]

이것을 통해 보면 실심이란 정성 즉 참됨을 말하고 있음을 알 수 있다. 공자가 말한 충신(忠信)이란 율곡의 표현을 빌리면 실심이 되는 것이고, 좀 더 풀어 보면 주렴계가 강조한 성(誠)으로 이해할 수 있다. 실심이란 악을 짓지 않고 선을 행하는 참된 마음을 의미한다. 이와 같이 명재의 실심이란 다름 아닌 성실을 의미하는 것이며, 이것의 중요성에 대해서 다음과 같이 피력하고 있다.

무릇 학문을 하면서 만약 자기를 위해 성실하지 않는다면 비록 한평생이 끝나도 마침내 힘을 얻지 못할 것이니, 경계하지 않을 수 있겠으며 두려워하지 않을 수 있겠는가? 근래 『주자대전』을 읽으면서 주 선생의 학문하는 요체를 살펴보니, 다만 이것은 단지 성실일 따름이지 다른 도리가 없다.[41]

---

40) 『明齋遺稿 中』, 別集, 卷3, 「書・擬與懷川書」(辛酉夏), "子曰主忠信, 而朱子解之曰 人不忠信則事皆無實, 爲惡則易, 爲善則難. 故學者, 必以是爲主焉. 又曰 忠爲實心, 信爲實事. 栗谷先生因以伸之曰 天有實理, 人有實心. 人無實心則悖乎天理矣. 一心不實, 萬事皆假, 一心苟實, 萬事皆眞. 故周子曰 誠者聖人之本令也."

41) 『明齋遺稿』, 別集, 卷2, 「書・答懷川」(丁巳 元月) "大抵學問, 如無爲己誠實之功, 則雖沒世窮年, 終無得力之地, 可不戒哉. 可不懼哉. 近讀朱子大全, 竊覸朱先生爲學之要, 只是誠實而無他道理也."

이처럼 명재가 강조하고 있는 참된 마음이란 성실과 다르지 않다. 이런 점에서 미루어 보면 실학이란 진실된 마음을 갖는 것으로, 다르게는 사덕을 마음에 지니는 것이라 말할 수 있겠다.[42]

명재가 설정하고 있는 실학의 내용은 여러 사람들에게 지적하는 공부의 태도나 근본적으로 힘써야 할 것이 무엇인가를 말하는 가운데서도 확인 할 수 있다. 대표적인 예를 보면 「일재집」(一齋集)의 발문(跋文) 등을 들 수 있는데, 그 내용을 살펴보면 다음과 같다.

> 배우는데 병이 되는 것은 한갓 기람송설을 일삼아 자신을 반성하고 마음을 가라앉히는 진지 실천의 도를 알지 못하기 때문이다. 이제 일재 선생의 문집을 읽어보니 더욱 느껴지는 바가 있다. 대개 선생은 배움에 늦게 종사하였지만 정력이 나누어지는 것을 두려워하여 널리 취하는 것에는 힘쓰지 않고 오로지 사서에 집중하여 마침내 이룬 바가 있었다. … 자신에게 있는 것에 말미암으니 實德이요, 다른 사람에 미친 것은 實學이니, 유풍의 여운이 오래도록 사라지지 않았다. 진실로 이른바 성현의 용심에서 얻은 바가 아니라면 어찌 이와 같을 수 있겠는가? 저들은 한갓 기람송설을 일삼아, 성현의 글을 읽음에 한 글자의 착오도 없고 性命의 근원을 말한다 하여도, 天花가 어지럽게 떨어지는 것과 같으니 또한 어찌 유익함이 있겠는가?[43]

---

42) 한우근, 「명재 윤증의 실학관」, 『무실과 실심의 유학자, 명재 윤증』, 청계, 서울, 2001년, 479쪽 참조.

43) 『明齋遺稿 中』, 卷32, 「跋・一齋集跋」, "直病學者徒以記覽誦說爲事, 而不知有反己潛心, 眞知實踐之道耳. 今讀一齋先生集, 重有感焉. 蓋先生之學, 自以晩而從事, 恐分精力, 不務博取, 專用功於四書, 卒能有所成就. … 由是在己者, 爲實德, 及人者爲實學, 而遺風餘韻, 愈久而不泯. 苟非有得於所謂聖賢之用心, 惡能如此哉. 彼徒以記覽誦說爲事者, 縱今讀盡聖賢之書, 不錯一字, 說到性命之源, 天花亂墜, 亦奚益之有焉."

명재가 생각하는 공부는 마음을 올바로 하는 것이다. 따라서 글을 많이 읽고 기억하는 것은 지엽적인 문제일 수밖에 없다. 제도나 문물에 대한 정보의 축적이 아니라, 인간 본성(實德)에 대한 올바른 이해와 실현이 있을 때 참된 배움 또한 있는 것이다. 글을 읽고 이해하는 인지적 수준의 문제가 아니라, 참된 마음에 대한 실현이 배움의 목표로 설정된 것이다.

명재의 학문적 경향을 실학풍으로 말할 수 있는 것은 무실(務實)에 대한 강조와 '실학'이라는 용어에 대한 직접적인 언급에 기초한 것이다. 그러나 명재의 실학은 유형원을 필두로 하는 조선조 후기의 실학과는 구분되는 것이다. 실용을 위주로 하고 현실의 문제 해결을 중시하는 실사적인 학풍으로서의 실학과는 다른 것이다. 명재의 학문을 실학이라 할 때는 실심에 기초한 실학 그래서 실심 실학이라 해야 할 것이고, 다르게는 성리학적 실학이라고 해야 할 것이다.

명재의 실학은 마음의 문제를 버리고 현실에서의 이익만을 추구하는 실용을 위주로 하는 것은 아니다. 오히려 명재는 올바른 마음이 있을 때 일 또한 공을 이룰 수 있다고 보는 점에서 전통의 성리학을 고수하는 입장에 있다고 하겠다. 현실의 문제해결에 역점을 두지만, 그 문제 해결의 방법에 있어 참된 마음을 강조는 것이 이와 같이 말할 수 있는 근거이다.

5. 맺는 말

명재의 사상에 있어 심에 대한 개념 규정의 내용은 매우 중요한 비중을 차지하고 있는 것이다. 심의 개념에 무게가 실리는 것은, 철학의 커다란 두 가지 주제 중의 하나가 인간론이며, 인간에 대한 규정의 내용이 심과 성으로 이루어지기 때문이기도 하다. 그러나 명재 사상에 있어 특히 심의 내용이 중요한 것은, 그의 사상적 경향이 어디에 있었는가를 밝히는 관건이 되는 것이기 때문이다.

그러나 본 논문은 명재 사상의 전체적 특성이 어디 있는가를 직접적으로 구명하는 것에 목적을 두지는 않았다. 총체적 탐구에 기초하여 정체성을 밝히는 과제는 다음으로 미루고, 다만 그의 문적을 통하여 심의 정의에 관한 내용을 살피고자 하였다.

명재의 심에 대한 대표적인 개념은 衆理를 갖추고 만사에 대응하는 주체라고 보는 것이다. 심을 인간이 행위를 실천하는 주체성으로 보는 것은 일반적인 이해라 할 수 있다. 명재에게서 눈여겨볼 것은 이치를 갖추었다고 하는 것이다. 마음에 이치를 갖추었다고 하는 말에는 기 속에 리를 내함하고 있다는 의미가 들어 있는 것이다. 명재의 마음에 대한 이러한 이해는 주자가 설정하고 있는 개념을 그대로 수용한 것이다. 아울러 구체적인 기능상의 내용으로 지각을 말하고 있다.

명재의 심과 관련된 언급의 많은 비중을 차지하고 있는 것은 인심과 도심의 관계에 대한 것이다. 명재는 인심과 도심을 하나의 마음에 기초하고 있지만 과불급의 차이가 있는 것으로 인식하고 있다.

그런데 명재가 인심과 도심을 하나의 마음으로 보는 것에 대해서, 일각에서는 양명학적 요소를 지녔다고 주장하고 있다. 그러나 이점은 반드시 그렇다고는 인정할 수 없다. 왜냐하면 주자 역시 인심과 도심을 하나의 마음으로 보고 있기 때문이다. 아울러 명재 사상에서의 심 개념은 앞서 살펴본 것처럼, 주자의 이론을 그대로 수용한 것으로서, 양명학에서처럼 본체의 의미로 받아들여지고 있지는 않다.

명재는 인심을 감각적 욕구로 이해하고 있으며, 形氣의 사사로움에 기초하기 때문에 지나칠 수도 혹은 모자를 수도 있다고 본다. 그러나 비록 인심은 지나침과 모자람이 있지만, 이것 자체가 가치적으로 부정되는 것은 아니다. 인심이 감각적 욕구이기는 하지만 명재는 이것은 정당한 욕구라고 보고 있다. 문제가 되는 부당한 욕구는 인욕으로 이해되고 있다.

명재 심론에서 강조되고 있는 또 다른 내용은 실심(實心)이다. 명재는 실심(참된 마음)의 실천을 역설하고 있다. 이와 같이 무실(務實)에 역점을 두기 때문에 명재학의 특성을 실학이라 부르기도 한다. 그러나 명재에서의 실학은 참된 마음을 올바로 실천하는 성리학적 실학이다.

이상의 내용에 기초하여 보면 명재의 심론은 주자학의 범주에서 크게 벗어나고 있지 않음을 알 수 있다.

참고문헌

『明齋遺稿』, 忠南大學校 儒學硏究所 明齋硏究室, 2000.

『朱子語類』.

『中庸章句』.

김길락, 「명재사상의 육왕학적 특징」, 『무실과 실심의 유학자 명재 윤증』, 청계, 수원 2001.

徐遠和 지음 · 손흥철 옮김, 『程 · 朱철학의 뿌리를 찾아서』, 동과서, 고양 2000.

송석준, 「명재 윤증의 심학 사상」, 『무실과 실심의 유학자, 명재 윤증』, 청계, 수원 2001.

윤사순, 「명재 윤증의 성리학적 실학」, 『무실과 실심의 유학자, 명재 윤증』, 청계, 수원 2001.
한우근, 「명재 윤증의 실학관」, 『무실과 실심의 유학자, 명재 윤증』, 청계, 수원 2001.
황의동, 「명재 사상의 성리학적 특성」, 『무실과 실심의 유학자, 명재 윤증』, 청계, 수원 2001.

참고문헌

1. 원전 및 중국어 단행본

司馬遷撰, 『史記』, 北京, 中華書局, 1982.

班　固撰, 『漢書』, 北京, 中華書局, 1990.

朱公遷撰, 『詩經疏義』, 『四庫全書』 本.

孫星衍撰, 『尙書古今文注疏』, 『平津館叢書』 本.

劉寶楠撰, 『論語正義』, 『續皇淸經解』 本.

王先謙撰, 『荀子集解』, 北京, 中華書局, 1992.

王先愼撰, 『韓非子集解』, 北京, 中華書局, 1998.

王利器撰, 『新語』, 北京, 中華書局, 1996.

朱　熹, 『四書章句集注』, 海淵閣明刻本.

孫詒讓, 『墨子閒詁』, 北京, 中華書局, 1954.

中華書局編輯部, 『老子道德經河上公章句』, 北京, 中華書局, 1993.

郭慶藩, 『莊子正義』, 北京, 中華書局, 1993.

蘇　輿, 『春秋繁露義證』, 北京, 中華書局, 1992.

王　充, 『論衡』, 上海, 上海人民出版社, 1974.

王冰注, 『補注黃帝內經素問』, 上海, 上海古籍出版社, 1993.

劉文典撰, 『淮南鴻烈集解』, 北京, 中華書局, 1989.

王　明, 『抱朴子內篇校釋』, 北京, 中華書局, 1988.

嵇　康, 『嵇中散集』, 臺北, 臺灣中華書局, 1987.

嚴可均, 『全上古三代秦漢三國六朝文』, 北京, 中華書局, 1995.

慧皎撰, 湯用彤校注,『高僧傳』, 北京, 中華書局, 1996.
張　載,『張載集』北京, 中華書局, 1978.
黎靖德,『朱子語類』北京, 中華書局, 1996.
朱　熹,『朱熹集』成都, 四川教育出版社, 1996.
傅佩榮,『儒道天論發微』, 臺北, 學生書局, 1989.
秦家懿・孔漢思,『中國宗教與西方神學』, 臺北, 聯經出版事業公司, 1993.
楊慧傑,『天人關係論』, 臺北, 水牛圖書事業出版公司, 1989.
徐復觀,『中國人性論史』, 臺北, 臺灣商務印書館, 1990.
牟宗三,『中國哲學十九講』, 臺北, 學生書局, 1991.
牟宗三,『中國哲學的特質』, 臺北, 學生書局, 1991.
徐復觀,『中國人性論史』, 臺北, 臺灣商務印書館, 1990.
陳大齊,『孟子的名理思想及其辯說實況』, 臺北, 臺灣商務印書館, 1983.
何淑靜,『孟荀道德實踐理論之硏究』, 臺北, 文津出版社, 1988.
唐君毅,『中國哲學原論』, 原性篇, 臺北, 學生書局, 1984.
칸트 著, 藍公武 譯,『純粹理性批判』, 北京, 商務印書館, 1997.
牟宗三,『心體與性體』, 第一冊, 臺北, 正中書局, 1989.
牟宗三,『心體與性體』, 第二冊, 臺北, 正中書局, 1989.
牟宗三,『圓善論』, 臺北, 學生書局, 1985.
牟宗三,『王陽明致良知教』, 臺北, 中央文物供應社, 1980.
熊十力,『明心篇』, 臺北, 學生書局, 1979.
周群振,『儒學探源』, 臺北, 鵝湖出版社, 1986.
董治安,『先秦文獻與先秦文學』, 濟南, 齊魯書社, 1994.
呂思勉,『秦漢史』, 上海, 上海古籍出版社, 1983.
胡平生・韓自强編著,『阜陽漢簡詩經硏究』, 上海, 上海古籍出版社, 1988.
陳松長,『長沙馬王堆西漢墓』, 上海, 上海古籍出版社, 1998.
劉宗漢,『郭店楚簡硏究』, 瀋陽, 遼寧教育出版社, 1999.
李澤厚,『中國古代思想史論』, 北京, 人民出版社, 1986.
楊聯陞 主編,『國史釋論』, 臺北, 食貨出版社, 1988.

蔡仁厚,『孔孟荀哲學』, 臺北, 臺灣學生書局, 1990.
侯外廬,『中國古代思想學說史』, 上海, 國際文化服務社, 1950.
徐復觀『兩漢思想史』, 卷二, 臺北, 臺灣學生書局, 1985.
周桂鈿,『秦漢思想史』, 石家莊, 河北人民出版社, 2000.
田昌五,『王充及其論衡』, 北京, 三聯書店, 1958.
陳　拱,『王充思想評論』, 臺中, 東海大學出版部, 1968.
李維武,『王充與中國文化』, 貴陽, 貴州人民出版社, 2000.
周桂鈿,『天地奧秘的探索歷程』, 北京, 中國社會科學出版社, 1988.
王友三,『中國無神論史綱』, 上海, 上海人民出版社, 1982.
任繼愈主編,『中國哲學發展史』(魏晉南北朝), 北京, 人民出版社, 1988.
湯用彤,『漢魏兩晉南北朝佛敎史』下冊, 臺北, 臺灣商務印書館, 1991.
黎惟東,「王充思想硏究」, 臺北, 中國文化大學 哲學硏究所 博士學位論文, 1984.
『佛光學報』第六期, 臺北, 佛光學報社, 1981.
『貴州民族學院學報』(社科版), 貴州民族學院出版社, 1993.

『退溪全書』, 서울, 성균관대학교 대동문화연구원, 1978.
『栗谷全書』, 서울, 성균관대학교 대동문화연구원, 1978.
『明齋遺稿』, 대전, 충남대학교 유학연구소 명재연구실, 2000.

2. 국문 단행본

황의동,『한국의 유학사상』, 서울, 서광사, 1995.
박재주,『동양의 도덕교육 사상』, 성남, 청계, 2000.
노사광 저 · 정인재 역,『중국철학사(고대편)』, 서울, 탐구당, 1989.
방입천 지음 · 이기훈 옮김,『중국철학과 인식의 문제』, 서울, 예문서원, 1998.
김길환,『동양윤리사상』, 서울, 일지사, 1992.
김충렬,『중국철학산고 Ⅱ』, 청주, 온누리, 1990.

蒙培元 저 · 이상선 역, 『중국 심성론』, 서울, 법인문화사, 1996.
陳立夫 지음 · 정인재 옮김, 『중국철학의 인간학적 이해』, 서울, 민지사, 1986.
풍우란 지음 · 곽신환 옮김, 『중국철학의 정신(新原道)』, 서울, 서광사, 1993.
______ 저 · 정인재 역, 『중국철학사』, 서울, 형설출판사, 1990.
______ 저 · 박성규 역, 『중국철학사 상』, 서울, 까치, 1999.
채인후 지음 · 천병돈 옮김, 『순자의 철학』, 서울, 예문서원, 2000.
풍우란 저 · 박성규 옮김, 『중국철학사 상』, 서울, 까치, 1999.
황의동, 『율곡사상의 체계적 이해 1』, 서울, 서광사, 1998.
금장태, 『퇴계의 삶과 철학』, 서울, 서울대학교 출판부, 1998.
서용화, 『퇴계의 인간관 연구』, 서울, 학연문화사, 1998.
예문동양사상연구원 · 윤사순 편저, 『퇴계 이황』, 서울, 예문서원, 2002.
유명종, 『퇴계의 일생과 철학체계』, 서울, 현대미학사, 2000.

3. 논문

권오영, 「퇴계의 심성이기론과 그 사상사적 위치」, 『퇴계학보』 세109집, 퇴계학연구원, 2001, 4.
윤사순, 「퇴계의 이기철학에 대한 현대적 해석」, 『퇴계학보』 제110집, 퇴계학연구원, 2001.
최진덕, 「퇴계 이기심성론의 탈도덕형이상학적 해석」, 『퇴계학보』 제112집, 퇴계학연구원, 2002, 12.
손인수, 「율곡의 교육사상 연구」, 『율곡사상연구』 제1집, 율곡학회, 1994.
송석구, 『율곡의 철학사상연구』, 서울, 형설출판사, 1986.
이기동, 「율곡 수기론의 인성교육적 의미」, 『율곡사상연구』 제3집, 율곡학회, 1997.
이문원, 「율곡의 교육사상」, 『율곡사상연구』 제1집, 율곡학회, 1994.
이영경, 「율곡의 도덕교육론」, 『국민윤리연구』 제46호, 2001.

정병련, 「율곡의 인성교육론」, 『율곡사상과 21세기』, 2000.
진영석, 「도덕교육의 이상으로서의 천인합일」, 『도덕교육연구』 제9집, 한국교육학회 도덕교육연구회, 1997.
최정묵, 「주자철학에 있어 경의 의미와 위상」, 『동서철학 연구』 제22호, 한국동서철학회, 2001.
이 권, 「荀子 正名篇의 共名과 別名에 대한 고찰」, 『중국학보』 제52집, 한국중국학회, 2005.
이장희, 「정명론의 명실관계에 대한 고찰」, 『철학논총』 제32집, 새한철학회, 2003.
이재권, 「荀子의 名學思想 - 正名篇을 중심으로」, 『동서철학연구』 제8호, 한국동서철학연구회, 1991.
정인재, 「순자의 지식론」, 『榴軒 李鍾厚 박사 화갑기념 논문집』, 대구, 이문사, 1981.
조현숙, 「순자의 인식이론에 대한 연구」, 『유교사상연구』 제3집, 한국유교학회, 1988.
박종홍, 「중용의 사상」, 『대학 · 중용』, 대구, 삼성문화사, 1993.
안봉호, 「中庸의 天人合一」, 『성경과 신학』, 제3권, 한국복음주의 신학회, 1986.
김길락, 「명재사상의 육왕학적 특징」, 『무실과 실심의 유학자 명재 윤증』, 청계, 수원 2001.
徐遠和 지음 · 손흥철 옮김, 『程 · 朱철학의 뿌리를 찾아서』, 동과서, 고양 2000.
송석준, 「명재 윤증의 심학 사상」, 『무실과 실심의 유학자, 명재 윤증』, 청계, 수원 2001.
윤사순, 「명재 윤증의 성리학적 실학」, 『무실과 실심의 유학자, 명재 윤증』, 청계, 수원 2001.
한우근, 「명재 윤증의 실학관」, 『무실과 실심의 유학자, 명재 윤증』, 청계, 수원 2001.

황의동, 「명재 사상의 성리학적 특성」, 『무실과 실심의 유학자, 명재 윤증』, 청계, 수원 2001.

민황기, 「선진유학에 있어서의 「中」사상에 관한 연구」, 충남대학교 대학원 박사학위논문, 1992.

윤무학, 「순자의 명학에 관한 연구」, 성균관대학교 석사학위 논문, 1985.

李圭澤, 「퇴계 이황의 윤리사상 연구」, 중앙대학교 교육대학원 석사학위 논문, 1990.

색 인

ㄱ

ㄴ

ㄷ

ㄹ

ㅁ

ㅂ

ㅅ

ㅇ

ㅈ

ㅊ

ㅌ

ㅍ

ㅎ

✍ 저자소개

조원일 (趙源一)

충남대학교 철학과 졸업. 臺灣 中國文化大學 철학과에서 석사학위를 받고, 中國 北京大學 철학과에서 철학박사학위를 취득했다. 현재 전남대학교 국제학부 중국학과 교수로 재직하고 있으며, 저서로 『東吳哲學』, 『哲學·宗教與人文』(中國出版), 『半生緣』(영화로 배우는 중국어), 『맹자의 도덕사상과 정치사상』, 『고대중국의 사유세계』 등이 있으며, 논문으로 「荀子的人性論詮釋」 등 국외발표 다수 및 「儒家의 政治理想」 등 국내발표 다수가 있다.

최정묵 (崔貞默)

충남대학교 철학과 졸업. 동대학원에서 석사학위 및 철학박사학위를 취득했다. 현재 충남대학교 철학과 교수로 재직하고 있으며, 저서로 『주자의 도덕철학』, 『동양철학의 기초적 이해』, 『중국철학의 현대적 모색』 등이 있으며, 논문으로 「『주역』적 관점의 자연과 인간」 등 20여 편이 있다.

동아시아의 유학사상

인쇄 | 2010년 10월 1일
발행 | 2010년 10월 5일

저 자 | 조원일·최정묵
발행인 | 김윤수
발행처 | 전남대학교출판부

등록 | 1981. 5. 21. 제53호
주소 | 500-757 광주광역시 북구 용봉로 77
전화 | (062) 530-0571~3
팩스 | (062) 530-0579
홈페이지 | http://altair.chonnam.ac.kr/~cnup

값 12,000원

ISBN 978-89-7598-854-7 (93150)

이 도서의 국립중앙도서관 출판시도서목록(CIP)은 e-CIP홈페이지(http://www.nl.go.kr/ecip)에서 이용하실 수 있습니다. **(CIP제어번호 : CIP2010003557)**